개정판

4차산업혁명시대 핵심역량

4th Industrial Revolution & Core Skills

개정판

4차산업혁명시대 핵심역량

4th Industrial Revolution & Core Skills

박경종 · 강마리아 공저

동 문 사

개정판 서문

2020년도는 코로나19 팬데믹으로 인하여 전 세계인이 일상생활에서 완전히 새로운 경험을 강제로 해야만 했던 고난의 시기로 기억될 것이 분명하다. 사람들은 전염병 확산 때문에 비대면으로 소통하는 일이 일상이 되면서 디지털 수단에 많은 것을 의존해야 했다. 이 과정에서 디지털 기기에 익숙한 사람들조차도 삶 전체가 디지털 환경 속에 놓이게 되면서 혼란을 겪지 않을 수 없었다. 특히 교육 현장에서는 수업이 온라인으로 전환되면서 가르치는 교육자나 수업에 참여해야 하는 학생의 입장에서 모두가 여러 번의 시행착오를 통해 낯선 디지털 교육환경에 적응해야 했다. 영상을 촬영하고 디지털 공간에서 소통하는 것도 보편적인 삶의 모습이 되었다. 다행히도 IT 선진국답게 우리의 디지털 기술과 인프라는 시공간의 제약 없이 접속이 가능할 만큼 준비돼 있었다. 과학기술정보통신부의 인터넷이용실태조사(2020.11)에 따르면, 2019년 7월 기준 우리나라 전체 가구 99.7%가 인터넷 접속이 가능하며, 인터넷 접속가구 중 '무선랜' 이용이 가능한 가구의 비율은 100.0%, '모바일 인터넷' 99.9%로 나타났다. 개인 인터넷 이용률에 있어서도 만 3세 이상

인구 오천만 명의 91.8%가 인터넷 이용자이고, 모바일 인터넷 이용자(스마트폰, 태블릿PC, 웨어러블 기기 등 무선인터넷을 이용한 사람)의 비율은 91.4%이고, 10대~50대의 대부분이 모바일 인터넷을 이용하고 있다.

하지만 '디지털 소통'이 잘 되는 것이 온라인 수업의 전체적인 성공을 담보하기 어렵다는 것이 밝혀졌다. 통계자료에서 보듯이 이제까지 우리의 인터넷 사용은 '소통'과 '정보 공유'를 하는 수준에서 생활에 편리성을 더하는 보조적 도구에 지나지 않았던 것이다. 학교 현장에서는 디지털 학습 자료와 장비의 미비로 교육 내용을 구성하는 데 어려움이 있었고, 동시에 많은 학생들이 접속하면서 정보처리 용량 부족으로 수업 때마다 극심한 혼란을 겪어야 했다. 그리고 디지털 시대에 나고 자란 세대인 이른바 '디지털 네이티브(Digital Native)' 학생들도 인터넷 접속, 디지털 기기 사용, 플랫폼 활용, 학습 공간 및 환경 등의 격차로 혼란을 겪었다. 이 같은 현상은 학교현장에서 뿐만이 아니라 사회 전반에 걸쳐 발생하였다는 것이 공통된 의견이다. 우리는 매일 다양한 미디어와 디지털 기기와 디지털 플랫폼에 둘러싸여 살고 있는데, 보조적 도구였던 디지털이 코로나19 팬데믹 상황을 전환기로 삼아 생활의 중심이 되어버리자 개인 또는 우리 사회의 디지털리터러시 수준에 따라 문제의 형태와 결과가 각기 다르게 나타난 것이다. 카렌 춥카(Karen Chupka) CES 부사장이 2020 코리아 마이스 엑스포의 기조 연설을 통해 "2년 치의 디지털 기술 전환이 팬데믹 이후 2개월 만에 성취됐다."고 한 말은 디지털 사회로의 전환 속도를 적절히 표현하고 있는 것이다. 이것은 디지털 사회로의 속도전쟁을 선포한 것이나 다름없다.

최근의 코로나19 팬데믹은 무서운 속도로 사회 전반을 변화시키고 있다. 일상생활의 상당 부분을 비대면과 무접촉으로 전환해야 하는 지금, 비대면 수요의 급증으로 여행업, 공연 업종, 학원, 대형 마트, 자영업 등이 어려운 상황 속에서도 성장하는 기업이 탄생하는 등 경제사회 구조의 대전환과 디지털 경제로의 전환 가속화, 노동시장의 변화가 함께 하는 디지털 뉴딜 시대이다. 소비의 패러다임이 '소유'에서 '공유'로 전환되며 확산되던 공유경제도 언택트 기반 디지털 전환이 가속화되면서 새로운 변곡점을 맞고 있다. 공유경제의 대표적 기업인 우버는 코로나19 팬데믹으로 인해 매출은 전년 대비 80% 이상 폭락하여 20% 규모의 인력 감축을 발표했다. 그리고 에어비엔비의 매출은 2019년의 절반에도 못 미쳤으며, 글로벌 렌터카 허츠(Hertz)는 위기를 극복하지 못하고 지난 5월에 파산 신청을 했다. 다른 공유경제 기업들 역시 사정이 다르지 않다는 분석이다. 이 위기는 예상보다 깊어서 코로나19가 종식되더라도 공유경제가 예전 수준으로 활성화되기는 어렵다는 전망도 제기되고 있다. 무접촉 비대면 기술에 대한 수요 증가로 인해 디지털 전환이 가속화되고 있으며, 디지털 전환을 선제적으로 대응한 기업들은 오히려 '코로나 특수'를 누리고 있다고 분석했다. 또 일부 전문가들은 현재의 공유경제가 구독경제로 전환될 것이라고 예상한다. 구독경제는 온라인 플랫폼을 통해 비대면 서비스를 제공하기 때문에 코로나 시대에 적합한 비즈니스 모델로 손꼽힌다.

한국은 저성장, 저출생률 등으로 뉴노멀 시대에 이미 진입하고 있었지만 2020년 코로나19로 인하여 확실하게 일반 대중에게도 인식되게 되었다. 이제는 모든 사람들이 새로운 환경에 맞추어 빠르게 변화해야 한다는 것을 알고 있다. 타다 택시에 반대하여 시위를 하며 개인택시 기사가 분신까지 했던 사건(2019.5)이 지난 1년 만에 전통적 택시회사가 한 모빌리티 업체와 손을 잡았다. 회사 대표는 택시산업 전체가 어려운 상황에서 플랫폼과 협업하지 않으면 살아남기 어렵다고 밝히고, 플랫폼을 통해 서비스가 표준화되고 질이 향상되면 운영 효율화로 이어질 것이며, 기사들의 근무 환경을 개선하고 더 좋은 서비스를 만드는 선순환 곡선이 그려질 것으로 믿고 있다. 이 회사가 타다로 바꾸니 일반택시 회사는 기사가 없어 문제인데 지원자가 넘치는 현상까지 나타났다.

이 현상을 지켜보면서 영국 산업혁명 초기에 발생하였던 기계파괴운동인 러다이트 운동을 떠 올리지 않을 수가 없다. 산업혁명과 더불어 기계가 등장하자 노동자들이 일자리를 잃고 실업자로 전락하는 것을 목격했던 노동자들은 기계들을 파괴해야만 노동자들이 살 수 있다고 생각했다. 그들에게 있어서 기계는 인간을 노동으로부터 해방시키는 것이 아니라, 일자리를 없애버림으로써 그들을 더욱 비참한 상황에 빠지도록 만드는 것으로 생각하였다. 그동안 경제학자들은 기술향상과 생산성의 증가가 전통적인 일자리를 단기간적으로 파괴하기는 하지만, 동시에 이에 상응하는 새로운 일자리들을 창출한다고 주장해 왔다. 전문가들은 향후 30년 이내 현재 일자리의 80% 이상이 사라질 것이고, 육체노동뿐 아니라 지식노동에서도 사람 대신 로봇이나 인공지능(AI) 기계로 교체될 것을 예언하고 있는 가운데에도 아우터(Autor, 2015)는 《일터 자동화의 역사와 미래: Why Are There So Many Jobs; The history and Future of Workplace Automation》에서 과학기술이 일자리는 없애도 일을 없앨 수는 없을 것이라고 주장하고 있다. 즉, 향후 일자리는 없어지는 것이 아니라 이동하거나 동일한 일자리에서 직무 내용이 변화할 것이고, 만약 일자리의 수가 감소되지 않더라도 일자리의 질에는 대단히 영향을 줄 것으로 희망적인 기대를 전망하고 있다. 정부 정책브리핑(2020.3)에서조차 공유경제 활성화를 통해 기대되는 효과를 지나치게 낙관적으로 보고 있다. 기존에 거래되지 않던 남는(유휴) 자원의 거래가 일어나고, 이로 인해 새로운 서비스 시장 관련 일자리를 만들고 경제 · 사회의 효율성을 높일 수 있으며, 저소득층, 청년, 노인 등이 탄력적으로 서비스 공급자로 참여할 수 있고, 사회적 배려 계층의 소득증대와 안정화에 기여한다는 것이다. 그러나 미 국내 실업률이 크게 개선되어도 임금상승률이 증가하지 않는 일부 원인이 긱 이코노미를 비롯한 저임금 · 임시직 고용증가에 있다는 분석에도 주목할 필요가 있다.

"시장 자본주의는 한계이익을 높이기 위해 노동비용을 포함한 투입비용을 축소해야 한다는 논리에 바탕을 두고 있기 때문에, 테크놀로지는 인간 노동의 육체적, 정신적인 많은 부분을 대체하여 왔고 앞으로도 대체해 나갈 것은 분명하다. 21세기 초반에는 제조업에서는 거의 무노동의 시대로 진입할 것이며, 21세기 중반에는 서비스 분야도 거의 자동화된 상태로 근접할 것이다. 지식 부문은 대체된 노동력의 약간 부분을 흡수하겠지만 실업 증대의 대세에는 양향을 미치지 못할 것이다."는 제러미 리프킨의 예언은 적중할 가능성이 매우 높아 보인다. 생산성 향상은 실업의 확산을 초래한다는 리프킨의 주장대로, 제조업 부문에서의 생산성 향상이 초래하는 '일자리의 종말'에 대한 불안한 전망은 어제 오늘의 일이 아니다. 제조 부문 일자리 감소는 기계에 의한 인간 대체의 장기적 추세의 일부로서, 기업 컨설턴트 스카리트(John C. Skerritt)는 다음과 같이 말한다. "우리는 일자리를 줄이는 방법에 대해서는 너무도 잘 알고 있지만, 어떻게 창출할 것인지에 대해서는 모르고 있다." 많은 경제학자들과 관료들은 새로이 창출되는 산업과 서비스 부문 그리고 화이트칼라 직업이 수 많은 실업 인구들을 흡수하게 될 것이라는 희망을 계속 주장하고 있지만, 이들의 희망이 좌절되고 말 것이라는 리프킨의 결론에 동의하지 않을 수 없다.

이를 증명하듯 선진화된 나라들은 높은 실업률을 기록하고 있다. 지난 2020년 1월 기준 OECD 자료(2020.4.9.)에 따르면 독일 3.2%, 프랑스 8.2%, 이탈리아 9.8%, 스페인 13.7%, 미국 6.7%로 독일을 제외하고 나면 거의 이십년간 실업률의 변화가 없는 것으로 나타나고 있는데, 리프킨(2005)은 미국과 전세계의 실업이 확산되고 있는 심층적인 원인을 생산성의 급격한 상승에 있다고 주장하고 있다. 그럼에도 불구하고, 경영자 입장에서는 생산성을 높이기 위해서라면 노동자를 대체하여 100% 기계화를 도입하는 것을 꺼려할 이유가 없는 것이다. 그러한 이유로 제조기업들은 생산성을 한층 더 끌어올릴 방안으로 스마트 팩토리 전환에 집중하고 있다. 삼성전자 글로벌기술센터 조환철 박사(2020)는 선진국에 들어선 국가에서는 전통적으로 사람이 많이 투입되는 공장의 장기적인 운영은 거의 불가능하여, 공장에서 인력을 감소시키는 노력은 돌이킬 수 없는 시대적인 흐름으로 보고 있다. 다만 스마트 팩토리의 확산을 위해서는 스마트공장을 중심으로 파트너 기업과 함께 확장성을 유지하는 생태계가 형성되어 공장을 해외 이전하기보다 국내에서 인력을 소화시킬 수 있는 인프라, 즉 기술력을 갖춘 인력이 꾸준히 육성될 수 있도록 유도하는 제도가 마련이 되어야 한다고 주장한다. 파트너 기업과 함께 만들어 가는 생태계가 활성화된다면 스마트 팩토리를 통해 사라지는 일자리에 대한 비판적인 시각도 잠재울 수 있을 것이다. 파트너 기업들뿐만 아니라 학교의 역할도 중요한데, 리프킨이 '노동의 종말(2005)' 개정판 서문에서 강조하였듯이 노동자들이 그들의 교육기술을 한층 높여서 '접속의 시대(Age of Access)'의 고도화된 하이테크 업무에 대비할 수 있어야 한다고 주장한 것처럼, 학교에서는 최신의 기술들이 실용화될 수 있도록 기업들과 협력하여 관련 인력들을 배출해내는 역할을 해야 한다.

그동안 과학기술의 눈부신 발전과 생산성 향상, 인간의 복지 증진, 삶의 질 향상과 같은 밝은 면에 집중하느라 놓치고 있던 실업 문제와 사회불안, 대공황의 공포, 노동 시간의 단축, 일자리 양극화, 소득분배 불균형 등의 이슈에 대해서 본 개정판에서 제러미 리프킨의 시각을 통해 다시 살펴보게 되어 다행이 아닐 수 없다. 개정판에서는 빠르게 변화하고 있는 시대적 상황을 업데이트하기 위해 노력하였다. 이를 위해 장절 편성을 새로이하여, 1부에서는 일자리 변화를 주도하였던 혁신적 기술에 대하여 보완하였고, 2부에서는 리프킨의 주장을 통해 세계 경제사회의 문제인 실업률 증가를 어떻게 이해할 수 있는가를 새로운 시각으로 다루어 보았다. 4부에서는 학교에서의 핵심인재 역량개발이 중요하다는 인식을 바탕으로 핵심역량을 체계적으로 인지적 역량, 기술적 역량, 인성적 역량으로 분류하여 장절을 편성하고 그 내용을 보완하였다. 미래는 어떻게 변하게 되더라도 남들보다 앞서서 준비해야 더 빠르게 변화에 적응할 수 있다. 미래 한국의 주인공이 될 청년세대와 이들을 준비시켜야 할 기성세대의 역할을 위해 개정된 교재가 조그마한 기여를 할 수 있게 되기를 희망해 본다.

2021년 5월

대표저자 박경종

책머리에

가장 화려했으나 하루 만에 사라진 고대 로마의 도시 '폼페이'. 이탈리아 남부 나폴리만 연안에 있던 폼페이는 로마 상류계급의 휴양지이자 무역이 활발했던 아름다운 항구 도시였다. AD 79년 8월 24일, 베수비오 화산의 대폭발로 화산재와 유독가스, 바위와 흙더미가 순식간에 폼페이 시가지를 덮쳐 수천 명의 사망자와 함께 도시는 괴멸되었고 땅속으로 사라진 도시가 되었다. 미리 위험을 인지하고 대피한 사람들도 있었지만, 이 화산 폭발로 당시 폼페이 인구의 약 10퍼센트인 2,000여명이 사라진 도시와 운명을 같이하였다. 만약 현대와 같은 화산폭발 경보체계가 그 당시에 있었더라면 어땠을까. 적어도 수천 명의 사망자와 비극적인 이야기는 전해지지 않았을 수도 있다.

베수비오 화산이 터지기 전 여러 가지 징조가 있었다고 한다. 당시 로마의 정치가 소플리니우스(Pliny the younger)는 베수비오 화산에서 40킬로미터 정도 떨어진 나폴리만 입구 미네눔에 머물고 있었는데, 폭발 당일 소플리니우스의 어머니가 베수비오 화산 상공에 이상한 모양의 거대한 구름이 떠 있는 것을 목격하고 소플리니우스에게 알려주었다. 소플리니우스는 좋지 않은 일이 일어날 것으로 생각하고 재빨리 어머니와 함께 먼 곳으로 피난을 떠났다. 후에 그는 화산폭발 참상의 모습을 편지 속에 상세하게 묘사했다. 사람들이 소플리니우스의 경우처럼 화산폭발의 징후를 잘 알고 판단하여 미리 대비를 했더라면 많은 사람들이 생명을 건질 수 있었을 것이다. 그러나 죽음을 맞이했던 대부분의 사람들은 무지 때문에 위험 징후를 전혀 인지하지 못했든지, 아니면 현재 자신이 갖고 있는 현 상황과 현재에 만족하고 안이하고 낙관적인 생각으로 대비하지 않았을 수도 있다. 그러나 무지했던 사람이든 안이했던 사람이든, 현재 상황에 집착하여 미래를 보지 못한 사람이든 참혹한 비극에 대비하지 못한 결과는 모두 동일하다.

지금 우리의 앞에는 4차산업혁명이라는 거대한 쓰나미가 다가오고 있다. 폼페이 시민들이 순식간에 모든 것을 잃고 참혹한 종말을 맞이한 것처럼, 4차산업혁명을 주도하는 새로운 과학기술에 대한 준비가 없다면 그들이 맞이한 종말을 현대인이라고 피할 수 있을까 하는 의문과 걱정이 앞선다. 전문가들조차도 4차산업혁명의 주요한 기술 중 하나인 인공지능(AI)은 사이버과학에 불과할 뿐이며 인간이 꿈꾸는 환상의 도구가 아니라고 지적할 정도이다. 하지만 2000년초 인터넷의 등장 이후 인터넷 기업들의 90퍼센트 정도가 닷컴버블로 인하여 문을 닫았다고 해서 인터넷의 중요성이 사라지지 않은 것처럼, 이미 4차산업혁명의 파괴력과 영향력 그리고 대비의 필요성에 관해서는 수년에 걸쳐 강조되고 있다. 그러나 나이든 세대이건 청년 세대이건 4차산업혁명이 가져올 파괴적인 영향에 대해서는 여전히 관심이 저조하다.

심지어 대학에서 학업을 마치고 곧 사회에서 취업을 해야 할 계층조차도 남의 일 보듯 하는 경향이 여전하다. 어쩌면 관심은 있어도 정부나 대학교 또는 기업에서 누군가가 자신에게 다가와 구원의 손길을 뻗쳐 주기만을 기다리는 것은 아닐까 염려된다.

이 책은 역사적으로 새로운 기술의 출현과 이것을 대하는 사람들의 태도에 따라 어떻게 미래의 운명이 달라졌는가를 살펴봄으로써 4차산업혁명시대를 준비하는 동기부여를 제공하고자 하는 작은 바람을 전달하고자 작성한 것이다.

근대 역사적으로 자동차와 기차와 같은 혁명적 기술의 출현과 함께 사라져야 했던 사회적 변화들을 소개하고, 4차산업혁명시대를 맞아 우리 사회에 미치는 영향들을 살펴보았다. 4차산업혁명을 이끄는 중요 기술인 사물인터넷, 빅데이터, 인공지능, 클라우드 컴퓨팅에 대한 개념적 이해를 소개하는 것은 미래사회 트렌드를 이해하기 위한 기본적인 소양이 될 것이다. 무엇보다 중요한 것은 앞으로 이 시대를 살아가야 하는 사람들, 특히 젊은 세대가 필수적으로 갖추어야 할 핵심역량들이다. 기술친화적인 마인드를 갖고, 창의융합적 역량 배양을 위해서 반드시 요구되는 소프트스킬들을 제시하고, 이를 실천하는 방안에 대하여 소개하고자 내용을 구성하였다.

2020년 2월

저자 일동

차례

CONTENTS

2부 4차산업혁명과 경제 변화 · 91

3부 4차산업혁명 기반기술 · 145

4부 핵심역량이 바뀌었다 · 219

1부

혁신기술과 일자리 변화

1부

혁신기술과 일자리 변화

Chapter 1
사라진 카우보이들

미국은 철도에 의해 만들어졌다라고 할 만큼 미국 역사에서 철도의 등장은 혁명적이다.

미국 서부 개척시대

동부에서 서부로

미국은 1783년 파리조약에서 영국으로부터 독립을 공식적으로 인정받았다. 1775년 미국 이민자들과 영국 사이에 독립전쟁이 발발하고 이듬해 독립이 선언된 후 7년에 걸친 지루한 공방전 끝에 승리를 거둔 미국은 새로운 희망으로 들떠 있었다. 영국의 통제로부터 홀가분하게 아메리카 대륙의 주인이 됨으로써 새로운 시대를 열고 있다는 자신감이 아메리카 합중국 13개의 주에 넘쳐났다. 그러나 미국의 에너지는 아직까지는 대서양 연안과 동부에 머물러 있었다. 황금이 널려 있다고 여겨지는 광활한 서부를 정복하고 태평양에 발을 담그게 될 때 아메리카 대륙이 열게 될 세상이 어떤 것일지는 아무도 상상하지 못했다.

미국 서부개척시대 마차행렬 모습
출처: ENCYCLOPEDIA BRITANICA. American frontier. Crossing the South Platte, painting by William Henry Jackson.

프로테스탄트들이 메이플라워호를 타고 온지 150년이 지났지만, 아메리카 대륙은 여전히 미지의 땅이었다. 1790년 미국에 정착한 사람은 390만 명이었고, 거의 대부분이 대서양 연안 지역에 살았다. 1830년엔 1,300만 명으로 늘었고 1840년에는 450만 명이 애팔래치아 산맥을 넘어 서쪽으로 이주했다. 서부 이주는 시간이 갈수록 증가했는데 이주민들의 대선배인 콜럼버스처럼 황금을 찾으려는 목적을 갖고 있었다. 대서양을 건너는 이주자들은 날이 갈수록 늘어갔고, 부풀어 오르는 풍선처럼 서부로의 이동은 확대되었다. 미국 중부와 서부는 인디언들이 평화롭게 살고 있었던 땅이었다. 이 과정에서 미국인들은 인디언들과 전투를 계속하면서 서쪽으로 끝없이 나아갔다. 당시 서부로 나가는 청년들에게 아메리칸 드림이라는 마술을 퍼트리면서 자유, 부 그리고 화려한 무용담에 이끌려 많은 이민자들이 서부로 서부로 몰려들었다.

미국의 서부 해안가를 제외한 나머지 지역은 농사를 짓기에 적합하지 않은 땅이었다. 대부분 황무지와 사막으로 이루어져서 먹고 살기 위해서는 농업 대신 목축업을 하는 경우가 많았다. 이를 위해 소들을 방목식으로 키울 수 있는 목장산업이 주 산업이었고, 여기에서 소를 몰며 키우는 직업으로 카우보이가 등장하게 된다. 이렇게 미국의 서부 개척이 이루어졌고, 이 과정에서 자연스럽게 떠오르는 직업이 바로 그 유명한 카우보이다.

서부 개척시대

서부 개척시대(american frontier old west, wild west)는 19세기(특히 1850년대부터

1890년까지) 북아메리카 시대 구분의 하나이다. 올드 웨스트(old west), 와일드 웨스트(wild west)라고도 불린다. 시대 구분과 함께 미국 노스다코타에서 텍사스까지 남북에 걸쳐 6개 주의 역사, 전설, 신앙 등 문화적인 의미를 포괄하는 용어이기도 하다. 1842년에 캘리포니아 작은 개울가에서 금덩어리가 발견되면서 시작된 골드러시의 도래가 서부개척을 뒷받침했다. 또 1869년에는 미국 최초의 대륙 횡단 철도가 개통했다. 한편 원주민인 아메리칸 인디언에게는 갑자기 온 침략자들에게 자신들의 땅을 강탈당한데다 살육된 시대이기도 하다. 미국이 독립전쟁으로 영국으로부터 독립한 이후 중서부 지역으로 영토를 확장하는 과정에서 수많은 아메리카 원주민들이 학살되었다. 또는 인디언보호구역으로 강제 이주되거나, 강제 이주를 당하면서 동사, 아사를 했다.

백인들은 땅을 정복하고 황금과 부와 자유를 찾아서 서쪽으로 그리고 더 서쪽으로 이동했다. 그 척박한 곳에 백인들은 소와 양 등의 가축을 방목했고, 이러한 유목민들에게 '소몰이꾼'이라는 뜻의 '카우보이'라는 이름이 붙게 된 것이다. 카우보이는 전통적으로 말을 타고 북아메리카의 목장에서 소를 기르고 다른 목장 관련 업무를 수행하는 직업이다. 19세기 후반의 미국 카우보이는 미국 텍사스 지역의 전통으로 알려져 있지만, 원래는 북부 멕시코의 바쿠에로(vaquero) 전통에서 생겨났고, 특별한 의미와 전설의 인물이 되었다. 실제로 이 전통은 말 관련된 장비나 기술, 박차 등을 사용했던 스페인으로부터 들어와 뉴멕시코의 환경과 문화적 상황에 의해 변형된 것으로 보고 있다.

이들은 가축들을 키우거나 이동시키면서 동시에 쉴 새 없이 싸워야 했다. 원래 주인이었던 아메리카 원주민들(인디언들), 정복되지 않은 벌판에서 수없이 나타나는 야생 짐승들과의 싸움은 일상이었다. 가축을 잃고 거지가 되어서 어쩔 수 없이 강도로 돌변한 다른 카우보이들과의 싸움도 만만치 않았다. 총잡이와 카우보이, 무법자 등이 서부개척시대의 특징으로 소설이나 서부영화 등으로 그려지는 것도 이 때문이다(wikipedia).

서부개척시대를 함축적으로 설명하고 있는 잡지 표지
출처: https://www.irelandsown.ie/new-series-legends-of-the-american-frontier/

멕시코 Vaquero
출처: Wikipedia

미화된 카우보이

서부 영화의 주인공으로 유명한 헐리우드 배우들. 존 웨인, 클린트 이스트우드

일하는 카우보이의 전통은 카우보이와 아메리카 인디언 모두의 삶을 전시하고 낭만적으로 만든 19세기 후반과 20세기 초반 와일드 웨스트 쇼(wild west shows)의 개발로 일반 대중의 마음속에 더욱 깊숙이 파고들었다. 1920년대부터 현재까지 계속되는 미국영화는 카우보이 라이프스타일을 대중화시켰지만 긍정적인 면과 부정적인 면에서 고정 관념을 형성하게 되었다.

카우보이를 연기한 몇몇 배우들은 존 오토 라이(Gene Autry)의 '카우보이 코드(cowboy code)'와 같은 긍정적인 가치를 증진하여 명예로운 행동, 존경, 애국심을 장려했다. 반면에 역사가인 디어먼트(Robert K. DeArment)는 대중화된 서구의 코드와 난폭한 카우보이 이미지를 남서부 듀로(southern code duello)의 영향을 받은 올드 웨스트 텍사스(old west Texas)의 '폭력의 하위문화(subculture of violence)' 이미지와 연결시켰다.

마찬가지로 영화 속의 카우보이들은 종종 아메리칸 인디언과 싸우는 것으로 나타난다. 그러나 대부분의 무력 충돌은 원주민과 미육군 기병대 간에 발생했다. 카우보이와 미국 원주민 사이의 관계는 다양했지만 일반적으로 특별히 우호적이지는 않았다. 인디언들은 가축떼가 자신들의 영토를 지나가는 대가로 어느 정도 금전을 받고 허용했지만, 백인을 향한 태생적 갈등이나 식량 부족의 상황에서 가축 이동 카우보이들과 목장을 급습하기도 했다. 예를 들어, 1860년대 코만치(Comanche)는 텍사스 서부에서 문제를 일으켰다. Apache, Cheyenne 및 Ute Indians에서도 유사한 공격이 발생했다.

카우보이는 야생말을 모으고, 길들여서 목장까지 이동하기, 목장 관리 등 고된 노동을 하였다. 종종 소를 도둑질하거나 암살하려는 모든 사람들로부터 그리고 야생의 포식자로부터 자신을 지키기 위해 총을 사용했다. 카우보이들은 목장에서 가축을 사육하는 목축노동을 하여 서부를 풍요로운 지역으로 만드는 데 힘썼으며, 개척자 정신인 용기·독립·자립을 대변하게 되었다 (wikipedia).

카우보이 이미지는 영화로 인해 실제와 많이 달라졌다.

카우보이의 이미지는 미국 서부 개척시대의 프론티어 정신을 대표한다. 하지만 실제 카우보이들은 백인보다는 대부분 라틴계이거나 흑인들이었다.

현 시점에서 보면 핍박받는 노동자였고, 차별받았던 하층 계급이었다. 그러나 우리의 기억에서 보는 카우보이는 영화를 통해 상당히 미화된 카우보이이다. 그들은 대부분 보안관과 더불어 정의를 지키고 인디언들로부터 서부 개척지대로 이민을 떠나는 사람들을 보호하거나, 개척정신이 투철하고 정의의 수호자이며, 고독한 파수꾼의 이미지로 영화 속에 남아 있다.

원래 카우보이가 하는 일은 소몰이꾼, 그냥 소만 기르고 말 타고 돌아다니는 것이었지만, 실제로는 개척민들과 저항했던 인디언들 그리고 약탈을 일삼는 무법자들이 사방 천지에 널려 있었기 때문에 카우보이들은 자신의 목숨과 재산을 지키기 위해 모두 총으로 무장하게 된다. 여기에서 영화에서 보는 것과 같이 카우보이 웨스턴 총잡이 이미지가 탄생하게 된 것이다.

61회 아카데미 시상식장에서 자랑스럽게 카우보이 복장을 갖춘 미국 영화배우들.

1900년대 초에 만개한 영화산업은 카우보이 캐릭터에 관심이 많았다. 서부 개척시대의 종결, 그러니까 '프론티어 종결 선언'이 1890년대였기 때문에 카우보이는 그리 낯설지 않은 이야기의 주인공이기 때문이다. 최초의 서부영화 「대열차 강도」(1903) 역시 카우보이 차림의 강도들이 주인공으로 나온다. 「역마차」의 주연 배우인 존 웨인은 이 영화로 일약 스타덤에 올랐으며, 이후 카우보이 전문 배우로 거듭나게 된다. 게리 쿠퍼가 보안관으로 등장하는 「하이 눈」은 카우보이와 무법자들이 한데 모여 등장하는 서부영화의 걸작이었다. 이처럼 1920년대부터 1950년대까지는 정의로운 카우보이들의 영화가 주류였다. 카우보이들은 새로운 땅을 찾아 나선 개척자요, 불의와 싸우는 정의의 사도였으며, 외부의 침략으로부터 약자를 지키는 신사였다.

이러한 카우보이 캐릭터는 서부영화의 걸작영화로 꼽히는 「역마차」(1939), 「하이 눈」(1952), 「셰인」(1953), 「리오 브라보」(1959) 등에서 볼 수 있다. 이 영화들에서는 종종 정의로운 보안관과 카우보이가 한 팀을 이루어 총격전을 벌이곤 했다. 그러나 시간이 지나면서 좀 더 현실적인 서부영화들이 등장하는데, 가난의 함정에 빠져서 서부의 무법자로 전락한 카우보이들, 아메리카의 원래 주인이었음에도 백인들을 공격하는 야만인으로 묘사된 아메리카 인디언들을 등장시킴으로써 정의와는 상당히 거리가 있는 카우보이들을 등장시키고 있었다. 카우보이는 본래 정의를 구현하는 임무와는 관계없는 사람들이었던 것이다.

철도와 함께 사라진 카우보이

한 시대를 풍미했던 카우보이는 철도와 함께 번창하였고, 철도로 인해 종말을 맞이하였다. 남북전쟁(1861–1865)이 종료되고 링컨대통령의 결정으로 재개된 서부 횡단철도 공사가 1869년 완성되자, 미국 북부지역에서 쇠고기에 대한 수요가 증가하였다. 19세기 중반 이전에는 텍사스와 같이 남부지역에 위치한 대부분의 목축업자는 주로 현지 수요나 개인적 필요에 따라 소를 기르고, 잉여 고기와 가죽을 인근 시장에서 판매했다. 텍사스에서는 1865년 이전에는 막대한 양의 가축을 무료로 제공할 정도로 쇠고기에 대한 수요는 거의 없었다. 그러나 미국 남북전쟁이 끝나고 필립(Philip Danforth Armor)은 시카고에 Armor and Company라는 고기포장 공장을 열었다. 육류포장산업의 확대로 미국 북부지역에서 쇠고기에 대한 수요가 크게 증가했다.

1866년까지 가축은 마리당 40달러 정도로(당시 카우보이의 한달 임금은 40달러 수준) 시장에 팔릴 수 있었으며, 특히 텍사스 지역의 가축들이 수백 마일 떨어진 미 북부 지역의 시장에 내놓을 가능성이 높았다. 그러나 당시에는 남북 방향의 철도는 건설되지 않아서 소떼를 이끌고 선로가 있는 곳까지 운송해야 했고, 그 일은 바로 카우보이의 몫이 되었다.

소떼 이동

남부 지역인 텍사스에서 북부의 시카고로 가는 가장 가까운 선로로 대규모 가축 떼를 이동시키기 위한 최초의 시도는 1866년에 일어났다. 하지만 1866년 최초의 소떼 이동(Cattle drives)은 경험 부족으로 철도에 도착하지 못했고 가축 떼는 헐값에 팔렸다. 이후 1867년 캔자스 주 애빌린(Abilene) 서쪽에 소 운송 시설이 건설되어 그 해 소 36,000마리가 넘는 소 운송시장이 열렸다. 1877년까지 가축떼를 유치한 도시 중 가장 큰 곳은 소 50만 마리를 출하하기도 했다. 텍사스에서 애빌린에 이르는 취즈홀름경로(Chisholm Trail)는 북쪽으로 이어지는 가장 중요한 경로였다.

소떼 이동(Cattle drive) 장면
출처: 영화 'The Great Florida Cattle Drive' 중에서

가축떼를 몰고 가는 소떼 이동은 속도와 가축의 무게 사이의 균형을 맞추어야 했다. 가축은 하루에 40킬로까지 이동할 수 있지만 가축의 무게가 너무 많이 줄기 때문에 트레일이 끝날 때 팔리기가 어려울 수 있었다. 통상적으로 하루에 그리 길지 않은 거리를 이동하면서 한낮과 밤에는 쉬면서 풀을 뜯을 수 있는 시간을 가졌다. 평균적으로 소떼는 하루에 약 24킬로를 움직이면서 건강한 체중을 유지할 수 있었다. 이러한 속도로 텍사스의 목장에서 선로 연결 지점까지 2개월이 소요되었다. 예를 들어, 치솔림경로는 길이가 1,600킬로나 되었다.

소떼 규모는 약 3,000마리가 넘는 경우도 있었지만 1,500~2,000마리 정도가 전형적인 규모였다. 이 규모의 소떼를 관리하려면 적어도 10명의 카우보이가 필요했고, 카우보이당 말 3마리가 필요했다. 카우보이들은 낮에 소떼를 보살피고 야간에는 야생동물과 무법자들로부터 소떼를 지키기 위해 교대하면서 24시간 일해야 했다. 카우보이는 팀으로 구성되어 있는데, 팀에는 황소가 끄는 왜건을 운전하는 요리사와 여분의 말과 레뮤다(remuda)를 책임지는 말 쟁기가 포함되었다. 가축을 모는 카우보이는 대체로 젊고 사회적 지위가 낮은 사람이었지만, 요리사는 음식뿐만 아니라 의료적 지식도 가지고 있어야 했다.

소수의 카우보이는 현재도 남아있다. 그러나 기업형 목축업자로서 거대한 목장을 소유한 경우가 대부분이다. 이제 미국 서부에는 쌍권총도, 말 탄 노상강도도, 미국 원주민과의 전쟁도 없다. 마치 동양의 검객처럼 총잡이 카우보이도 이제는 역사의 한 페이지에서 한때 빛났던 캐릭터로만 남게 되었다. 그 카우보이가 번성했던 기간은 대륙 횡단 철도가 완성된 1869년부터 서부개척시대의 종말을 선언한 1890년대까지 겨우 30여년이었고, 텍사스까지 철도가 놓임에 따라 사라진 직업이 된 것이다.

미국 철도 이야기

백인들이 정착한 초기부터 미합중국의 기틀이 튼튼해지기까지의 시간은 아메리카 원주민들의 공동체가 소멸해가는 시간이었다. 그리고 아메리카 인디언에게 절망의 쐐기를 박은 것은 다름 아닌 대륙 횡단 철도를 시작으로 한 미국 전역에 놓인 철도였다.

철도는 종주국이 영국이었지만 미국의 철도 발전은 영국을 압도하는 수준이었다. 1825년 영국의 스톡턴-달링턴 철도가 세계 최초의 철도로 인정받고, 1830년 리버풀-맨체스터 노선의 등장으로 본격적인 철도의 세계를 열었다. 미국도 1830년 최초의 철도 운행을 시작했다. 영국과 미국에서 거의 동시에 철도가 개통된 셈이다. 철도의 첫 테이프를 영국이 끊긴 했으나 철도망과 철도 기술은 미국이 영국을 앞질렀다. 오늘날까지 이어지는 철도 기술의 모태가 된 공기 브레이크 장치, 곡선 구간에서 운행 능력을 향상시키는 보기 대차, 자동 연결 장치, 침대차나 고급 객차 같은 것들은 모두 미국 철도가 만들어냈다. 1830년부터 폭발적으로 성장한 미국 철도망은 1850년이 되자 14,500킬로미터 이상의 철도가 놓였다. 그리고 매년 평균 3,200킬로미터씩 증가했다. 매년 한국 철도 노선 전체 길이에 육박하는 노선이 생긴 셈이다. 1860년에는 48,960킬로미터의 철도 노선이 운행됐다. 같은 시기 15,000킬로미터에 불과했던 철도 종주국 영국 전체 노선의 세배를 넘어 세계에서 최장의 운행 길이를 갖는 철도의 나라로 탈바꿈한 게 미국이었다.

동부에서 철도망이 생겨나자 사람들은 대륙의 서부 끝까지 도달하는 횡단 철도를 꿈꿨다. 하지만 정작 대륙 횡단 철도 계획이 발표되자 그 어마어마한 계획이 현실화될 것이라고는 믿지 않았다. 또 횡단 철도 이야기가 나온 뒤 30년이 지나도록 실질적으로 진척된 일은 없었다. 그러나 링컨이나 닷지 같은 사람들은 대륙 횡단 철도가 분열된 연방을 이어주는 연결고리이자 강력한 국가로 발전할 수 있는 디딤돌이 될 것임을 간파하고, 엄청난 계획을 실현해야겠다고 마음을 먹었다.

광활한 서부를 개발하기 위해서도, 끊임없이 밀려드는 새로운 이민자들을 위해서도 철도는 꼭 필요한 교통수단이었다. 그리고 나날이 발전하는 철도 기술은 이제 대륙 횡단 철도에 도전해도 될 만큼 발전해 있었다. 의회에서 대륙 횡단 철도가 건설되어야 하는 노선에 대해 논쟁을 벌인 후, 마침내 링컨대통령은 1862년 Pacific Railway Act를 승인하여 네브래스카 주 오마하에서 Union Pacific Railroad에 의해 대서양 횡단 철도를 건설하게 된 것이다. 남북전쟁(1861~1865) 당시 철도 건설은 투자자의 부족으로 인해 느리게 진행되었으나 전쟁이 끝나면서 본격적으로 건설되기 시작하였다. 철도는 빠른 속도로 서부 인구를 가속화하여 왜건 열차는 무용지물이 되었고, 전국에서 상거래가 증가했으며, 아메리카 인디언들의 쇠퇴를 가져왔다.

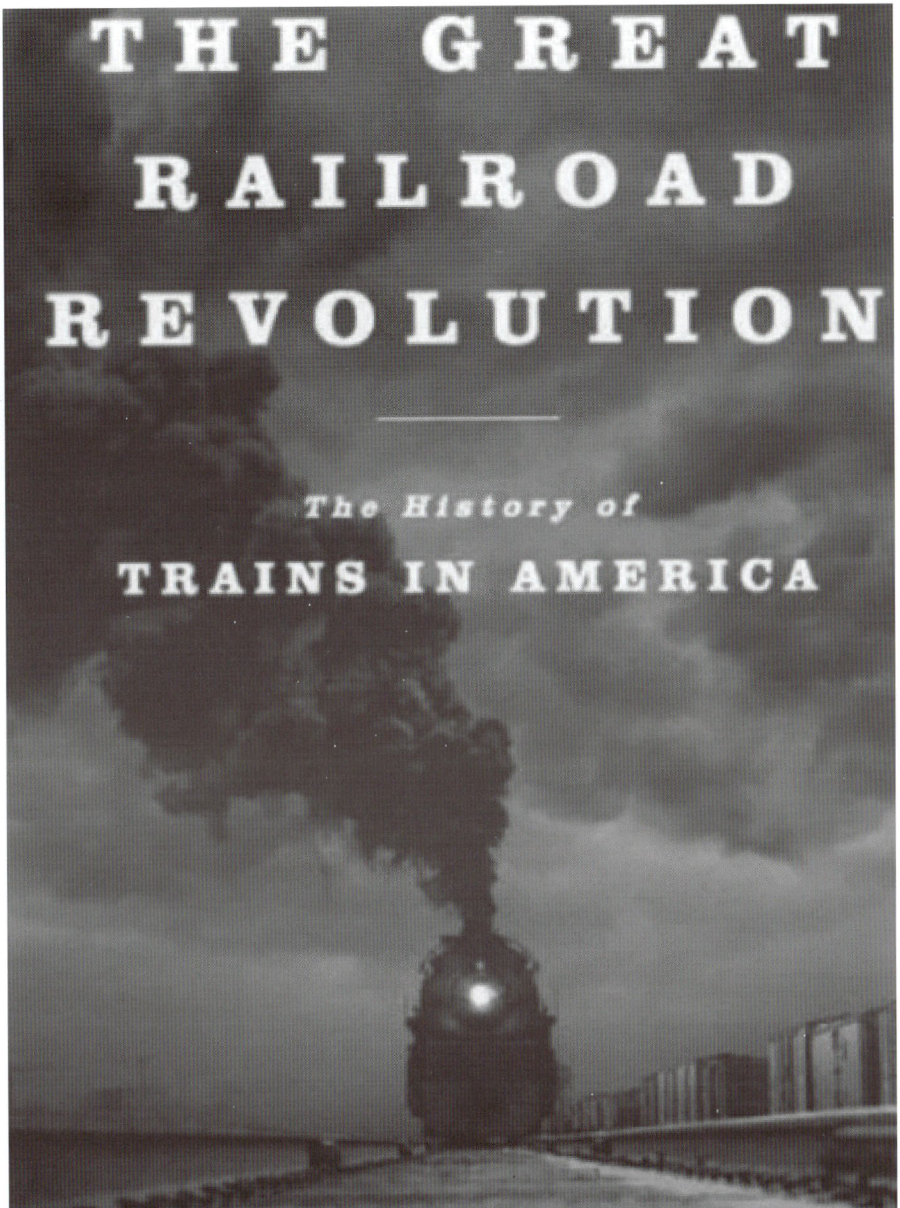

미국은 철도에 의해 만들어졌다라고 강조할 만큼 미국역사에서 철도의 등장은 혁명적이다. 그림은 월마의 '위대한 철도 혁명' 책자 표지이다.

Chapter 2
교통수단 진화와 새로운 비즈니스

교통수단은 현대 문명의 핵심이며 사람과 물건이 움직이는 방식은 삶의 여러 측면에 영향을 미친다. 향후 20년 동안에 전기 자동차, 차량 공유 서비스, 차량 네트워크 기술, 그리고 궁극적으로 자율 주행 기술이 전 세계의 자동차 및 화물 시장을 재편하는 등 중대한 변화를 가져올 것이다.

– Bloomberg NEF Electric Vehicle Outlook 2020 –

말이 없어도 살 수 없고, 말 때문에도 살 수 없다.

1894년 말 분뇨 대위기

1890년 뉴욕의 인구는 2,693,000명, 1900년에는 3,802,000명, 1910년에는 6,230,000명으로 산업화와 함께 확대된 일자리를 찾아 급속도로 증가하고 있었다. 런던의 경우도 1800년 초기 100만 정도의 인구에서 1890년에는 500만,

1900년에는 650만, 1910년에는 700만이 넘을 정도로 급속도로 팽창하였다. 이 당시 런던과 뉴욕 같은 산업화 도시들은 '운송'과 '오염'이라는 두 가지 측면에서 핵심적인 도시 이슈를 제공하고 있는 상황이었다.

인체는 혈관을 통해 산소가 몸 구석구석까지 공급되어야 신체 기능이 제대로 작동된다. 이와 마찬가지로 대도시들이 제대로 돌아가기 위해서는 교통물류 수단이 발달되어야 하는데, 그 당시 뉴욕과 런던은 사람과 물건을 운송하기 위한 수단을 전적으로 말에 의존하고 있었다. 하지만 1800년대 후반부터 뉴욕, 런던, 파리와 같은 대도시는 한 마디로 '말 똥물에 익사했다'고까지 표현될 정도로 최악의 상황이었다.

1900년 미국 뉴욕 Mulberry Street 풍경
출처: World Digital Library, History of New York City

1900년 런던에는 말 한 마리가 끄는 11,000여 대의 택시가 있었고, 2마리의 말을 필요로 하는 수천 대의 마차버스가 운행되었으며, 매일 5만 마리 이상의 말이 도시 주변 사람과 물자들을 운송했다. 마차버스(horsecars)는 부드러운 승차감을 제공했으며, 말 두 마리가 최대 20명의 승객을 수송할 수 있었다. 하루 4교대로 운영되었으므로, 차량 당 8마리의 말이 필요했다. 그러나 마차버스의 인기로 인해 도로에 더 많은 분뇨가 배출되었다. 이 엄청난 수의 말은 여러 문제들을 야기했다. 돌로 포장된 도로를 달리다 보니 소음문제가 발생했고, 교통사고와 이의 처리도 심각하였지만, 주요 관심사는 거리에 남겨진 대량의 말 분뇨였다. 말 한 마리는 평균적으로 하루에 약 10kg의 분뇨를 배출하므로 문제의 심각성을 충분히 상상할 수 있다.

대도시에서의 마차 교통사고. 말의 사체는 검시관이 오기 전에는 거리에 방치되어 있어야 했다.

런던 거리에 있는 말의 분뇨는 장티푸스와 질병을 전파하는 막대한 수의 파리떼를 끌어 모았다. 말의 평균 기대 수명은 약 3년에 불과하여 길거리에서 운행 중인 말이 갑자기 죽는 경우도 빈번하게 일어났다. 말의 시체는 검시관이 오기까지 거리에 방치되어 있어야 했고, 말 사체를 이동시키기 위해서는 거리에서 해체작업을 통해 조각내야만 했다. 이 과정에서 발생되는 각종 오물과 방치된 분뇨로 인해 런던 사람들이 병에 걸리기 시작했다.

1900년 런던의 택시와 마차버스

그러나 이것은 단지 런던만의 위기가 아니었다. 뉴욕은 하루에 약 10만 마리의 말이 거리를 가득 메우고 있었다. 뉴욕은 자동차가 개발되기 훨씬 이전부터 세계적인 규모의 대도시였고, 주 교통수단은 당연히 마차였다. 1860년 뉴욕 사람들은 연간 3,500만 번 마차를 이용했는데, 1870년에는 사용 횟수가 3배인 1억 회 이상으로 증가했고, 증가 속도도 점점 빨라졌다. 1880년에는 적어도 15만 마리, 1890년대에는 20만 마리의 말이 뉴욕 시내에 있었다. 이들 중 일부는 사람들을 위한 교통수단을 제공했고, 다른 일부는 열차에서 대도시 안팎으로 화물을 운송하는 역할을 했다.

말 한 마리가 하루에 배출하는 분뇨는 평균 약 10kg 정도이므로 뉴욕에서 하루에 약 2,000~2,500톤, 한 달이면 60,000톤의 분뇨가 거리에 떨어진다는 계산이 나온다. 이것은 소변량 약 1,000만 갤런은 제외한 수치이다. 청소할 겨를도 없이 쏟아지는 말 분뇨는 뉴욕의 거리를 두툼한 카펫처럼 뒤덮고 있었고, 거기에서 올라오는 냄새는 참을 수 없을 정도였다. 뉴욕의 브라운스톤 집들이 높은 1층을 갖게 된 이유는 비가 오면 집이 흙탕물과 오물 범벅이 되는 것으로부터 안전해질 수 있었고, 거리의 분뇨 냄새를 피할 수 있기 때문이었다.

게다가 말 분뇨를 치우기 위해서는 수천 마리의 말이 추가로 필요했다. 상황이 절망적으로 흐르면서 어떤 학자는 1930년이 되면 말똥이 맨해튼을 3층 높이로 뒤덮을 것이라고 예언하기도 했다. 그 당시 한 관찰자에 따르면 "뉴욕의 거리는 말 그대로 따뜻한 갈색 매트를 깔고 있었다. 천국의 냄새가 난다"고 하였다. '횡단 청소부'라는 직업을 가진 사람이 보행자가 길을 건너기 위해 길을 청소하는 서비스를 제공하고 있었지만, 이마저도 비가 내렸을 때는 소용이 없었다. 그리고 그 길이 마르면 바람은 비료 먼지를 공중으로 확산시켰고 시민들을 질식시켰다.

뉴욕 거리에서 길을 건너는 사람을 위해 말똥을 치우고 돈을 버는 사람들

한동안 배설물을 비료로 사용하는 방법으로 거리를 깨끗하게 유지하는 데 도움이 되었지만, 말 개체수가 증가함에 따라 배설물의 공급량이 늘어났고 그로 인해 인센티브가 줄어들기 시작하였다. 수거되지 못한 분뇨는 빈 공터에 쌓여 퇴비 더미가 되었고, 분뇨와 죽은 말의 쓰레기는 거리를 더욱 지저

19세기 후반 뉴욕의 도로
출처: wikipedia.

분하게 만들었으며, 전국에 걸쳐 하루에 수십억 마리의 파리를 번식시키는 좋은 번식지를 제공하였다. 결국 질병을 퍼뜨리는 불쾌한 상태를 넘어 공중 보건 위기로까지 문제가 확산되었다.

말로 인한 도시 문제는 전혀 새로운 것이 아니었다. 이미 고대 로마에서도 율리우스 카이사르(Julius Caesar)가 마구간과 공해 때문에 도시에서 마차를 끌지 못하도록 하였던 역사적 교훈이 있었다. 하지만 뉴욕에서 말은 도시 교통과 화물 운송에 너무도 중요했다. 19세기 말 뉴욕은 말 그리고 마차에 의한 교통사고, 소음, 말똥에 시달려 말이 없어도 생존할 수 없고, 말과 함께 살 수도 없는 지경에 몰린 최악의 상황이었다.

1894년 런던타임스(London Times) 기사에서는 이 골치 아픈 문제를 비꼬아서 "향후 50년 안에 런던의 모든 거리는 3미터 높이의 거름 아래에 묻힐 것"이라고 예측했으며, 이 기사로 인하여 '1894년의 극도의 말 분뇨 위기'로 알려지게 되었다.

19세기 런던의 복잡한 교통문제
출처: https://www.gettyimages.com/detail/news-photo/traffic-trouble-in-50-19th-century-from-the-connoisseur-news-photo/558916465

뉴욕에서도 '1930년이 되면 말 분뇨가 3층 높이까지 쌓일 것'이라고 주장하였다. 그 끔찍한 상황을 해결하기 위한 노력의 하나로 1898년 뉴욕에서 세계 최초의 국제도시계획회의가 개최되어 토론되었지만 해결책은 없었다. 말 분뇨로 인한 문제를 해결하기 위하여 10일 간의 회의를 개최하였지만, 3일 간의 토론과 브레인스토밍을 하고서도 해결책을 제시할 수 없자 국제도시계획회의를 중도에 중단하고 해산하기에 이를 정도였다. 얼마나 절망스러운 상황이었는지 가히 짐작할 수 있을 것이다.

하지만 그 절망적 예언은 다행히도 실현되지 않았다. 구원의 손길은 전혀 예상치 못했던 곳에서 나왔다. 바로 자동차의 등장이었다. 헨리 포드와 존 D 록펠러가 자동차의 대중화를 이끌었다. 자동차 대중화의 시초였던 포드의 모델 T는 1908년부터 약 20년간 무려 1,600만 대 이상이 팔렸다. 1912년 미국 자동차 판매량이 35만 대에 달하면서 마침내 뉴욕에는 자동차가 마차보다 많아졌고, 5년 뒤 대중교통용 마차가 사라졌다(최진기, 2018). 미국 거리의 모습은 완전히 바뀌었고, 그 결과 오늘날 뉴욕시민들은 왜 브라운스톤이 불편한 현관 계단을 가졌는지 알지 못한다. 마침내 1912년경에는 극복할 수 없을 것 같았던 말 분뇨 문제가 해결되었다.

다른 대도시에서도 말들이 교체되었고, 자동차가 운송 및 수송의 주요 원천이 되었다. 당연히 말과 마차가 있었기에 존재할 수 있었던 많은 직업들 또한 급격하게 사라지거나 명맥만 유지하게 되었다. 말과 관련된 1차 산업에는 말 사육업, 말 교배업, 말 자료작물재배업, 말 품종개량 등이 있었고, 2차 산업은 말 도축업, 말 사료제조업, 마구류 제조업, 부산물 가공업, 말 관련 건설업, 3차 산업은 말 조련, 말 경매·중개업, 승마장업, 경마장업, 장제업, 말 운송업, 말 보험업, 말 수의업, 고기판매업, 말 전문인력 양성, 말 관련 방송업, 말 분뇨·폐마 처리업 등이 있었다.

왼쪽은 1901년 마차로 가득 찬 거리, 오른쪽은 불과 10년 후인 1913년 차로 넘친 거리 모습

포드의 모델 T
출처: wikipedia.

교통수단이 혁신하면 삶이 바뀐다.

100년 만에 다시 찾아온 교통혁명

교통수단은 현대 문명의 핵심이며 사람과 물건이 움직이는 방식은 삶의 여러 측면에 영향을 미친다. 향후 20년 동안에 전기 자동차, 차량 공유 서비스, 차량 네트워크 기술, 그리고 궁극적으로 자율 주행 기술이 전 세계의 자동차 및 화물운송 시장을 재편하는 등 중대한 변화를 가져올 것이다.

현재 그려지고 있는 교통수단 혁명의 큰 그림이 현실화된다면 말에서 자동차로 전환된 19세기 초반과는 비교도 안 되는 더욱 큰 변화, 즉 내연기관 자동차가 사라지기 시작하는 '종말의 시대' 가시화가 앞으로 5년, 늦어도 10년 이내에 시작된다는 것이다.

배터리 기술 발전과 가격 하락이 모든 변화의 핵심이지만 각 국가들은 고부가가치 산업의 다음 클러스터를 선점하기 위해 막대한 구매보조금을 지급하면서 경쟁하고 있으며, 자동차 제조업체들은 장기적인 지구온난화 방지를 위한 각 국의 환경규제 정책으로 이산화탄소 감축 목표를 점점 더 심각하게 받아들여야 하는 상황이다. 한편, 소비자들도 도시 공기 질에 대한 우려와 함께 더욱 매력적인 전기자동차 모델이 출시되면서 전기차 선호 증가 추세가 급격하게 상승하고 있다(블룸버그 NEF, 2020).

세계 각 국이 내연기관차의 배기가스 배출을 규제하고, 친환경차 도입을 위한 각종 지원정책을 이어가고 있다. 유럽의 노르웨이와 네덜란드는 2025년부터 내연기관 자동차 판매를 금지하고 내연기관 차량의 등록을 금지하도록 이미 법제화했다. 영국과 프랑스는 2040년부터 내연기관 자동차의 판매를 중지하는 법을 제정했으며, 독일도 2040년에 내연기관 자동차 판매 중지하는 결의안을 통과시켰고, 현재 법제화 작업 중이다. 인도의 경우는 2030년부터 전기자동차만 판매하도록 법제화했다. 이러한 기조에 맞춰 글로벌 자동차 기업인 볼보, 토요타, 폭스바겐, BMW 등은 2025년을 전후로 내연기관 자동차의 생산을 중단하고 대폭 감축을 시작하며, 2040년에는 내연기관 자동차의 전면 중단을 실시하는 회사 정책을 발표하고 있다(테크월드뉴스(http://www.epnc.co.kr), 2020.4.13).

영국의 엘리자베스 2세 여왕은 2016년 의회 연설에서 "영국이 자율 주행 차량과 전기 자동차를 포함한 새로운 교통수단 개발의 선두에 서도록 할 것"을 당부했고, 일본과 독일의 자동차 회사들 역시 전기 자동차와 자율 주행차량 시장을 선점하겠다고 선언했다. 일본의 토요타는 미국 실리콘밸리에 10억 달러를 들여 토요타 연구소(Toyota Research Institute; TRI)라는 자율 주행 및 자동차 인공지능을 연구하는 자회사를 2015년 11월 설립했다. 독일 자동차 기업 또한 자동차산업의 변화에 발빠르게 대응하고 있다. 디젤 스캔들로 홍역을 치르고 있는 폭스바겐은 전기 자동차 배터리를 생산하는 시설에 무려 110억 달러를 투자하겠다는 계획을 밝히면서, 내연기관에서 전기 자동차로 기업의 무게 중심을 옮기는 노력을 시작했다. BMW 역시 배터리 용량을 두 배 이상 늘린 전기 자동차를 2016년에 그리고 2021년에는 전기 자율 주행차를 출시하겠다는 목표를 밝혔다(슬로우뉴스, 2016. 6.16).

이들 전통적인 자동차 기업들이 경쟁해야 할 상대는 바로 미국 디트로이트의 기업들이다. GM은 우버의 경쟁기업인 리프트(Lyft)에 5억 달러를 투자하면서 자율 주행과 자동차 네트워크 분야(Connected Car)에서 협력을 시작했다. 또한 자동 주행 전문 스타트업 크루즈 오토메이션(Cruise Automation)을 10억 달러에 인수했다. 하지만 디트로이트의 기업들마저 두려워하는 상대는 바로 실리콘밸리의 기업들이다. 대표적인 전기 자동차 생산업체인 테슬라가 2012년 첫 세단인 모델 S를 출시했을 때 미국에서 최고의 권위를 자랑하는 소비자 전문지 컨슈머리포트는 모델 S를 이렇게 평가했다.

"이제까지 우리가 테스트해 본 자동차 중 최고 점수를 기록했을 뿐 아니라 만점을 넘어섰다."

100년 넘게 자동차를 만들어온 독일과 미국의 업체들이 설립된 지 9년밖에 안 된 신생 업체에 의하여 성능 면에서 추월당한 것이다. 컨슈머리포트는 2015년에도 테슬라 모델 S를 전체 베스트셀러 자동차로 선정했다. 디트로이트가 두려워하는 것은 테슬라뿐만이 아니다. 실리콘밸리의 대표 기업 구글은 일찌감치 자율 주행차 개발에 뛰어들어 현재 그 분야에서 가장 앞서있다고 평가받는다. 차량 공유 서비스의 대명사인 우버 역시 IT 분야 최고의 연구기관 중 하나인 카네기 멜론대학과 제휴를 맺고 자율 주행차량 개발에 전력을 다하고 있다. 이들 실리콘밸리 기업들이 혁신의 주도권을 쥐고 앞서 나가자 당황한 디트로이트의 3대 자동차 업체들은 살아남을 방법을 찾기에 여념이 없다. 시장점유율 1, 2위인 GM과 포드는 앞서 말한 대로 신생업체들을 인수하는 방식으로 실리콘밸리를 따라잡으려 하고, 3위 업체인 크라이슬러는 구글, 우버와 파트너십을 고려하고 있다.

디트로이트의 옛 강자들과 실리콘밸리의 신흥 강자들 사이의 디트로이트 업체들이 경쟁을 버거워하는 이유는 그들이 근본적으로 '내연기관'에 기반을 둔 회사들이라는 데 있다. 전통적인 자동차 회사들은 지난 100년 동안 내연기관에 기반을 두고 자동차의 성능을 극대화하는 작업을 해왔다. 100년 전의 교통혁명이 말의 품종 개량으로 시작된 것이 아닌 것처럼, 코앞에 다가온 교통혁명 역시 내연기관과 무관한 기술들에 기반하고 있다. 바로 전기 자동차, 자율 주행 기술, 차량 공유 서비스, 차량 네트워크 기술이 그것이다.

전기 자동차/ 자율 주행 기술/ 차량 공유 서비스 /차량 네트워크 기술

전기 자동차

전기 자동차는 자동차의 핵심 기술인 내연기관, 동력전달장치, 냉각장치,

연료탱크 등의 기술을 쓸모없게 만든다. 전통적인 자동차 기술에서 뛰어난 수준을 자랑하고 있는 독일, 미국, 일본 그리고 한국 자동차 기업에 전기 자동차의 대중화는 전통 자동차 기업의 존재를 위협한다. 앞서 언급한 테슬라의 모델 S는 2015년 미국에서 25,202대가 팔려 21,934대가 팔린 메르세데스-벤츠 S 클래스를 꺾고 고급차 부문에서 판매 1위를 차지했다.

U.S. Sales of Large Luxury Vehicles

Model	2015 Sales	2014 Sales	% Change
Tesla Model S	25,202	16,689	51.01%
Audi A7	7,721	8,133	−5.07%
Audi A8	4,990	5,904	−15.48%
BMW 6-Series	8,146	8,647	−5.79%
BMW 7-Series	9,292	9,744	−4.64%
Jaguar XJ	3,611	4,329	−16.59%
Lexus LS	7,165	8,559	−16.29%
Mercedes-Benz CLS-Class	6,152	6,981	−11.88%
Mercedes-Benz S-Class	21,934	25,276	−13.22%
Porsche Panamera	4,985	5,740	−13.15%
Total	99,198	100,002	−0.80%

출처: Stratechery.

물론 그렇다고 전기 자동차가 내연기관을 생산하는 전통 자동차 기업에 당장 위협이 되지는 않는다. 테슬라는 2015년 미국 자동차 신차 시장에서 1% 미만의 시장점유율을 기록하고 있기 때문이다. 또한 긴 충전 시간, 부족한 충전소 등 전기 자동차는 전통 내연기관과 비교하면 아직까지 불편한 점이 많다. 전기 자동차의 대중화는 앞으로도 적지 않은 시간이 필요할 것으로 예상된다. 하지만 전기 자동차의 대중화는 이미 피할 수 없는 운명이 되었다.

블룸버그 NEF(New Energy Finance)가 발표한 보고서 '2019 전기차 전망(Electric Vehicle Outlook 2019)'에 따르면 Covid-19 대유행으로 2020 년 글로벌 자동차 판매를 크게 감소시킬 것으로 예상되지만 2022년까지 전 세계적으로 500 개 이상의 새롭고 다양한 전기 자동차 모델을 사용할 수 있다고 예측하고 있다. 전기 자동차 판매량은 처음 출시된 2010년 수천 대에 불과했던 전기차가 2019년 210만 대로 급증했으며, 2025년 850만 대, 2030년 2,600만 대, 2040년 5,400만 대에 이를 정도로 가파른 상승을 예상한다. 전체 차량 판매에서 전기 자동차 비중 또한 빠르게 증가해서, 2025년 10%, 2030년 28%, 2040년 58% 에 이르러 2040년까지 판매되는 모든 승용차의 절반 이상이 전기 자동차가 될 것이며, 2040년에는 전 세계에서 운행되는 승용차의 30% 이상은 전기 자동차가 될 것이라는 전망이다. 중국 및 유럽 일부와 같은 시장은 훨씬 더 높은 보급률을 달성할 것으로 보인다.

전기차 보급 상승 과정에는 두 가지 주요 요소가 작용하는데 가격과 충전 인프라이다. 2025년부터는 배터리 전기차(BEV)가 플러그인 하이브리드 차

(PHEV)의 판매량을 넘어 전기차 보급을 주도하면서 급격한 증가가 예상된다는 것이 블룸버그의 분석이다. 2030년에는 전기차가 가격 경쟁력을 확보하는 시점에 도달되지만 자가용 충전기의 부족으로 인해 전기차 판매가 둔화될 것으로 전망하고 있다. 2020년대 중반이 되면 배터리 가격 등의 하락으로 전기자동차와 내연 차량 간의 가격 평등이 예상되지만, 이에 도달할 때까지 대부분의 시장에서 전기차 보조금과 세제 혜택과 같은 정책 지원이 필요한 상태이다.

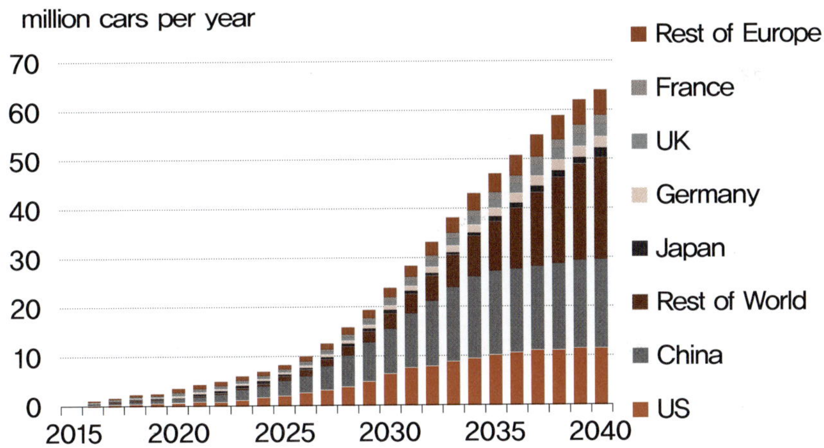

글로벌 연간 전기차 판매량
출처: Bloomberg NEF(New Energy Finance) '2019 전기차 전망'

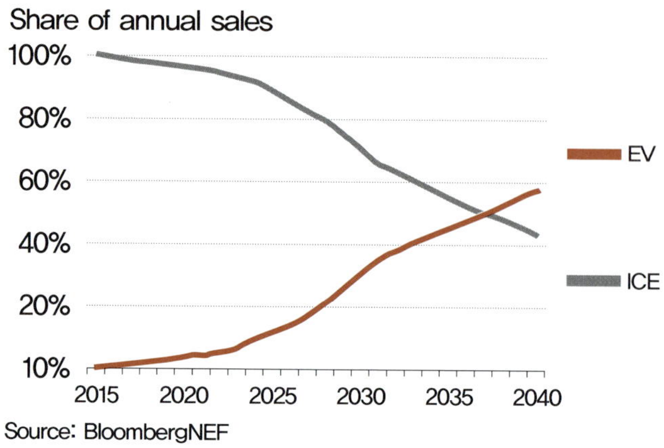

전 세계 장기 내연기관 승용차와 전기차 판매 시장 점유 비율
출처: Bloomberg NEF(New Energy Finance) '2019 전기차 전망'

테슬라의 CEO 일런 머스크(Elon Musk)는 2016년 3월 31일 테슬라 모델 3를 소개하면서 모델 3가 세계를 바꿀 것이라고 파격적인 발언을 한 바 있다. 테슬라가 발표한 보급형 모델 3는 발표 1주일 만에 32만 5,000대의 판매 계약을 기록했다. 가격은 기존 모델인 모델 S(기본형 7만 달러)나 SUV인 모델 X(8만 달러)의 절반 가격인 3만 5,000달러에 불과하다. 테슬라가 가격이 낮은 보급형 모델을 내놓자 수요가 폭발한 것이다. 예약 주문의 평균 가격은 옵션을 포함해 4만 2,000달러, 원화로 4,800만 원 정도이다. 일주일 만에 테슬라가 예약 주문으로 판매한 금액은 136억 5,000만 달러 규모로 원화로는 15조 7,500억 원에 해당하는 엄청난 금액이다. 테슬라는 "일주일 만에 이런 기록을 낸 제품은 지금껏 없었다. 앞으로 전기차가 자동차 산업의 주류가 될 것이며 생산을 더 확대할 것"이라고 말했다.

그런 테슬라를 지켜보는 독일 자동차 산업은 긴장감을 높이지 않을 수 없었다. LA타임스(2016.4.19.)는 독일로부터 전해지는 전기 자동차의 충격을 다음과 같이 전했다. 독일 자동차 산업 애널리스트인 페르디난드 두덴회퍼(Ferdinand Dudenhoeffer)는 "독일인들은 자동차 엔지니어링에 대해서는 어느 누구보다 잘 알고 있다고 자부했다. 아무도 독일보다 차를 잘 만들 수 없다고 믿었고, 그래서 캘리포니아의 젊은 애송이(테슬라의 설립자 일런 머스크)가 차를 만든다고 했을 때 웃어넘겼다. 하지만 이제 독일은 그가 혁명을 주도하는 것을 지켜보는 중"이라고 놀라움을 표현하였다.

2016년 3월 31일 공개된 테슬라 모델3(우측)와 최초 모델S.
출처: https://www.tesla.com/en_GB/model3

자율 주행 기술

테슬라는 한술 더 떠서 이미 팔린 모델 S에 자율 주행에 필요한 하드웨어가 장착되어 있다는 깜짝 발표로 화제가 되었다. 2016년 10월 이후에 제작된 모델 S는 운전자의 도움없이 차량을 운전하는 자율 주행 옵션을 제공하고 있다. 무선으로 소프트웨어를 다운로드 받은 운전자들은 벌써 운전대에서 손을 뗀 채 도로를 달리고 있다. 심지어 얼마 전에는 자율 운전 모드를 켜놓고 달리며 잠에 빠져든 운전자가 화제가 되기도 했다.

자율 주행 기술은 부분적인 자동 운전에서 완전한 자율 주행 단계까지 얼마의 시간이 걸릴지 이를 예측하는 것은 전문가마다 의견이 다를 수 있다. 자율주행시스템이 운전에 어떻게 관여하는지, 그때 운전자가 차를 어떻게 제어하는지에 따라 비자동화에서 완전자동화까지 점진적 단계로 구분된다. 2016년부터 국제자동차기술자협회(SAE International)에서 분류한 단계가 글로벌 기준으로 통용되고 있으며, '레벨 0'에서 '레벨 5'까지 6단계로 구분된다(현대자동차그룹 홈페이지, 2021).

주행 중 안전을 위해 시스템이 단순히 경고하고 일시 개입하는 전방 충돌방지 보조(FCA), 후측방 충돌경고(BCW) 등은 레벨 0에 해당하며, 특정 주행 모드에서 시스템이 조향 또는 감·가속 중 하나를 수행하는 차로 유지보조(LFA), 스마트 크루즈 컨트롤(SCC) 등은 레벨 1, 특정 주행모드에서 시스템이 조향 및 감·가속을 모두 수행하는 고속도로 주행 보조(HDA)는 레벨 2에 해당한다.

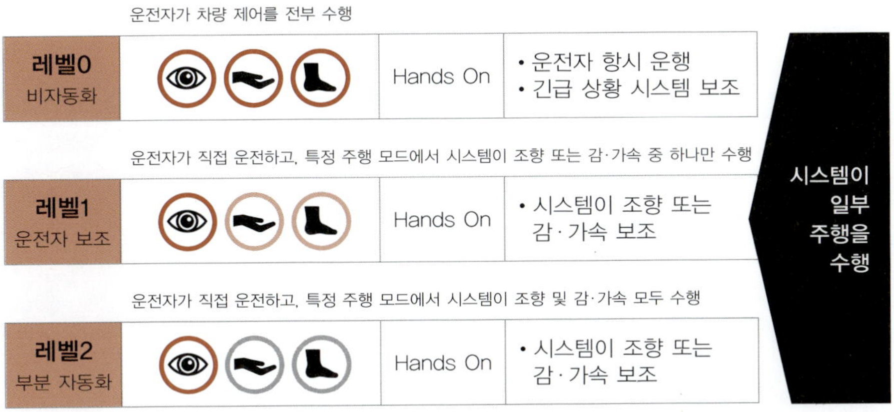

출처: 현대자동차그룹 홈페이지

레벨 2까지는 시스템이 일부 주행을 돕지만, 레벨 3부터는 시스템이 전체 주행을 수행한다. 자동차 스스로 차선을 변경하고 앞차를 추월하거나 장애물을 피할 수 있게 된다. 레벨 3는 차량 제어와 주행환경을 동시에 인식하지만, 비상 상황 시에는 운전 제어권 이양을 운전자에게 요청해야 한다. 레벨 4는 시스템이 전체 주행을 수행하는 점이 레벨 3와 동일하나 위험 상황 발생 시에도 안전하게 대응해야 한다는 점이 큰 차이점이다. 나아가 레벨 4는 자율 주행을 할 수 있는 지역에 제한이 있지만, 레벨 5는 제약이 없다. 현대자동차그룹은 2021년에 고속도로 자율주행이 가능한 레벨 3 자율주행차 개발과 동시에 도심 자율 주행이 가능한 레벨 4 자율주행차 개발을 목표로 하고 있다.

레벨	설명	상태	운전자 역할	
레벨3 조건부 자동화	특정주행모드에서 시스템이 차량 제어를 전부 수행하며, 운전자는 시스템 개입 요청 시에만 대체 수행	Eyes off	• 위험 발생 시 운전자 개입	**시스템이 전체 주행을 수행**
레벨4 고등 자동화	특정주행모드에서 시스템이 차량 제어를 전부 수행하며, 운전자는 해당 모드에서 개입 불필요	Mind off	• 운전자 개입 불필요	
레벨5 완전 자동화	모든 주행 상황에서 시스템이 차량 제어를 전부 수행	Driver off	• 운전자 불필요	

출처: 현대자동차그룹 홈페이지

그러나 인간이 운전에 전적으로 의존하는 시대가 끝나가고 있음에는 이견이 없다. 문제는 자동 운전과 자율 주행 등 소프트웨어 부분에서 전통 자동차 기업의 경쟁력이 약하다는 점이다.

자율 주행중인 자동차 안의 독서하는 운전자
출처: 테슬라 홈페이지.

전통 자동차 기업은 지금까지 내연기관 등 하드웨어 기술 개발에 집중했고, 소프트웨어 기술은 아웃소싱했기 때문에 자동 운전 기술을 자체 개발할 능력을 갖추고 있지 못하고 있다. 토요타, 포드, GM 등이 2016년부터 앞다투어 실리콘밸리에 관심을 가지는 이유도 뒤처진 소프트웨어 능력 때문이다. 자동차 산업의 핵심 경쟁력은 내연기관 등 하드웨어에서 소프트웨어로 옮겨가고 있다. 자율 주행 기술의 진보는 그 자체가 전통 자동차 기업에는 위협이다. 이미 제한적인 자동 운전 기능(autopilot)이 제네시스, 아우디, 벤츠 등 고급 승용차에 장착되기 시작했지만, 구글은 완전한 자율 주행 차량으로 100만 마일, 160만km를 달렸다.

구글의 소프트웨어 엔지니어는 "완전한 자율 주행 차량 시대에 접어들면 굳이 개인이 차를 소유할 필요가 없고, 주차장도 필요 없게 된다. 주차장이 없으면 땅이 많아지고… 사람들이 지난 몇십 년간 살았던 방식이 바뀔 수 있다"고 하였다. 또 다른 페이스북 프로덕트 매니저는 "빈부 격차가 심해질 것이다… 사회구조에 따라 지옥이 되건, 천국이 되건 극단적으로 바뀔 것"이라고 분석했다(오마이뉴스. 2016.11.30.).

차량 공유 서비스

전 세계 대도시를 중심으로 우버(Uber), 리프트(Lyft), 디디추싱(滴滴出行), 겟트(Gett) 등 차량 공유 서비스가 인기를 얻고 있다. 경제적 이유가 아니라 주차 문제가 극심해 대중교통을 이용했던 사람에게 차량 공유 서비스는 매력적이기 때문이다.

차량공유는 1984년 스위스의 한 협동조합에서 조합원이 공용자동차를 사용한 것에서부터 시작되었으며, 2000년에 미국의 집카(Zipcar)가 여러 사람이 한 대의 자동차를 공동으로 소유하여 시간단위로 나눠 쓰는 서비스를 제공하며 오늘날의 차량공유 개념이 완성되었다. 차량공유의 일반적인 개념은 자동차의 소유권을 가지고 있는 주체가 서비스에 가입된 회원에게 시간단위로 차량의 이용권한을 제공하는 것이다. 최근에는 디지털 플랫폼 기반의 교통 및 이동수단 관련 서비스산업을 포괄하는 공유모빌리티라는 보다 넓은 개념으로 확장되었다.

차량공유는 '쏘카'나 '그린카'처럼 전통적인 렌터카 사업과 비슷하나 플랫폼을 사용하여 간편하게 차량을 대여하는 '카셰어링(Car–Sharing)'과 '카카오택시'와 '우버'처럼 이동을 원하는 소비자와 이동서비스를 제공하는 사업자를 실시간으로 연결하는 '카헤일링(Car–Hailing)', '플러스'와 같이 자동차를 함께 타는 '라이드셰어링(Ride–Sharing)' 등으로 나뉠 수 있는데, 우리나라는 카셰어링을 제외한 차량공유 서비스가 매우 제한적으로 제공되고 있다.

<table>
<tr><th colspan="4">차량공유 종류 및 개념</th></tr>
<tr><th colspan="2">차량공유 종류</th><th>서비스 방식</th><th>대표 기업</th></tr>
<tr><td rowspan="3">카셰어링
(Car Sharing)</td><td>Peer-to-peer car sharing (P2P)</td><td>자동차 소유자가 짧은 시간 동안 차량을 대여해주는 서비스</td><td>SnappCar(네덜란드)</td></tr>
<tr><td>Stationary car sharing (B2C)</td><td>이용자가 서비스 차량으로 이동하여 차를 대여 및 이용 후 다시 해당 지점으로 반납하는 방식</td><td>쏘카(한국)
그린카(한국)
Zipcar(미국)</td></tr>
<tr><td>Free-floating car sharing (B2C)</td><td>이용자가 주변에 이용가능한 차량을 검색하여 대여 및 이용 후 반납장소(노상주차장 내 전용주차구역 등)를 검색하여 반납.
* 단방향(Oneway)이용 가능</td><td>셰어나우(car2go와 Drive Now 합병)
White car
(Witkar: 네덜란드)</td></tr>
<tr><td colspan="2">라이드셰어링
(Ride Sharing)</td><td>카풀의 개념과 같으며 이동을 원하는 차를 보유한 개인/회사와 목적지 방향이 유사한 개인을 연결해주는 서비스
* 택시 합승과 유사</td><td>Uber Pool(미국)
벅시(한국)</td></tr>
<tr><td colspan="2">카헤일링
(Car Hailing)</td><td>이동을 희망하는 고객과 차량을 보유한 사업자를 직접 연결해 주는 서비스로 원하는 위치와 시간에 승차 서비스를 이용할 수 있는 호출형 승차공유 서비스(Ride Hailing)
* 공유 자동차를 원하는 위치로 부르는 호출형 차량공유 서비스(Car Hailing) 가 있음
* 기존의 라이드셰어링이 라이드헤일링으로 변화되는 추세임</td><td>쏘카 부름서비스
Uber(미국)
Lyft(미국)
Didi Chuxing(중국)
Grab(싱가폴)
카카오택시</td></tr>
<tr><td colspan="4">출처: KPMG(2019), TaaS 투자로 본 모빌리티 비즈니스의 미래. 재구성</td></tr>
</table>

기존의 모빌리티 서비스가 단순히 차량과 승차를 공유·대여하는 방식이었다면 자율주행 기술이 연계되면 새로운 차원으로 진화한다. 자율주행차량은 운전자의 개입이 필요 없어지므로 실제 자동차를 소유한 것처럼 원하는 장소, 원하는 시간에 차를 호출하여 편리한 서비스 이용이 가능하게 된다. 2대 이상 차를 보유하고 있는 가정에서는 부부 중 한 사람이 출근을 한 후에 차량이 스스로 차가 필요한 사람의 집을 찾아가 다른 사람이 이용할 수 있기 때문에, 장기적으로 자동차의 운용 방식을 획기적으로 바꿀 수 있을 뿐 아니라 출퇴근 패턴 그리고 더 나아가 자동차의 판매량까지 위협할 수 있다.

호주의 ACA Research에 따르면 소비자들이 개인소유의 차량을 소비하는 것이 아니라 차량공유서비스를 채택함에 따라, 미국의 자동차 시장은 2020년 2억7,500만 달러 규모에서 10년 후 20% 이하인 4,400만달러로 줄어들 것으로 추정하고 있다. (KOTRA 해외시장뉴스, 2020. 재인용).

또한, 미국의 신기술 연구소 리싱크엑스(RethinkX)는 카셰어링 및 카헤일링 업체들이 자율주행차 기술을 적극적으로 받아들일 것이며, 향후 10년 내에 전체 승객 이동의 95%가 자율주행으로 재편될 것이라 예측하고 있다(출처: 안미소, 2020).

사실 그러한 추세는 이미 시작되었다. 전통적으로 16살이 되면 운전면허증을 갖는 것이 일반화된 미국은 2000년대에 들어오면서부터 면허 취득률이 급감하여 18살 이전 취득률은 겨우 반을 넘겼고, 18세에서 34세 성인 중 자동차를 구매하는 사람들은 2007년~2011년 사이에만 30%가 감소했다. 최근 우버와 리프트 같은 차량 공유 서비스의 인기는 이러한 추세와 무관하지 않다.

신차 구매 수요가 줄어들고 차량공유 시장이 확대됨에 따라 유명 완성차 업체들도 공유 모빌리티 사업에 뛰어들었다. 다임러 벤츠와 BMW는 각자 운영하던 차량공유서비스인 '카투고(Car2Go)'와 '드라이브나우(DriveNow)'를 합병해 '셰어나우(ShareNow)'를 설립하여 차량공유서비스 경쟁력을 강화하였다. 현대차그룹은 완성차업체에서 '스마트 모빌리티솔루션 제공자'로 전환하기 위해 중동의 차량공유기업 '카림'에 연말까지 5,000대의 공유차량 공급 계약

뿐만 아니라 인도의 차량호출 기업인 '올라'에도 투자하였다(안미소, 2020)

그러나 차량공유 시장이 확대될 것으로 예상되어 관련 사업 확장을 시도하였던 벤츠-BMW, GM, 포드 자동차는 각종 규제와 우버와의 경쟁, 비용상승 등으로 사업을 취소 또는 축소하고 있는 것이 현실이다. 그나마 한국에서는 법적규제 및 기존 업계의 저항에 따라 차량공유사업을 추진하는 것이 매우 어렵다. 2019년 미국소비자기술협회(CTA)가 발표한 국제혁신평가에서 한국은 차량공유 부문에서 기술이 문제가 아니라 지나친 규제로 인하여 F등급을 받았다(안미소, 2020).

한국에서는 카셰어링 사업을 렌터카로 규정하여 기존의 법규를 적용하고 있다. 현대차가 LA에서 시도하는 '프리 플로팅(free-floating, 공간제한 없이 도로에서도 자유 픽업 · 반납' 차량공유는 국내에선 쏘카 같은 기존 차량공유 업체들도 시도하지 못하고 있다. 렌터카는 주차공간을 자기 소유로 해야 하고, 운전자 교체는 차고지에서만 가능하여 편도운행이 불가하며, 개인 간 차량공유나 승차 공유는 개인차량 영리 행위이라는 이유로 불법에 해당한다. 하지만 현대차가 미국 로스엔젤레스(LA)에 설립한 차량공유회사 '모션랩'은 차량공유 '쏘카'처럼 스마트폰 앱 '문 열기' 기능으로 문을 열고 요금도 결제한다. 현대차가 미국에서 하는 이러한 차량공유 사업은 국내에선 불가능하다. 미국과는 달리 한국 시장에선 완성차업체가 차량 공유까지 독과점할 우려가 있다는 지적도 있지만 지나친 규제로 혁신 산업의 태동을 불가능하게 만든다는 비판은 사실이다(조선비즈, 2020.1.6.).

차량 간 네트워크

V2V(vehicle-to-vehicle) 혹은 커넥티드카(connected car) 기술이라고도 하는 차량 간 네트워크는 자율 주행 차량의 성능과 교통소통 그리고 무엇보다 교통안전을 극대화할 수 있는 기술로 알려져 있다. 운전자가 보기 어려운 앞차에 가린 도로 상황이나 악천후, 골목길 등 비가시 범위의 장애물을 알려주기도 하고, 차량의 주행 상황이나 도로에서 발생한 비상 상황을 주변 차량이나 도로 인프라에 알려주는 것이 가능해졌다. 카메라나 레이더 같은 센서는 200m 이상의 거리는 탐지하기가 어렵고, 앞차나 건물 등에 가려진 비가시 영역은 장애물 여부를 알 수 없는데 차량 통신이 이런 부분을 해결해줄 수 있기 때문이다.

커넥티드카 운행개념을 구현한 모습
출처: SKT Insight(https://www.sktinsight.com/96872)

차량 통신은 1990년대부터 간단한 사고 신고, 고장 알림 같은 텔레매틱스 목적으로 GM에서 가장 먼저 도입해 보급이 시작됐으며, 10년 전부터는 차량 안전 주행에 도움이 되는 차량 간, 도로교통 인프라 통신을 위해 무선랜 규격을 확장한 WAVE에 대한 연구가 시작되었다. 또한 상용화를 위한 다수의 시험을 거쳐 현재 미국에서는 차량 통신 기능 의무화에 대한 논의가 진행 중이다. 우리나라에서는 3,000대 규모의 차량 통신 시범사업을 진행한 바 있다.

미국 정부는 2020년부터 신차에 인터넷 서비스를 의무화하는 법안을 검토 중이며, 유럽연합은 '협력 지능형 교통체계'를 추진하기 위한 제도 정비가 한창이다.

1km 앞서 달리는 자동차가 수집하는 초당 2GB 크기의 데이터를 뒤따르는 자동차가 공유하거나, 반대편에서 중앙선을 넘어오는 차량에 대한 순간적인 제어 능력을 확보하기 위해서 또는 보행자가 건너고 있는 횡단보도로 질주하는 차량의 속도를 늦추기 위해서는 매우 안정적인 무선 데이터망과 클라우드 컴퓨팅 운영 능력이 절대적으로 필요하다. 관련 기술 확보와 데이터 통신 표준 결정을 위해 미국과 유럽의 전통 자동차 기업과 통신 기업, 인터넷 기업들이 경쟁하고 있고, 거기에 시민사회 역시 목소리를 높이고 있다. 자동차 네트워크에서 개인정보는 보호받지 못할 가능성이 높기 때문이며, 자동차 네트워크에서 발생하는 데이터에 대한 접근권과 소유권 이슈가 제기되기 때문이다.

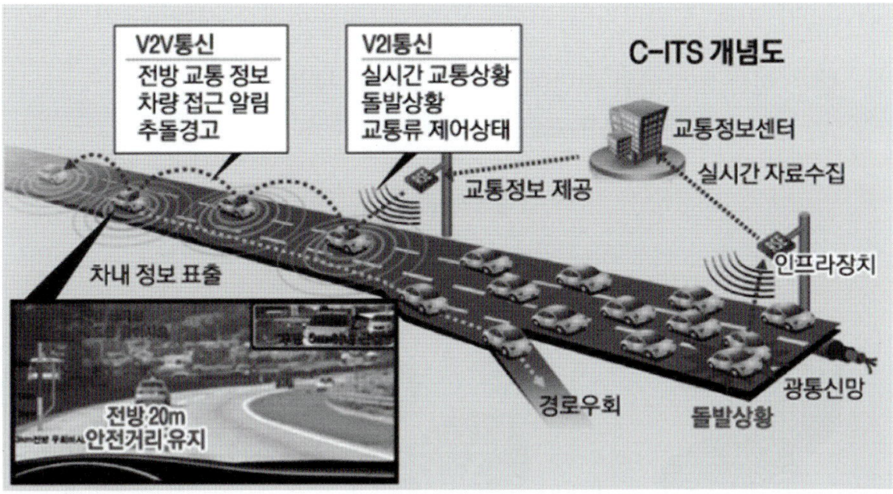

차량 간 네트워크 시스템
출처: gpsworld.com

교통혁명으로 영향 받는 전통적 산업

이제 사람들은 가정에서 더 이상 개인이 차를 소유할 필요가 없게 될 것이다. 운전자가 없는 자율주행차를 차량공유 스마트폰 앱으로 호출하면 시간에 관계없이 목적지까지 데려다 준다. 노약자나 장애인도 이동의 제한이 없어질 것이며, 이동하면서 잠을 자는 등 휴식시간을 갖거나 업무처리도 가능하게 된다. 인공지능으로 통제되는 완벽하고 안전한 주행으로 인간의 실수에 의한 교통사고가 90%는 감소될 것이다. 개인차량을 구입이나 차량 운영비용도 감소되니 경제적으로도 이익을 가져올 것이다. 이처럼 단순한 차량공유를 넘어서 운송 자체가 서비스로 제공되는 'TaaS: Transportation as a

Service)가 미래 모빌리티로 진화하고 있다. 자율주행과 차량공유가 연계된 시스템은 전통적인 산업 전반에 걸쳐 막대한 영향을 줄 것이다.

자율주행차의 장점

안전성	편리성	경제성

• 교통사고 90% 감소 (미국 맥킨지 보고서) • 인공지능 활용한 안전한 주행	• 이동시간에 휴식, 업무처리 가능 • 노약자나 장애인 이동 가능	• 교통사고 감소 • 개인차량 구입 및 운영비용 감소 • 교통혼잡비용 감소

전 세계 자동차 업계가 2018년부터 사실상 감산체계에 들어갔다고 볼 수 있다. 보도에 따르면 미국 GM은 미국 내 공장 3곳을 포함하여 전 세계 7개 공장의 문을 닫고 14,000명 감축을 추진 중이며, 포드자동차는 12,000명, 닛산은 12,500명을 감축한다고 밝힌 바 있다. 구조조정 배경은 신차 판매 부진이지만 차세대 전기 자동차(Electrical Vehicle; EV)로 산업 구조가 변화하는 움직임이 가시화되고 있기 때문이다. 내연기관이 없는 전기 자동차는 부품수가 내연기관 자동차보다 30퍼센트 적고, 조립 인원도 덜 필요하다. 독일 폭스바겐 자동차는 30년 내 판매량의 40퍼센트를 전기 자동차로 만들겠다는 목표

를 세우고, 생산 인원도 2023년까지 8,000명을 줄인다고 밝힌 바 있다(www.atlantak.com. 2019.11.18).

자동차 제조사들은 2008년 글로벌 금융위기 시기에는 위기 돌파를 위해 신흥국시장 확대 전략을 세워 생산량을 늘리는 데 성공했지만, 전기 자동차의 등장과 차량 공유 서비스의 확산으로 인한 판매 감소는 자동차 업계의 고용 환경의 악화로 이어질 것으로 전망하고 있다. 내연기관 자동차 산업 앞에 놓인 전기 자동차, 자율 주행 기술, 차량 공유 서비스, 자동차 네트워크 등의 변혁은 단지 기술의 변화 문제만이 아니다. 문제는 이 네 개의 변화가 하나씩 순차적으로 오는 것이 아니라 한꺼번에 몰려오고 있다는 점이다. 개별 소비자에게 주행 거리가 짧은 전기 자동차는 여전히 불편한 대상일 수 있으나, 우버, 리프트, 짚카, 쏘카 입장에서 작은 배터리 용량은 큰 문제가 되지 않는다. 충전할 시간이 충분하기 때문이다. 자율 주행 기능은 이들 차량 공유·대여 서비스에 날개를 달 수 있을 뿐 아니라, 사람들로 하여금 이동 중에 멀티태스킹을 허용하여 생산성 향상은 물론 다양한 분야로의 파급 효과가 커질 것으로 보인다. 자동차 사고의 주 원인은 전방주시태만·졸음운전·음주운전 등인데 현재의 자율주행 기술 수준(Level 3)으로도 이 사고의 90%를 줄일 수 있다. 자율주행차 기술수준이 향상되고 보편화되는 2030년대에는 사고감소로 인해 자동차 정비 산업 시장은 현재의 절반가량으로 감소될 전망이다. 보험 산업도 직접적인 영향을 받을 것이다. 보험연구원(2016)에 따르면 개인의 자동차 보유가 줄어들고 완전자율주행이 상용화되면 자동차 사고가 크게 감소할 전망이어서, 2040년경에는 국내 자동차보험 시장 규모는 2014년 대비 약 42% 수준으로 감소할 것으로 예측하고 있다. 그리고 자율주행 모드에서는 사고 책임 주체도 운전자가 아닌 차량 제조사가 될 것이다. 해당 사고에 적용되는 보험은 배상 책임 보험이 될 수밖에 없는 만큼 운전자 대상 자동차보험 시장은 더욱 축소될 것으로 보인다. 미국 캘리포니아 주는 초창기 자율주행차의 개인 소유를 금지하고 리스 방식으로만 운행을 허용할 전망이다.

자율주행 시스템은 단거리 항공 시장의 변화도 촉진할 것으로 예상된다. 공항을 이용해 서울에서 부산까지 간다면 필요한 시간은 공항까지의 이동 시간 및 대기시간 등을 포함해 최소 서너시간 정도 소요된다. 자율주행 공유 자동차로 이동한다면 상대적으로 번거로운 단거리 노선 항공을 이용하는 것보다 편리성과 경제성에서 우위에 설 수 있을 것으로 예견된다.

반면 혜택을 받는 산업도 생겨나기 마련이다. 최대 수혜주는 우버·아마존·페덱스 등이 공격적으로 투자하고 있는 트럭 배송 물류 산업이 될 전망이다. 화물 운송업에 자율주행을 도입하면 무려 1,680억 달러의 경제적 가치 창출이 가능하다는 연구 결과가 있다. 유럽 자동차 업체들은 여러 트럭을 연결해 한 사람이 운전하는 군집 주행을 테스트 중이다. 군집 주행을 하게 되면 인건비를 절감할 수 있고, 뒤쪽 트럭의 공기저항을 감소시켜 연료를 절감할 수 있다. 그리고 스마트폰 앱을 바탕으로 카셰어링과 카헤일링과 같은 차량공유 산업의 규모가 확대될 것이다. 반면 대중교통은 쇠퇴할 가능성이 높다. 미국의 집카(Zipcar) 창업자는 "차량 호출 서비스가 노선이 제한적인 대중교통 수단을 대체할 만큼 싸질 것이고 결국엔 버스와 셔틀·스쿨버스가 모두 사라질 것"이라고 말한 바 있다.

부동산과 도시계획 등에도 커다란 변화가 예상된다. 자율주행차와 차량공유 시대가 열리면 개인 차량 감소로 주차 공간이 줄어들고 도심지가 효율적으로 개발될 것으로 보인다. 공유 차량 1대당 약 12대의 신차 구매 억제 효과를 기대할 수 있으므로, 불필요한 도로 인프라나 주차 공간이 줄면서 도심 공간의 15~20%를 녹지 등으로 확보할 수 있게 된다. 출퇴근 운전에 따른 피로도가 줄어들어 도심 인구가 교외로 이동하는 탈도시화도 탄력을 받을 가능성이 높다. 장기 리스, 상업용 부동산에 대한 수요가 감소하고 이동식 점포나 자율주행 차량에 공간을 대여하는 스타트업 등이 등장할 것으로 보인다. 자동차가 집의 일부로 인식되면서 자동차 실내 디자인 및 차량 편의 시설 관련 산업도 발달할 것으로 예상된다.

주유소나 충전 인프라의 변화도 불가피하다. 자율주행차 및 전기차의 증가는 휘발유 수요를 감소시킨다. 전기차 충전 시간은 기존 내연차 주유 시간보다 오래 걸리기 때문에 충전 시간 동안 다른 여가 활동을 즐길 수 있는 몰(Mall)형 충전소도 등장할 것으로 예상된다(한경 비즈니스, 2017).

이처럼 차량 공유와 자율주행 서비스는 우리 사회에 커다란 변혁을 가져오고 있다. 자동차 판매, 보험, 정비, 단거리 항공 노선, 주차장 등에는 치명적 영향이 불가피하다. 반면 차량 호출 서비스, 물류 산업, 교외 부동산 활성화, 충전 인프라 수요 증가 등 새로운 기회도 공존한다.

자율주행 차량공유시대에 감소하는 산업

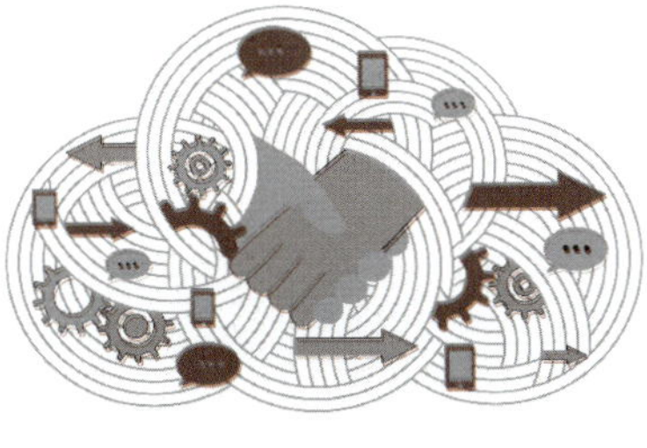

Chapter 3
4차산업혁명의 의미와 방향성

4차산업혁명의 시대 정신은 뷰카(VUCA)로 요약된다. 변동성(Volatility), 불확실성(Uncertainty), 복잡성(Complexity), 모호성(Ambiguity)이 특징이다. 인공지능과 과학기술의 빠른 발전 속도로 인한 '뷰카'의 시대이다.

– 대통령 직속 4차산업혁명위원회 권고안(2019.10.25.)

4차산업혁명시대의 여명

4차산업혁명(4th Industrial Revolution; 4IR)이라는 용어는 2016년 1월 다보스 세계경제포럼(The World Economic Forum; WEF)에서 클라우스 슈밥이 인더스트리 4.0 개념을 의제로 한 발표에서 최초로 소개하였다. 4차산업혁명은 2012년 독일이 제시한 인더스트리 분류 개념 인더스트리 4.0(Industry 4.0)에 근원을 두고 있으며, 세계경제포럼에서 거론된 후 전 세계로 확산되었다. 인더스트리 4.0은 산업 전 분야에 IT 기술을 접목하고 이를 통해 산업 구조를 혁신하여 산업 경쟁력을 제고하려는 목적으로 탄생하였다. 구체적으로는 사물인터넷(Internet of Things; IoT), 인공지능(Artifitial Intelligence; AI), 빅데이터(Big Data) 등을 통해 생산 전 과정을 연결하고, 소비자와의 소통을 통해 제품개발, 소비 및 폐기에 이르는 사회 전반의 모든 과정에서 일어나고 있는 혁신적 움직임을 의미한다. 이는 과거 1차, 2차 및 3차산업혁명들이 결과적으로 초래했던 것과 마찬가지로 일자리 변화를 촉진한다. 그러나 4차산업혁명은 인간의 인지적 영역까지 기술 혁신이 이루어짐에 따라 쉽게 예상하기 어려운 전혀 다른 모습으로 변화될 것으로 전문가들은 예상하고 있다.

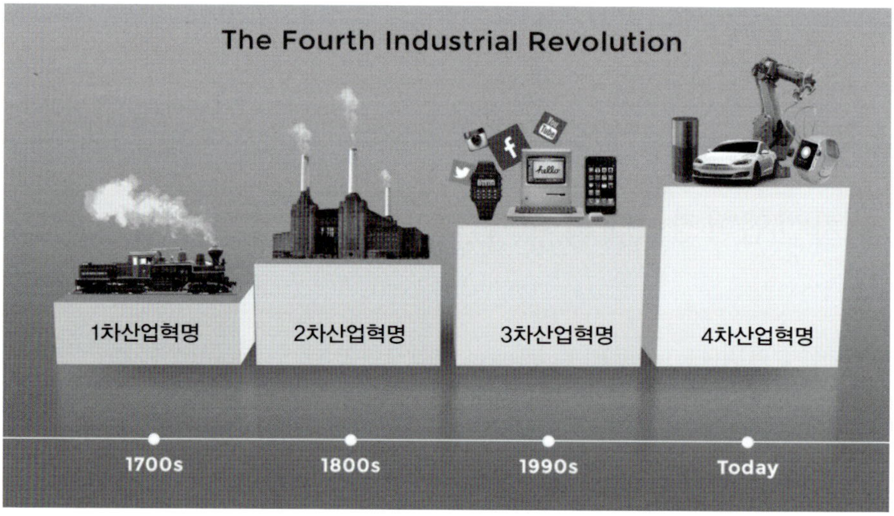

산업혁명 발달 개념

사례를 보면 유럽에 위치한 슬로바키아의 주요 산업은 자동차 제조로서 GDP의 약 40%에 달하는 중요한 역할을 한다. 2007년부터 슬로바키아는 일인당 자동차 세계 최대 생산국의 위치에 올랐으며, 2018년에는 1,090,000대의 자동차를 생산하였다. 자동차 산업은 직간접적으로 250,000명(슬로바키아 전체 인구는 560만 명)의 직원을 고용하고 있다. 현재 4개의 자동차 조립 공장이 있는데, 폭스바겐, 푸조 시트로엥, 현대기아 및 재규어 랜드로버이며, 이 중 현대기아는 슬로바키아 최대의 자동차 생산 업체이다. 슬로바키아는 향후 5년 이내에 4차산업혁명의 일환으로 내연기관에 기반을 둔 자동차산업이 전기자동차와 자율주행기반의 자동차 생산기반으로 혁명적인 변화가 확실하게 다가오고 있는 만큼, 내연기관 자동차생산 축소와 생산인력의 일자리 변화 등으로 국가경제 전체가 심각히 영향을 받을 위기에 놓여 있다고 최근 밝힌 바 있다.

4차산업혁명의 시대 정신은 뷰카(VUCA)로 요약된다. 변동성(volatility), 불확실성(uncertainty), 복잡성(complexity), 모호성(ambiguity)이 특징이며, 인공지능과 더불어 과학기술의 빠른 발전 속도에 의해 지배되는 '뷰카'의 시대이다. 4차산업혁명을 통해 정보통신기술(ICT)과 기존의 기술들이 상호 융복합되고 함께 진화하는 새로운 패러다임을 창출하고 있다. 이전에는 서로 독립적으로 존재하던 인공지능, 로봇공학, 자동차, 생명공학 등 과학기술 분야들이 경계를 초월하여 융복합하면서 상호 발전을 촉진한다. 사물인터넷(IoT), 더 나아가서 만물인터넷(Internet of Everything; IoE)의 발달은 거대한 규모의 데이터를 생성하게 되며, 이 거대한 정형, 비정형 데이터를 처리하기 위한 빅데이터 산업을 촉진시킨다. 또한 빅데이터 처리를 위한 컴퓨터 기술의 발달은 AI 성능을 향상시키며, 물리 기술의 발전을 통해 무인 자동차, 드론, 로봇의 발달로 연결되고, 물리학, 3D프린터, 신소재, AI 기술의 향상은 생물학 및 의학 발전 촉진자로 작용하고 있다(4차산업혁명위원회 권고안, 2019).

모바일 인터넷의 발달로 인하여 차량 공유 및 숙박 공유 서비스 등은 이미 활성화된 상태이고, 임시고용 확대와 노동시장 유연화 흐름이 촉진 중에 있으며, 임시고용 확대와 파트타임 일자리의 증가는 여성의 경제활동 참가를 늘려 전반적인 여성의 사회경제적 지위 향상에 기여하는 측면도 있다. 사물인터넷, AI, 자율 주행 기술의 발달로 인해 제조업과 서비스업의 융합이 확대되며, 노동력이 거의 필요 없는 스마트 공장이 확산될 것으로도 예상된다. 이와 같이 4차산업혁명 기술의 확산은 광범위한 사회경제적 변화와 아울러 변화의 속도에 있어서도 더욱 빨라질 것으로 전문가들은 예상하고 있다.

연결성Connectivity의 재발견

기술이 급진적으로 발전한다고 해서 패러다임 전환이 자동적으로 일어나는 것은 아니다. 기술적 가능성만 놓고 볼 때 그야말로 혁명적이었던 수많은 기술이 별다른 파급효과 없이 역사 속으로 사라졌다. 즉, 기술혁신은 패러다임 전환에 중요한 필요조건 중의 하나이지만 결코 충분조건은 아니다. 기술혁신의 가능성을 뒷받침해 주고 실현해 줄 주변 조건들의 동반 변화가 반드시 수반되어야 패러다임 전환이 가능하다.

1765년 제임스 와트가 뉴커먼의 증기기관을 개량해 현재와 같은 모양의 증기기관이 등장하였다. 그리고 10년 후인 1776년 첫 상업용 증기기관이 발명되며 인류의 역사가 완전히 달라지기 시작했다. 1776년 첫 상업용 증기기관의 출현으로 생산력이 급속히 발전하면서 생산자들의 양적 생산성도 증가했다. 그러나 전문 기술자에 대한 과도한 의존과 수평적 시장거래에서 오는 비효율성은 여전히 극복되지 않았다. 즉, 동력기술의 발전에 힘입은 소생산자들의 획기적인 생산성 증대는 엄청난 경제성장을 일으킬 잠재력을 지녔으나, 실제로는 거의 반세기 이상 실현되지 못했다. 하버드 비즈니스스쿨 교수였던 챈들러(Alfred D. Chandler)에 따르면 제1차산업혁명에 결정적 영향을 미친 것은 1837년에 발명된 전보, 1876년에 발명된 전화와 같은 통신기술과 미국 대륙 횡단 철도와 같이 본격적으로 넓은 지역에 걸쳐 건설되기 시작한 철도와 도로 등 교통기술이었다. 증기기관은 많은 영향을 줬지만, 그중 가장 큰 영향을 받은 것은 1825년 상용화된 증기기관차로서 철도라는 육상교통수단의 엄청난 발전을 이끌었다. 즉, 증기기관의 발명으로 촉발된 산업혁명의 생산성이 폭발적으로 증대되는 일반적인 해석과 달리, 그보다 반세기 이상 늦게 출현한 통신과 교통기술이 현대산업사회의 도래에 결정적 계기가 되었다는 것이 챈들러를 비롯한 조직이론가들의 해석이다.

일련의 연결기술인 전보와 전화, 철도 및 도로 등과 같이 통신과 교통기술들이 이전에는 상상도 할 수 없었던 '연결성(Connectivity)'을 제공해 지리적 거리의 한계, 규모와 범위의 한계를 넘어서 원거리 경영을 가능하게 만들었다. 전보는 빅토리아 시대의 IT이다. 그것은 정보 전달의 시간적 장애를 극복하였는데, 원래 말이나 사람이 한 정거장씩 보내던 정보를 순간적으로 전 세계에 전달했다(뤄전위, 2018). 연결기술의 급격한 발전으로 19세기 중후반에 본격적으로 등장하기 시작한 현대적 기업조직은 새로 발전한 기술의 연결기능을 활용해 대규모 시장 수요를 가로막았던 한계들을 극복하는 방향으로 발전하였다. 통신과 교통기술이 지니고 있는 내재된 속성인 '연결성'이야말로 증기기관 같은 동력기술의 발전과는 비교할 수 없는 엄청난 결과를 초래하면서 인류 역사상 최대 변혁이라는 20세기 산업사회에 기폭제가 되었던 것이다. 연세대학교 신동엽 교수는 1차산업혁명에서 기술발전이 시장과 조직의 공진화로 이어진 것과 같이, 4차산업혁명기술의 영향은 시장의 형태가 '제품 중심의 시장(Product markets)'에서 '통합 및 연결된 시장(Integrated/Connected Market)'으로 변화하고 있다고 하였다(신동엽 외, 2018).

초연결Hyper Connectivity 시대

제4차산업혁명이 가져올 가장 큰 변화는 연결성이다. 오늘날 지구상에 있는 대부분의 기기가 무선 형태로 연결된다. 모든 사물이 인터넷과 연결돼 있기 때문에 가능한 일이다. 미국의 가트너는 2020년에는 인터넷과 연결된 사물이 260억 개로 지금보다 10배가량 늘고 시장 규모는 1조 달러에 달할 것으로 전망하였다. 앞으로의 세상은 무선으로 사람과 사람, 사람과 사물, 사물과 사물이 연결되어 정보제공자로서 역할을 하게 된다. 21세기 초반에는 연결성이 단지 디지털 세계 내의 특징에 불과했지만, 4차산업혁명시대에서는 디지털 세계의 범위를 벗어나 실제 현실 세계의 특징이 된다. 리모컨으로 텔레비전을 조종할 수 있는 것처럼 거의 모든 제품을 스마트폰으로 통제할 수 있게 된다.

제너럴일렉트릭사(General Electric Co.)는 항공기 엔진에 수많은 센서를 부착했다. 이 센서는 엔진이 작동하는 동안 각종 데이터, 결함 정보 등을 빅데이터로 저장하기도 하고, 실시간으로 엔진의 상태를 지상에 제공해 준다. 이를 통해 항공기 운항 단계에서는 파악하기 힘든 결함을 조기에 찾아내어 사전에 조치함으로써 주요한 결함발생을 방지하거나, 고장이 발생하면 지상에서 조언하여 처치하도록 한다. 아마존에서는 책을 구입하면 추가로 구매할 것으로 예상되는 다른 책을 추천한다. 아마존에서 유사한 책을 구매한 고객의 경로와 데이터를 인공지능으로 분석하여 자동으로 책을 추천하는 것이다.

세계 최대 아웃소싱기업 리앤펑(Li&Fung)은 직영 공장이 한 곳도 없는 것으로 유명하다. 매년 20억 벌 이상을 생산하는 리앤펑이 공장이 하나도 없이 생산이 가능한 것은 4차산업혁명 기반 기술의 연결에 있다. 전 세계 40개국의 15,000개가 넘는 공장을 빅데이터로 연결해 생산부터 물류까지 최적의 공급망 관리 시스템을 구축했다. 전 세계 공장 중에서 어느 공장이 고객의 요구사항을 가장 효과적이고 적시적으로 생산할 수 있는지에 대한 정보를 토대로 원단, 단추, 지퍼, 물류에 이르기까지 최적의 결론을 도출한다. 빅데이터의 연결성이 패션시장의 트렌드 변화를 가장 빨리 포착하여 가장 짧은 시간 안에 유행 상품을 만들어내는 것이다(최은수, 2018).

기계, 가공물, 시스템, 인간이 끊임없이 인터넷 프로토콜을 통해 디지털 정보를 주고받는다는 것은 사물(사람을 포함한)이 데이터 공간과 직접 연결되었다는 의미이다. 상호 연결된 기계를 통해 생산은 매끄럽게 진행된다. 부품이 하나의 기계나 컨베이어벨트 혹은 물류 공급 로봇에서 생산되면, 또 다른 기계는 즉시 이에 대한 정보를 받는다. 기계는 마치 두 사람이 호흡을 맞추어 탱고를 추듯이 조화롭게 부품 제조의 각 생산 단계에 맞춰 자동으로 적응한다. 심지어 제품은 컨베이어에 픽업을 요청하거나 주문 시스템에 이메일을 보내 "생산이 완료되어 배송 준비가 되었습니다"라고 알려줄 수도 있다. 공장 역시 생산 스케줄을 매끄럽게 조정하고 가동 효율성을 스스로 최적화한다. 연결성이 스마트 공장을 가능하게 만드는 것이다.

기존의 제조 시스템에는 생산 공장과 관리 간에 데이터 수집 단계가 있다. 이 단계에서 필요한 데이터는 사람들이 기록하고 보고서를 생성하기 위해 분석한 문서로 수집된다. 그러나 이러한 과정에서 시간, 에너지, 금전적 손실이 발생하며, 사람의 개입으로 인한 실수에 노출된다. 반면에 스마트 공장(Smart Factory)은 다음 그림과 같이 데이터 수집 단계를 제거하고, 생산 플랜트와 경영자 간의 실시간 연결을 제공한다. 이러한 방식으로 사람의 개입이 제거되면 실수가 최소화되고, 생산성이 극대화되어 모든 측면에서 혜택이 제공된다.

스마트 공장은 전 생산과정을 정보통신기술(ICT)로 통합해 디지털화하고 실시간으로 정확한 정보를 획득하며, 공장경영을 위한 최상의 의사결정을 통하여 최소의 비용과 시간으로 고객 맞춤형 제품을 생산하는 진화된 공장을 의미한다. 이러한 전 과정에 사물인터넷(IoT), 인공지능(AI), 빅데이터 등으로 통합해 자동화와 디지털화를 구현하는 점이 기존의 공장 자동화개념과 차별되는 부분이다.

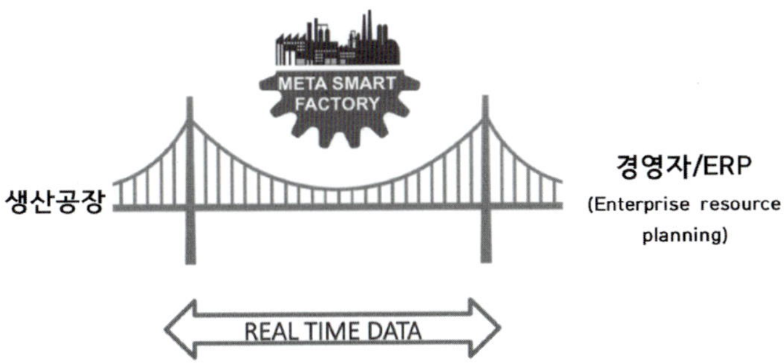

스마트 공장 개념도

스마트 공장을 적용하면 다품종 소량 맞춤 생산 개념을 미래의 공장에 적용할 수 있다. 여러 종류의 물건을 만들면서도 대량생산과 같이 원가 상승 없이 만드는 유연함이 생기는 것이다. 실제 생산이 일어나는 과정을 살펴보면 하루 생산할 물품의 종류와 수량이 결정되어 있다. 이미 빅데이터 분석으로 영업부서에서 최근 판매량을 기초로 필요한 생산량을 의사결정한 것이다. 매일 시장 상황에 맞춰 물품 종류와 수량을 결정할 수도 있어서 요청하면 바로바로 생산량을 늘리거나 줄일 수 있다. 일부 핵심 부품을 제외하고는 각 물품에 따라 소요되는 부품이 다르므로 물품 종류가 많아지면 관리해야 할 부품이 많아질 수밖에 없지만, 공장관리 프로그램이 생산에 필요한 부품을 적절하게 관리하고 있다. 각 부품은 센서가 부착되어 있어서 부품관리 프로그램과 실시간 소통하고 있기 때문에 위치와 수량을 정확하게 파악할 수 있다. 이를 이용해 관리 프로그램은 창고에 있는 부품을 필요한 곳까지 차질없이 이동시킨다. 이때 사용하는 무인 화물 차도관리 프로그램 지시에 따라 자율적으로 주행한다. 필요한 부품 재고가 유지되도록 공장의 관리 프로그램과 부품을 제공하는 업체관리 프로그램이 서로 소통하며 납기관리를 한다. 관리 프로그램은 과거 상황을 학습하고 관리 비용이 가장 적게 드는 재고량을 유지한다. 인공지능을 갖춘 관리 프로그램이 어려운 문제를 해결한 것이다. 하루 생산에 필요한 모든 부품 조달에 문제가 없다. 생산 라인 내 설비는 생산 물품에 따라 중앙관리 프로그램의 지시에 맞추어 자동으로 위치를 유연하게 바꾼다. 부품과 설비가 모두 연결된 관리 프로그램이 정확히 계산하므로 준비 부족으로 생산이 지연되는 일은 좀처럼 발생하지 않는다(강명구, 2018).

독일 아디다스 스마트 공장 다품종 소량생산체제 개념

이처럼 유연한 시스템이 현실화되면서 독일의 아디다스처럼 많은 공장이 다품종 소량생산 체제로 전환하고 있다. 생산원가도 크게 오르지 않고 사람들이 원하는 다양한 맞춤 제품을 공급할 수 있기 때문이다. 시장 요구에 따라 맞춤으로 생산하니 경영의 불확실성에서도 벗어났다. 아울러 색상 정도만 고를 수 있었던 고객들이 디자인부터 내장 부품까지 맞춤형 주문을 할 수 있다. 이와 같은 대량 맞춤의 스마트 공장이 확대되자 같은 종류의 물건 찾기가 쉽지 않게 되었다.

4차산업혁명은 기술이 문제가 아니라 방향이 문제다. 보통 사람들은 4차산업혁명을 기술로만 이해한다. 예를 들어, 블록체인이나 인공지능이 적용되면 그것이 바로 4차산업혁명이라는 식으로 말이다. 기술에 앞서 4차산업혁명의 방향성을 강조하는 것은 이런 오류에 빠지지 않기 위해서이다. 최신 기술이라도 기존과 같이 다양성이 보장되지 않고 획일화되거나, 정보의 흐름이나 의사결정이 분산되지 못하고 중앙집중적 구조를 갖고 있거나, 개방되지 못하고 폐쇄적 독점에 쓰이면 새로운 혁명이 아니다.

예를 들면, 공유 경제가 있다. 개념상 공유 경제는 4차산업혁명기술이다. 생산자 또는 공급자가 좌우하던 과거의 소비 방식에 대한 저항인 것이다. 소비자들이 필요에 따라 남는 물건을 직접 공유함으로써, 중앙 제어가 아닌 필요한 사람들 간의 분산된 거래로 4차산업혁명이 지향하는 방향과 일치한다. 하지만 초기 플랫폼을 장악한 우버나 에어비엔비는 사실 4차산업혁명이 추구하는 방향에서 벗어나고 있다. 이들은 공유 거래를 중개하면서 이익을 얻는 사업 모델을 창업했다. 즉, 중개인 역할을 하는 새로운 플랫폼을 만든 것이다. 거래 당사자에게 권력이 있는 것이 아니라, 중개업체가 권력을 갖는 3차산업혁명 패러다임의 연장이다.

우버나 에어비엔비는 4차산업혁명의 방향성에 맞는 사업 모델로 변하거나 대체될 수 있다. 결국 공유 경제도 현재는 과도기이지만 향후에는 4차산업혁명에 맞는 사업과 기술로 변화해 갈 것이다. 기술 자체보다 이를 통해 변화할 방향성에 초점을 맞추어 4차산업혁명을 보는 시야를 길러야 한다. 그래야 단기가 아닌 중장기 미래 사업 그림을 그릴 수 있다.

19세기 산업혁명 초기에 영국인들에게 산업혁명은 희망보다는 두려움이었다. 그래서 이전으로 돌아가자며 기계를 파괴하는 '러다이트운동(Luddite

Movement)'이 일어나기도 했지만, 산업혁명의 물결을 되돌릴 순 없었다. 지금 우리가 직면한 4차산업혁명도 우리 삶을 어떻게 바꾸고 지배할지 알 수 없어 불안감을 지울 수 없겠지만, 분명한 것은 거스를 수 없는 대세란 사실과 강 건너 불이 아니라 눈앞에 다가왔다는 사실이다.

2부

4차산업혁명과 경제 변화

2부

4차산업혁명과 경제 변화

Chapter 4.
일자리가 사라지고 있다

생산성 향상은 실업의 확산을 가져온다.

– 제러미 리프킨(2005). 《노동의 종말》 중에서 –

제러미 리프킨의 예언

사람들은 새로운 기술이나 기계가 등장할 때마다 환영하며 감탄해마지 않는 경향이 있다. 한 발짝 더 나아가서 얼리어답터(early adopter)라고 불리는 소비자 군까지 등장할 정도이다. 20세기에 들면서 많은 발명품과 과학기계들이 밀물처럼 쏟아져 나왔고, 중반 이후에는 컴퓨터와 인터넷의 등장으로 3차산업혁명이라는 별도의 명칭을 붙여야할 만큼 과학기계는 인류의 생활을 변화시켜 왔다. 미국공학아카데미(NAE)가 20세기 인류생활에 가장 큰 영향을 미친 최고의 공학기술로 '전기(electrification)' 등 20가지–전기, 자동차, 비행기, 상수도, 전자공학, 라디오와 텔레비전, 컴퓨터, 농업기계, 전화, 에어컨과 냉장고, 고속도로, 우주선, 인터넷, 이미징 기술, 가전제품, 의료건강기술, 석유화학기술, 레이저와 광섬유, 핵기술, 재료과학–를 선정하여 발표한 바 있다(donga.com, 2000,3.17). NAE측의 표현을 빌면 공학은 우리 주변에 항상 존재하기 때문에 공기나 물처럼 인식하지 못할 수도 있지만 자세히 살펴보면 대부분이 공학 발달 때문에 가능해진 것임을 알 수 있다(donga.com, 2000,3.17). 제조업자, 농장주와 같은 생산자들은 기계와 신기술의 도입으로 엄청난 생산성 향상을 이루었으며, 소비자들은 쏟아져 나오는 물질적 풍요를 즐겼다. 지금 인류는 사물인터넷, 인공지능, 자율주행자동차, 로봇트, 3D 프린터, 바이오기술 등의 등장으로 전개될 새로운 세상을 흥분된 마음과 기대로 맞이하고 있는 중이다.

하지만 이 모든 과정 속에는 우리가 미처 주의 깊게 바라보지 못했던 어두운 면이 존재하고 있다는 사실을 깨달아야 한다. 이것은 바로 기계의 등장, 공장 자동화, 컴퓨터와 인터넷의 확산으로 인하여 생산 현장에서 일하던 많은 농민과 노동자가 끊임없이 자신의 일자리에서 쫓겨 나가야만 했다는 사실이다. 이러한 현상은 19세기에 기계가 처음 등장한 이후부터 지금까지 한 번도 부정되지 않았으며 하나의 원칙처럼 똑같은 패턴이 반복되곤 했었다. 일하고 있던 직장이나 공장, 그리고 농장으로부터 나와야만 했던 실업자들은 다시금 새로운 일자리를 찾아야 했고, 겨우 찾은 새 일자리는 과거의 고정된 직장에서의 임금 수준에 비교되지 못할 정도로 낮은 수준이어서 그들의 삶은 점차 힘들어가는 악순환을 겪어야 했다. 역설적이게도 선진화된 나라들은 높은 실업률을 기록하고 있다. 2003년 8월 기준 독일의 실업률은 거의 10%, 프랑스와 이탈리아는 9% 수준, 스페인 12%, 유럽 전체로는 8.7%였다(리프킨, 2005). 17년이 지난 2020년 1월 기준 OECD 자료(2020.4.9.)에 따르면 독일 3.2%, 프랑스 8.2%, 이탈리아 9.8%, 스페인 13.7% 로 독일을 제외하고 나면 실업률의 변화가 없는 것으로 나타나고 있다. 생산성이 높아지고 시민들의 삶의 질은 과거보다 향상되고 있음에도 실업률이 상승되는 이면에는 '구조적인 문제'가 있다고 리프킨이 주장하는 이유이다.

리프킨(2005)은 미국과 전 세계의 실업이 확산되고 있는 심층적인 원인을 생산성의 급격한 상승에 있다고 주장하면서, 그동안 경제학자들이 주장하여 왔던 논리-"기술향상과 생산성의 증가가 전통적인 일자리를 파괴하기는 하지만 동시에 이에 상응하는 새로운 일자리들을 창출한다"-를 정면으로 반박하였다. 단기적으로는 기술 혁신이 일부의 일자리를 뺏을지라도, 저렴한 제품에 대한 수요에 의해 촉발된 생산 활동의 확대를 충족시키기 위해 추가 고용이 유발한다고 하더라도 결국은 노동력을 절감하는 새로운 기술에 투자하는 것보다 노동자를 다시 고용하는 것이 더 저렴해지는 시점까지는 적절히 임금을 억제하며 실업이 증가하게 마련이라는 것이 리프킨의 주장이다. 리프킨의 주장뿐만이 아니라, "생산성의 증가와 노동력을 절감할 수 있는 새로운 기술의 도입은 신규 고용을 저해할 수 있다."는 모건 스탠리(Morgan Stanly)의 윌리엄 설리번, "급속한 경제성장에도 불구하고 고용이 지속적으로 감소하는 것은 엄청난 생산성 향상에 기인한다."는 뉴욕 타임즈의 에드먼드 앤드루, "노동자를 더 고용하지 않고도 더 많은 생산을 할 수 있다."라는 프루덴셜 증권의 경제분석가 리처드 림 등의 분석이 리프킨의 주장을 뒷받침해 주고 있다(리프킨, 2005).

시장 자본주의는 '한계이익을 높이기 위해 노동비용을 포함한 투입비용을 축소해야 한다'는 논리에 바탕을 두고 있기 때문에, 임금을 낮추거나 인간의 노동을 없애기 위해 보다 저렴하고 효율적인 기술을 찾으려는 노력이 항상 존재한다. 따라서 테크놀로지는 인간 노동의 육체적, 정신적인 많은 부분을 대체하여 왔고 앞으로도 대체해 나갈 것은 분명하다. "생산성 향상은 실업의 확산을 가져온다. 21세기 초반에는 제조업에서는 거의 무노동의 시대로 진입할 것이며, 21세기 중반에는 서비스 분야도 거의 자동화된 상태로 근접할 것이다. 지식 부문은 대체된 노동력의 약간 부분을 흡수하겠지만 실업 증대의 대세에는 양향을 미치지 못할 것"이라는 그의 예언은 그 어떤 경제학자나 미래학자의 주장보다도 적중률이 높아 보인다.

일자리의 종말

리프킨(2005)은 "접속의 시대에는 컴퓨터 소프트웨어, 로봇, 나노 테크놀로지, 생명공학 등과 같은 형태의 지능적 기계들이 농업, 제조업 및 서비스 부문에서 사람의 노동력을 점차 대신하게 되는데, 반복적인 단순 업무에서부터 고도로 개념적인 전문 업무에 이르기까지 그리고 화이트칼라 서비스 산업 부문까지 자동화되고 효율적으로 기계화될 것"이라고 하면서, 2050년쯤에는 전통적인 산업 부문을 관리하고 운영하는 데 전체 성인 인구의 5% 정도 밖에 필요하지 않게 될 것이라는 충격적인 진단을 내렸다.

그렇다면, 아우터(Autor, 2015)가 "향후 일자리는 없어지는 것이 아니라 이동(job mobility)하거나 동일한 일자리에서 직무(task) 내용이 변화할 것이고, 만약 일자리의 수가 감소되지 않더라도 일자리의 질에는 대단히 영향을 줄 것이다"라고 주장하는 것은 너무 낙관적이거나 순진한 판단이 아닐 수 없다. 물론 다가올 미래에는 전혀 새로운 종류의 제품과 서비스가 나타날 것이며, 새로운 직업적 능력, 특히 보다 정교화된 지식 분야의 능력이 요구될 것이다. 그러나 새로 요구되는 노동 부문은 엘리트 지향적이고 그 수에 있어서도 매우 제한적일 것이다. 산업화 시대가 노예노동의 종말을 이끌었듯이 접속의 시대는 대량 임금 노동을 끝낼 것으로 보고 있다. 그런데 리프킨이 주장하는 접속의 시대는 바로 초연결성에 바탕을 두고 인공지능으로 무장된 4차산업혁명 시대를 말하는 것이며 이미 우리는 그 시기에 들어서 있다. 전형적인 노동집약적 산업인 농업과 산업중의 산업이라고 부르는 자동차산업을 통해 생산성의 극적인 진보가 가져오는 일자리 변화 사례를 살펴 볼 필요가 있다.

사례 1: 농업기술 변화와 일자리 변화

농업은 대표적인 노동집약적 산업으로서 미국 농업의 기술변화가 어떻게 미국 사회를 변화시켰는가를 보려면, 농업인구 변화 과정 추적을 통해 알 수 있다. 미국에서도 1900년대에는 농가의 생산은 전적으로 가축에 의존했는데, 2차 세계대전 이후 산업 전 분야에 걸쳐 엄청난 기술발전이 있었고, 농업에서의 기술발전 또한 전례 없이 빠른 속도로 이루어졌다. 목재 쟁기가 철제 쟁기로 바뀌는 단순한 기술의 변화에서부터 시작하여, 목화 수확기계, 거대한 탈곡기, 트랙터, 트럭 등으로 1970년대에는 완전히 가축을 대체하였고, 뿐만 아니라 화학용 살충제와 제초제가 광범위하게 사용되면서 농업의 생산성은 증가하였다(한국농촌경제연구원, 2018, https://repository.krei.re.kr/bitstream/2018). 그 결과 농업 생산성이 1940년대는 25%, 1950년대 20%, 1980년대는 28% 이상 향상되어 농산물이 풍부해지고 가격은 하락하였지만, 오히려 미국 남부의 수백만 농업 노동자는 일자리를 잃게 되었다. 니콜라스 레만(Nicholas Lemann)은 그의 저서-The Promised Land: The Great Migration and How It Changed America-에서 당시 목화를 수확하는 기계의 등장과 미국 남부의 흑인들이 북부로의 대이동이 왜 발생하였으며 이로 인해 미국 사회가 어떻게 변화했는가를 잘 설명해 주고 있다.

미국 조지자주의 농장에서 목화를 수확하는 소작농(1898)
출처: Britanica 백과사전

미국 John D. Rust가 발명한 목화수확기계
출처: Mr.Jensen's U.S. History Website (2017.3.4.)

목화는 가장 노동 집약적인 경작물이었다. 아프리카에서 미국에 끌려온 이래로 대다수의 흑인들은 노예상태에서 주로 목화재배에 투입되고 있었다. 남북전쟁 이후 노예해방이 선언되었지만, 본래 소유하고 있는 것이라곤 없는 흑인들은 생계를 위해 다시 백인들의 소작농이 되어 매우 불리한 조건에서 목화를 수확하는 일을 되풀이할 수밖에 없었다. 1차 세계대전 이후 북부의 공장에서 공장노동자들이 많이 필요하게 되자, 남부에서의 비참한 생활에서 벗어나기 위해 북부로 떠난 사람들도 있었지만, 불확실한 위험 때문에 대부분의 흑인들은 그대로 머무르는 것을 선택했다. 하지만 1944년 10월에 흑인들의 환경을 영원히 변모시키는 사건이 일어났는데, 그것은 목화 따는 기계의 시범행사였다. 일꾼 한 사람이 한 시간 동안에 20파운드를 딸 수 있었던 반면, 기계는 천 파운드를 수확할 수 있었다. 자그마치 50명 분의 일을 할 수 있는 것이었다(리프킨, 2005, 재인용). 그 당시는 북부로 떠나는 흑인 노동자들로 인해 노동력이 부족해지고 있는 상황이어서 농장주들은 일꾼 유치를 위해 경쟁력 있는 임금을 제공해야 했다. 인건비는 1940년에 수확한 면화 100파운드당 0.62달러에서 1945년에 1.93달러로, 1948년에 2.90달러로 세 배가 되었다. 백인들은 그들의 미래가 면화 수확기계에 달려있다고 판단하고 마침내 공장을 세워 기계를 제작하여 보급하기 시작했다(Mr.Jensen's U.S. History Website, 2017.3.4.). 그리하여 1949년에는 남부의 목화 중 단지 6%만이 기계에 의해 수확되었던 것이 1964년에는 78%, 불과 8년 뒤인 1970년대 초에는 100%가 기계로 수확되었다(리프킨, 2005, 재인용). 남부의 모든 농장에서 트랙터와 면화 수확기계를 사용하게 되자, 흑인들이 노예로서 끌려온 이후 처음으로 더 이상 필요없게 된 상황으로 바뀐 것이다. 농장주들은 무려 5백만 명에 이르는 소작인들을 농장에서 쫓아내었고, 소작인들은 집도 일자리도 모두 잃게 되었다. 이 목화 수확기계는 농장의 오래된 시스템을 무너뜨리면서 미국 역사상 가장 거대한 국내 인구이주였던 'The Great Migration'이라는 사회혁명을 만들어 내었다. 목화 수확기계가 링컨의 노예해방 선언보다도 흑인들을 해방시키는데 훨씬 더 효과적이었던 것이다(리프킨, 2005).

미국에서 "Agriculture 4.0"이라고도 불리는 전반적인 농산업의 4차산업혁명기술의 적용은 다른 산업계에 비해 느리게 진행되어 왔다. 그러나 2017년부터 사물인터넷(IoT)과 빅데이터를 이용한 정밀 농업의 연구와 적용이 속도를 내고 있으며, 인공지능(AI) 기술을 탑재한 드론, 로봇, 자율운행 트랙터 등이 농업 전 과정에서 개발되어 적용되고 있다(농림축산식품부 · 한국농수산식품유통공사, 2019). 농업에서 로봇의 활용은 생산비용 절감을 위해 컴퓨터와 함께 지속적으로 이뤄져왔다. 로봇은 작물생산에 1984년부터 활용되기 시작했으며, 축산물 생산 중 착유는 가장 인간의 전문적 기술이 필요한 영역이어서 1994년이 되어서야 유럽에서 활용되기 시작했다. 호주에서부터 사용이 시작된 양털을 깎는 로봇은 1992년부터 실용화되어 효율적으로 사용되고 있다. 모든 부분을 완벽하게 제거하지 못하지만 등 부분에서 털을 깎는데 걸리는 시간은 사람이 작업하는 시간의 1/5밖에 시간이 걸리지 않는다. 대부분의 농축산용 로봇은 작물 재배에 주로 적용되고 있지만, 전 세계적으로 이미 감소된 농업 노동력을 감소하기 위해서라기보다는 생산성을 유지하며 비용을 절감하려는 목적으로 로봇이 사용되고 있다.

사례 2: 자동차 제조업 기술 변화

피터 드러커가 '산업중의 산업'이라고 부르기도 했던 자동차 제조업은 국가 경제와 일자리에 있어 그 중요성과 기여도는 다시 강조할 필요가 없을 정도이다. 자동차 산업에서 생산을 증대시키기 위한 노력은 포드가 이동식 조립라인을 설치할 때부터 꾸준히 지속되어 왔다. 포드는 건축방법을 사용하던 자동차 제작방식을 사용하여 한 달에 11대를 생산하던 수준에서 1913년에 컨베이어 벨트 생산방식을 도입하면서 생산시간이 12.5시간에서 93분으로 줄었고 인력을 덜 사용하게 되었다. 그 결과 조립라인에서 출고되는 자동차는 1908년에는 한 시간에 한 대꼴로 만들어지던 자동차가 1914년에는 24초당 1대가 출고되었다.(wikipedia, Ford Model T, 2021). 자동차 생산 공장의 생산성을 보여주는 지표로서 HPV(hour per vehicle:차 한 대를 만드는 데 걸리는 시간)를 주로 사용한다. 현대차가 발표한 국내외 공장 생산성 비교(2014년 6월말 기준)에 따르면, 현대차 국내 공장의 생산성은 조사대상 해외 현지 공장 8곳 가운데 최하위인 26.8로 나타났다. 미국공장이 14.7로 가장 생산성이 높았고, 체코 15.3, 러시아 16.2, 중국 17.7, 브라질 20.0, 인도 20.7, 터키 25.0 등의 순이었다.

포드자동차 초기의 생산라인 모습
출처: 포드자동차 홈페이지 https://corporate.ford.com/about/history/company-timeline.html

로봇으로 작동되는 현대차 울산공장의 모습
출처: 현대차 울산공장 홈페이지
https://www.hyundai.com/kr/ko/brand/factory-tour/introduction/ulsan.html

현대차 국내 공장의 연도별 대당 투입시간(HPV)은 2012년 30.5시간, 2011년 31.3시간, 2010년 30.7시간, 2009년 31.3시간, 2008년 31.4시간, 2007년 30.5시간으로 생산성에 변동이 없는 것으로 조사됐다. 그러나 같은 기간 현대차 미국 앨라배마 공장은 2007년 20.6시간, 2008년 20.7시간, 2009년 19.9시간, 2010년 16.5시간, 2011년 14.6시간, 2012년 15.4시간으로 국내 공장에 비해 크게 낮다. 한편 현대차 중국 공장은 HPV가 2007년 23.5시간, 2008년 22.7시간, 2009년 21.1시간, 2010년 20.2시간, 2011년 19.5시간, 2012년 18.8시간, 2014년 17.7으로 매년 낮아지고 있다. 가장 최근 자료로서 한국자동차산업협회(KAMA)에 따르면 2019년 현대차 인도 첸나이 공장에서 자동차 1대 생산에 투입되는 시간은 17시간으로 조사됐다. 이는 국내 울산

공장(26.8시간)보다 10시간가량 짧은 것이다(디지털타임스, 2019.11.28.). 미국 GM(21.9시간, 2010년 기준), 포드(20.6시간), 혼다(26.9시간), 도요타(27.6시간)보다 중국 베이징이나 인도 첸나이 공장 생산성이 월등하다. 체코 공장도 2012년 기준으로 16.2시간, 인도 공장 19.8시간, 러시아 공장 18시간, 브라질 공장 25.5시간, 터키 30.3시간으로 국내 공장보다 낮은 것으로 조사됐다. 현대차 관계자는 "2007년부터 2012년까지 현대차 해외공장의 생산성이 향상되는 동안 국내 공장은 제자리걸음했다"며 "이는 해외공장이 유연성을 앞세워 경쟁력을 높여가는 반면 국내 공장은 유연성이 경직돼 경쟁력을 잃고 있는 것"이라고 설명한 바 있다. "물은 높은 곳에서 낮은 데로 흐르고, 투자는 이윤이 나는 곳으로 이동한다. 인건비와 제품 품질, 그리고 생산성이 경쟁력을 가름하는 상황에서 1인당 연봉이 1억 원에 육박하는 국내 사업장의 노동자 문제가 심각한 이유"라고 현대차 CEO는 생각한다. 근무연수가 많은 만큼 숙련도도 높아야 하는데, 느슨한 작업에 수십 년간 익숙해진 것이 오히려 생산성에 저해가 된다면 생산성 향상을 위해 로봇의 도입을 고려하지 않을 수 없을 것이다.

경영자입장에서는 생산성을 높이기 위해서라면 노동자를 대체하여 100% 기계화를 도입하는 것을 꺼려할 이유가 없을 것이다. 그러한 이유로 제조기업들은 생산성을 한층 더 끌어올릴 방안으로 스마트 팩토리에 집중하고 있고, 자동차 산업의 트렌드 역시 스마트 팩토리이다. 자동차 제조공정에 로봇이 추가되면서 생산 효율이 좋아지고 있는 상황에 만족하지 않고 좀 더 고도화된 첨단 제조 시설인 스마트 팩토리 추진에 열을 올리고 있다. 독일 메르세데스-벤츠(Mercedes-Benz)의 진델핑겐 공장은 생산의 80%를 로봇이 맡고 있으며, 로봇이 하기 힘든 세부적인 업무만 사람이 작업하는 시스템이다. 메르세데스-벤츠는 진델핑겐 공장에 전 세계 자동차 공장 최초로 5G 네트워크가 도입됐으며 인공지능(AI)과 각종 스마트 디바이스가 적용되는 100% 디지털화를 이룬 차세대 공장 '팩토리56'도 추진하고 있다(현대자동차 홈페이지, 2021). 심지어 2017년 테슬라 CEO 일론 머스크는 테슬라 모델3 공장을 완전 100% 자동화하겠다며 인공지능이 적용된 첨단 로봇을 투입한 적이 있다. 하지만 로봇의 시스템 오류로 공장 가동이 멈추며 모델 3의 주당 생산량은 절반 수준으로 떨어졌다. 인건비는 낮아졌을지 몰라도 로봇에 드는 초기 투자 비용이 지나치게 높았고, 유지비용도 상당해 배보다 배꼽인 상황이 되었다. 테슬라의 사례를 통해 대량 생산체제에서 로봇에만 의존한 생산이 성공하기 쉽지 않다는 걸 알 수 있다. 세계 유수의 자동차 제조업체들이 용접, 도색에만 로봇을 쓰는 것과 달리, 테슬라는 로봇이 하기 힘든 최종 조립과 검수까지 자동화로 욕심을 냈다는 게 문제라고 지적하면서도, 자동차 완전 자동화 공장이 완벽한 실패라고 볼 수 없다는 것이 업계의 평가이다(현대자동차 홈페이지, 2021). 자동차 업계 최초로 마지막 공정인 조립까지 자동화를 시도했다는 것만으로도 경영자의 의도를 충분히 짐작할 수 있으며 갈수록 자동차 노동자들의 입지는 좁아질 것이 분명하다.

제조업 부문에서의 생산성 향상이 초래하는 '일자리의 종말'에 대한 불안한 전망은 어제 오늘의 일이 아니다. 제조 부문 일자리 감소는 기계에 의한 인간대체의 장기적 추세의 일부이다. 기업 컨설턴트 스카리트 John C. Skerritt는 다음과 같이 말한다. "우리는 일자리를 줄이는 방법에 대해서는 너무도 잘 알고 있지만, 어떻게 창출할 것인지에 대해서는 모르고 있다." 반면에 노동자들 또한 현재 발생하고 있는 노동의 종말 현상에 대처할 준비를 전혀 갖추고 있지 않다(리프킨, 2005). 많은 경제학자들과 관료들은 새로이 창출되는 산업과 서비스 부문 그리고 화이트 칼라 직업이 수 많은 실업 인구들을 흡수하게 될 것이라는 희망을 계속 주장하고 있지만, 이들의 희망이 좌절되고 말 것이라는 리프킨의 결론에 동의할 수 밖에 없다고 생각한다.

일자리 양극화

제조업 시설투자의 고용창출효과 약화로 기술숙련도에 따른 일자리 수요 양극화가 보편화될 전망이다. 제조업 신규투자가 첨단기술장비 및 고가의 설비들에 집중되면서 새로운 고용이 거의 창출되지 않는 자본집중적인 양상을 보이고 있으며, 기술발전에 따라 컴퓨터, 로봇 등의 자본재 가격이 계속 하락함에 따라 노동절감형 생산기술이 더욱 빨리 확산될 추세이다. EU, 일본, 미국의 숙련도별 일자리 증감률('02~'14년) 도표에서 나타나 있듯이, 자동화에 따른 일자리 침해가 가장 큰 반복-중숙련(medium routine) 직무 분야의 다수 인력이 임시직 혹은 저숙련 직종으로 밀려나는 반면, AI, 빅데이터 전문가 등 첨단 기술에 능통한 고숙련 인력수요는 지속 증가할 전망이다. 기술 숙련도에 따른 인력수요 증감의 차이가 인력 희소성 차별과 보수격차 확대를 가져와 소득분배 불균형 심화에 대한 우려가 커지고 있다. 고임금일수록 임금상승률이 크게 나타난다(2008~2017년 하위 임금근로자 25% 연평균 임금상승률 1.5%, 상위25%는 1.9%(아시아투데이, 2019.1.13.).

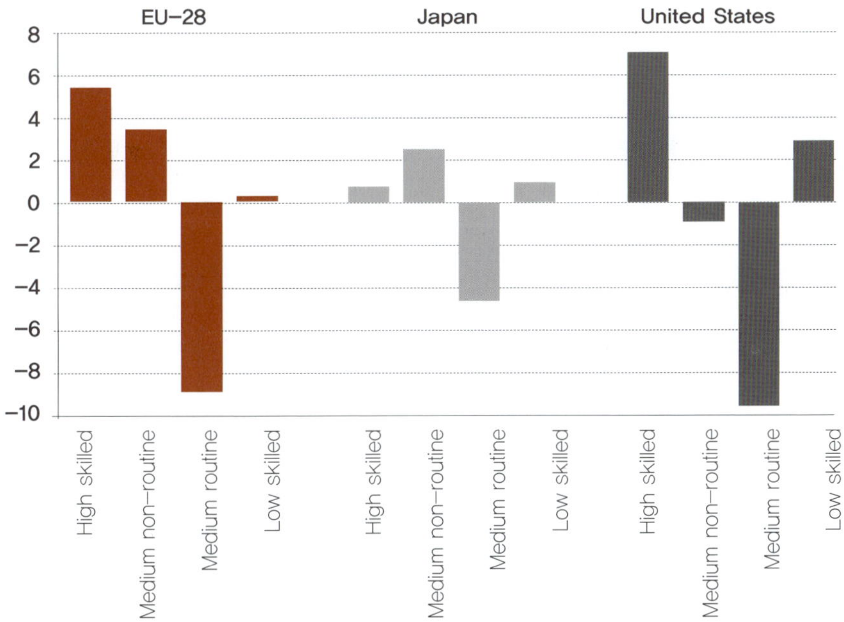

EU, 일본, 미국의 숙련도별 일자리 증감률(2002~2014년)
출처: OECD Brief(2016).

시장이 찾는 일자리는 최선의 일자리(자동화도 어렵고, 선호도도 높은 일자리)이지만, 이런 일자리가 부족하거나 일자리 조건이 까다롭다. 이런 일자리의 예로는 인공지능 전문가, 빅데이터 사이언스 전문가, 사물인터넷 전문가, 로봇 전문가, AR, VR 전문가 등이 있다. 차선의 일자리(선호도는 높지만 자동화가 쉬운 일자리)의 전문성이 요구되기는 하지만 사무직이나 단순 반복의 업무라서 정형화할 수 있는 일들이라 그동안 선호된 일자리이지만 수요가 줄어드는 일자리이다. 젊은이들이 선호하는 분위기 좋은 카페의 일자리나 단순한 사무직 일자리가 그런 예이지만 이런 일자리는 점차 자동화되는 중이다. 맥도널드 매장은 물론이고 스타벅스와 같은 매장들이 RPA; Robotics Process Automation의 영향권 내로 들어서고 있다. 적어도 음료나 음식 주문은 점차 사람이 아닌 기계가 처리하게 되고 있으며 음료를 만드는 일도 조만간 로봇이 처리할 날이 머지 않아 보인다. 최악의 일자리(자동화가 불가하고 선호도가 낮은 일자리)는 아직 수요가 있는 편이다. 대부분 3D 업종의 일자리로서 그간 외국인 근로자를 투입해서 공급을 채운 사례들이다. 이런 일자리 중 일손 구하기가 어려운 일자리(자동화 및 스마트공장 추진대상으로 선호도가 낮고 자동화 가능성이 높은 일자리)는 이미 하나 둘 자동화되고 있다. 단조공장, 용접공장, 판금 및 프레스공장, 기계 가공공장 등의 일자리들이 이렇게 점차 자동화되고 있다. 4차산업혁명이 무르익으면서 점차 이런 변화는 가속될 것으로 보는 것이 타당하다(한석희, 2019).

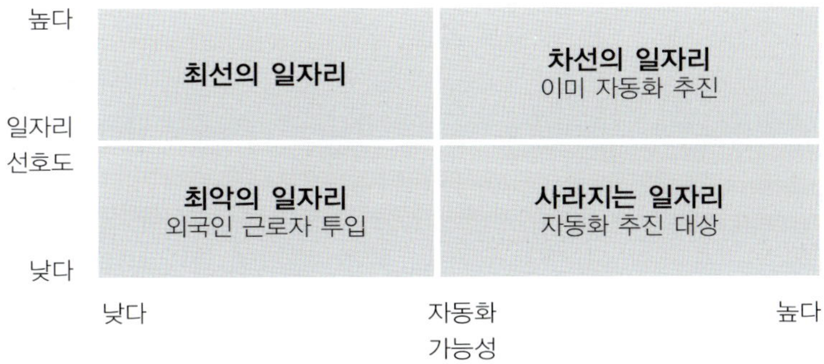

일자리 선호도와 자동화 가능성으로 구분한 일자리 분류
출처: 한석희(2019). 융합경영리뷰 제5권.

Chapter 5
4차산업혁명과 고용 변화

과학기술이 일자리(job)는 없애도 일(work)을 없앨 수는 없을 것이다. 일자리는 없어지는 것이 아니라 이동(job mobility)하거나 동일한 일자리에서 직무(task) 내용이 변화하는 것이고, 만약 일자리의 수가 감소되지 않더라도 일자리의 질에는 대단히 영향을 줄 것이다.

– 데이비드 아우터(Autor, 2015). 『Why Are There So Many Jobs; The history and Future of Workplace Automation』 중에서 –

일자리 환경 변화

4차산업혁명으로 향후 2020년까지 전 세계에서 710만 개의 일자리가 소멸되고, 새로 생성되는 일자리는 200만 개에 그쳐 510만 개의 일자리가 없어질 것이라는 세계경제포럼(WEF)의 보고로 인해 전 세계는 엄청난 충격을 받고 있다. 일자리에 대한 비판적인 예언은 「유엔미래보고서 2045」에서도 향후 전문직 대부분이 소멸할 것이라고 전망하고 있다. 그러나 아우터(Autor, 2015)

가 『일터 자동화의 역사와 미래: Why Are There So Many Jobs; The history and Future of Workplace Automation』에서 주장하듯이 과학기술이 일자리(job)는 없애도 일(work)을 없앨 수는 없을 것이다. 즉, 향후 일자리는 없어지는 것이 아니라 이동(job mobility)하거나 동일한 일자리에서 직무(task) 내용이 변화할 것이고, 만약 일자리의 수가 감소되지 않더라도 일자리의 질에는 영향을 줄 것으로 보고 있다. 아우터(2015)는 일(생산 활동)에 필요한 것은 직무, 즉 과업task: a unit of work activity을 수행하는 능력이라고 보고, 직무를 추상적 직무abstract tasks, 정형화된 직무routine tasks, 육체적 직무manual tasks로 분류하였다.

이 중 정형화된 직무는 기술이 발전할수록 직무가 아무리 복잡하더라도 혹은 높은 교육 수준을 요구하더라도 기계로 대체하기 쉽다, 즉 전산화computerize가 쉽다고 보았다. 그러므로 기술혁신에 따라 정형화된 직무 분야의 인력 고용은 크게 줄어들 수 밖에 없다. 인공지능 기술의 발달로 정형화된 직무로 분류되는 의료, 법률, 금융 등 고소득 직종의 일자리는 감소할 것이다. 반면, 추상적 직무는 전산화하기가 어렵기 때문에 기술과 강한 보완관계에 있다. 추상적 직무를 주로 수행하는 직업에서는 고용이 오히려 증가할 가능성이 높다. 신기술 활용 확산에 따라 신규로 창출되는 일자리 수요는 상당할 것으로 예상되며, 독창성을 중시하는 개인별 맞춤형 상품이 각광받으면서 1인 기업, 1인 미디어 등이 확산될 것으로 예상한다. 한 세대 전에는 없었던 빅데이터 관리자, 로봇 엔지니어, 소셜 미디어 관리자 및 드론 운영자와 같은 완전히 새로운 일자리가 생겨나고, 인공지능, 스마트공장, 자율주행차 등 4차산업혁명의 주요 기술 분야에 대한 인력 수요는 증가하는 반면에 제조업, 물류·운수업 등 전통 직업군의 수요는 감소할 것으로 예상하고 있다. 육체적 직무는 위험하거나 지루한 작업을 자동화 할 수 있지만, 전산화하기가 쉽지 않거나 비용문제로 인해 자동화 요인이 적은 청소, 배달, 경비 등의 직종은 여전히 일자리 증가 여지가 있다.

사람들은 보다 자유롭게 일할 시간과 장소를 선택할 수 있어 일과 삶의 균형이 향상되고 노동 시장 참여에 대한 기존의 장벽을 무너뜨림으로써 이전에 저조했던 여성 또는 노년층과 같은 그룹이 노동 시장에 점점 더 참여할 수 있게 되어 포용성이 더욱 높아진다. 빠른 인구 고령화와 더 길어진 수명의 세계에서, 더 나은 근무 조건은 결국 나이가 들어도 계속 일할 수 있도록 보다 많은 기회 창출에 기여할 것으로 OECD는 미래를 낙관적으로 판단하고 있다(OECDilibrary, 2019).

제조업 분야

스마트 공장

4차산업혁명의 특성을 간략하게 정리하면, 사물인터넷(IoT)을 통해 수집된 정보를 클라우드(Cloud)에 저장하고, 저장된 엄청난 빅데이터(Big Data)를 인공지능(AI)이 판단과 추론을 더해 새로운 부가가치를 창출하여 모바일(Mobile)을 통해 확산하는 것이다. 기존의 제조업은 빅데이터, 인공지능, 사물인터넷 등 디지털 기술과 공유 경제, 플랫폼 비즈니스를 결합하여 맞춤형 소량생산, 스마트 공장 등의 형태로 빠르게 진화하고 있다. 스마트 팩토리는 설계·개발, 제조 및 유통·물류 등 생산 과정에 디지털 자동화 솔루션을 결합한 정보통신기술(ICT)을 적용해 생산성과 품질, 고객 만족 등을 높이는 '지능형 생산 공장'을 의미한다. 류기락(2017)은 4차산업혁명에 따른 4가지 변화 동인으로서 생산방식과 노동생산성의 변화는 산업 전반의 경쟁력 원천과 산업구조를 변화시키고, 이에 대응하는 고용시장 또한 변화될 것으로 예상하고 있다.

이미 독일 등 선진국에서는 빅데이터, AI, 로봇기술 등과 융합한 스마트 공장이 출현하였고, 과거 저렴한 노동력을 찾아 해외로 이전했던 기업들이 본국으로 되돌아오는 리쇼어링(reshoring)이 확산되고 있는 상황이다. 스포츠 용품 제조사 아디다스(Adidas)는 이미 인더스트리 4.0을 실행하고 있는 선도 기업이다. 아디다스는 아시아에서 운동화를 대량 생산하기를 그만두고, '스피드 팩토리(speed factory)'라고 이름 붙인 공장을 가동할 계획을 세웠다. 스피드 팩토리는 첨단 자동화 시스템을 갖추고 고객과 가까운 곳에 위치하여 짧은 시간 안에 개인 운동화를 생산해낼 수 있는 스마트 생산시설이다. 기존에는 디자인과 생산을 거쳐 아시아 공장에서 유럽 시장으로 운송되기까지 총 18개월이 소요되었다면, 새로운 신발은 며칠 혹은 몇 주 만에 고객에게 도달한다(롤랜드 버거, 2018).

우리나라는 신기술과 융합된 스마트 공장의 본격적인 확산으로 단순조립, 반복작업 등에 종사하는 제조업 근로자수는 감소가 예상된다. OECD 발표에 따르면 이미 우리나라 제조업 부문의 기계화·자동화 진척 수준이 여타 국가에 비해 높은 상태여서 추가적인 고용 감소는 상대적으로 적을 것으로 예상하고 있다. IFR(국제로봇협회)에 따르면 2015년 전 세계에 판매된 산업용 로봇(25만 4,000여 대) 중 우리나라 구입분이 15%(38,300대)로 중국(27%)에 이어 세계 2위를 기록하여 경제 규모가 월등한 일본(35,000대 ,14%), 미국(27,504대, 11%), 독일(20,105대, 8%) 등에 비해서도 인구 규모에 비해 압도적인 자동화 진전도를 보이고 있다. 대표적 공장자동화 측정 지표인 근로자수 1만 명당 제조업 로봇도입 대수(2015년 기준)로도 우리나라가 세계 수위를 차지하는 등 동일한 추세임을 확인할 수 있다. 그러나 향후 제조업 투자는 노동자를 신규 고용하기보다는 자동화나 스마트 공장에 집중될 것으로 예상되어 관련 업계의 고용유발 효과는 낮을 것으로 추정된다. 공장자동화가 진척될수록 특히 저임금 단순노동직을 중심으로 한 취업인구 감소가 불가피하므로 고용측면에서는 부정적인 영향이 예상되고 있다.

한국 및 주요국의 자동화로 인한 직업변화 가능성

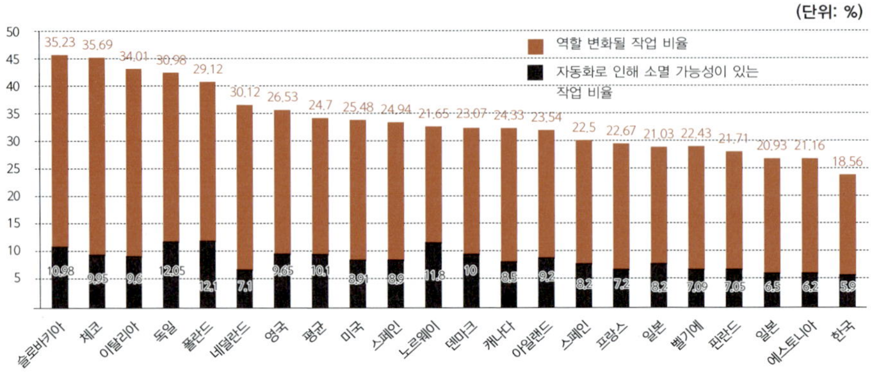

출처: CECD Brief("16), "Automation and Independent Work in a Digital Economy"

Robot density in the manufacturing industry 2018

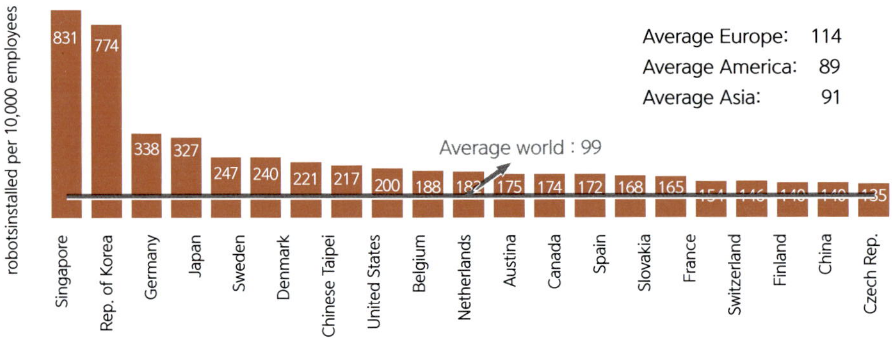

출처: World Robotics 2019.

제조업과 ICT 기반 서비스 융합

ICT 기술의 발전과 산업간 융복합의 촉진으로 인해 제조업의 서비스화는 선택이 아니라 제조업 혁신 성장을 위한 필수 요소로 등장하게 되었다. 기존 제품의 확장, 타산업과의 융합 등을 통하여 신규 서비스 창출 또는 제품과 서비스를 융합하는 것이 제조업의 서비스화, 서비타이제이션(servitization)이다. 이러한 제조업의 서비스화는 제조과정의 디지털화와 이를 넘어서는 신규 비즈니스 모델 창출까지 포함한다. GE, BMW, ICT, 지멘스 등 많은 글로벌 제조 기업들은 기술을 적극적으로 적용하며 제조업의 서비스화를 추진하고 있다. 빅데이터, IoT, AI 기술을 기반으로 제조와 서비스 소비자를 연결하는 플랫폼을 구축하고 이를 기반으로 새로운 생태계를 생성하고 있다.

미국 애플사가 자사의 스마트폰과 앱스토어를 연계하여 독자적인 가치사슬을 구축하여 미국 음원시장의 50% 이상을 점유한 '아이튠스'가 대표적 사례이다. 전기차 판매 후 지속적인 업그레이드를 제공하는 테슬라, 센서부착 비행기 엔진을 판매한 후 센서를 통해 수집한 정보로 연비증강, 사전 정비 등의 서비스를 제공하는 GE 등은 사물인터넷 기술을 활용하여 새로운 시장을 창출하고 있다(장재준 외, 2018). GE 입장에서 본다면 제조업체가 소프트웨어 분야로 진출하는 것이 아니라, 인터넷 및 소프트웨어 기업들이 한 세기 이상 GE가 주도해 온 제조업의 세계로 밀고 들어오고 있는 것이다(제조업의 서비스화 GE 사례는 동영상을 참고할 것. www.youtube.com/watch?v=128mDudWLRO). 아마존은 무인비행기(드론)를 이용한 배송시스템 구축에 가장 적극적으로 나서고 있으며, 구글은 자율 주행차 기술을 이용하여 무인 운송 시장을 선점하려는 계획을 지속 추진하고 있다.

제조업의 서비스화 참여 주요 기업들
출처: 정보통신기획평가원(2018).

산업연구원(2009)의 분석에 따르면 미국과 한국의 서비스화 추진 기업의 재무성과가 다른 나라보다 더 높은 것으로 평가되었다. 제조업체가 제품과 관련 서비스를 동시에 제공하는 경우 총 매출 및 이익의 50%를 서비스 부문에서 달성 가능하다는 것이다. 제품에 비해 서비스 부문의 수익성이 높아 기업의 재무적 성과 향상에 기여할 수 있고, 서비스는 무형성 그리고 소멸성의 특성으로 제품에 비해 모방이 어려워 지속 가능한 경쟁 우위를 제공하기 때문이다. 또한 서비스 부문은 제품 생산 부문에 비해 노동집약적으로 서비스 사업 진출 시 고용 증대 효과가 크다. 제품의 단순 판매에 머물지 않고 제품의 설치, 관리, 회수, 폐기 및 제품 관련 부가 서비스를 추가 제공함으로써 신규 일자리 창출이 가능하다(지식경제부, 2009).

제조업은 제품 제조 위주에서 제품 관련 서비스 및 신규 서비스 제공 등 서비스 산업으로 영역이 확대되고, 서비스업은 무형의 서비스에서 유형의 제품과 연계한 형태로 다양화되면서 두 산업 간의 경계가 허물어지는 중이다. 산업 간의 경계가 모호해지면서 기존의 비즈니스 모델을 뛰어넘은 우버의 경우 새로운 비즈니스 모델을 제시하여 순식간에 시장 우위를 차지하면서 성공한 사례이다. 우버는 공유 경제 플랫폼을 사용해서 실제 자사 차량을 소유하지 않고도 기존의 자동차 제조회사인 GM, 포드의 시가총액을 뛰어넘었으며, 전통적 자동차 제조업체들은 반대로 자동차 공유 서비스를 출시하며 추격하는 양상으로 변화되었다. GM 등 자동차 제조사들은 차량을 새로운 비즈니스 플랫폼으로 인식하고 엔터테인먼트, 헬스케어, 안전 관리 등 새로운 서비스를 탑재하여 사용자에게 제공하고 있다. GM은 차량용 에어비앤비 '메이븐(Maven)', BMW는 베를린, 뮌헨, 런던, 스톡홀름 등에서 자동차 공유 플랫폼 '드라이브 나우(Drive Now)', 메르세데스 벤츠의 모기업인 다임러도 자동차 공유 서비스 '크루브(Croove)'를 출시하여 자사 자동차를 기반으로 자동차 공유 렌탈 서비스 등을 시작하였다.

지멘스, GE 등 가전, 전자, 기계 관련 제조업체들은 서비스업체로의 전환이 활발하게 이루어지고 있으며, 제품 라이프사이클 전체에 서비스화를 도입하였다. 지멘스는 제조 중심의 비즈니스에서 스마트 공장을 구축하고, 비즈니스의 수명 주기에 요구되는 제품 및 서비스를 산업과 고객의 특성에 맞게 제공하고 있다. GE는 가전, 항공기 엔진의 제조 기업에서 소프트웨어 기업으로 변화를 꾀하고 있는데, GE가 생산하는 제품과 관련한 유지관리, 컨설팅 등 솔루션을 판매하고 있다. 애플은 스마트폰, 태블릿 등 전자제품 제조업체에서 서비스 회사로 변화에 성공하였으며 AI, 음성인식 등 첨단 ICT 기술을 접목하고 아이튠스(iTunes), 앱스토어를 통해 사용자와 하드웨어 서비스가 연결되는 새로운 소비 생태계를 구축하였다(정보통신기획평가원(IITP), 2018).

국내 주요 중공업 관련 기업들도 스마트 팩토리 구축과 함께 성능 개선, 유지 보수 등을 위한 서비스 사업을 강화하고 있다. 현대중공업은 운항 중인 선박의 날씨, 파도의 높낮이 등을 확인하고 최적의 항로를 제시하는 스마트십 서비스를 제공하며, 두산중공업은 2013년부터 디지털 트랜스포메이션을 시작하고, 기계 고장을 사전 예측해 조기경보하는 프리비전(PreVision) 솔루션을 제공하고 있다.

현대자동차는 인포테인먼트 서비스에서 한 단계 발전한 '홈투카' 기술을 적용할 예정이다. 홈투카는 집의 조명, 도어락, 가스차단기에 대한 실시간 영상 확인 및 제어가 가능한 커넥티드카 서비스와 챗봇인 어시스턴트 챗도 적용하여 날씨, 차량매뉴얼, 위키피디아 지식, 주식 등에 관한 정보를 제공할 예정이며, 기아자동차는 대규모 주거단지에서 자동차를 공유하여 이용할 수 있는 주거형 자동차 공유 서비스를 준비하고 있다.

삼성전자를 비롯한 가전회사들은 자사의 가전제품이 스마트홈의 중심이 될 수 있도록 첨단 ICT 기술을 채택하여 서비스 업체로 변화 중이다. 삼성전자는 IoT 냉장고 '패밀리허브'를 출시하고 음성인식, 레시피, 온라인 쇼핑 서비스를 제공하는 등 자사 하드웨어를 기반으로 다양한 서비스를 출시하여 소비자와의 연결을 강화하고 있다. LG전자는 인공지능 TV '올레드 TV AI ThinQ' 인공지능 제어, 음성인식 등 하드웨어와 연계된 여러 서비스를 출시하고 있다.

국내 주요 타이어 제조사들은 타이어 판매를 넘어서 자동차 관리 서비스를 함께 제공하고 있으며, 타이어 렌탈 서비스라는 신규 시장을 창출하였다. 한국타이어는 티스테이션을 통해 타이어 판매뿐만 아니라 차량 안전점검까지 함께 해주는 스마트 케어 시스템을 도입하였고, 넥센타이어는 소모품이라는 인식이 강한 타이어를 렌탈이라는 개념으로 새롭게 접근하여 타이어 렌탈 서비스를 시작하였다.

인공지능 및 사물인터넷 기술을 통해 스마트홈 생활이 가능해지고 있다.

하지만 국내 중소 제조업체들은 스마트 팩토리 등 제조과정의 디지털화에 대한 중요성은 인지하고 있으나, 새로운 수익 모델을 창출하는 등의 서비스화는 대기업 대비 낮은 수준이다. 국내 중소 제조업체들의 부가가치 창출이 악화되고 있음에도 제조업의 서비스화에 대한 중소기업의 인식은 낮은 수준이고, 제조업의 서비스화과정 중 제조과정의 디지털화, 스마트 팩토리 구축 등이 필요하나, 국내 중소 제조업체들은 물류관리 등 자동화 소프트웨어 도입 정도의 기초 단계에 머물러 있는 상황이다(정보통신기획평가원(IITP), 2018).

제조업의 서비스화는 4차산업혁명시대에서 선택이 아닌 필수적 변화이다. 소유에서 사용, 대량 생산에서 맞춤 생산으로의 변화는 제조업이 기존의 제품 생산 후 판매만을 추구하던 환경에서, 서비스를 연결하고 새로운 수익구조를 창출해야 생존할 수 있는 환경으로 변화되었기 때문이다. ICT 기술을 기반으로 제조업, 서비스 그리고 소비자가 하나로 연결되는 플랫폼을 구축하고, 이를 기반으로 새로운 생태계를 구축해야 하며 이를 위해 제조기업과 ICT기업이 서로 협력하고 상생해야 한다. 생산과정의 디지털화, 제품 판매 위주에서 서비스 솔루션 판매로 변화하기 위해서는 IoT, 빅데이터, AI 등 ICT 첨단 기술을 보유한 기업과의 협력이 매우 중요하다. 뿐만 아니라 패션, 섬유, 자동차, 전자, 기계 등의 제조업과 교육, 금융, 콘텐츠 등의 서비스업이 기술을 기반으로 연계되고 플랫폼으로 진화하며 산업 간 경계도 약화될 전망이다(정보통신기획평가원(IITP), 2018).

서비스 부문의 고용변화

제조업의 경우 빠른 기술진보로 노동생산성이 증가하면서 고용흡수력이 점차 둔화되는 추세에 있기 때문에 경제 구조와 고용의 서비스화 경향도 뚜렷해지고 있다. 특히, 노동시장에 신규 진입하는 젊은층의 제조업 기피현상이 점차 심화되고 있는 것으로 나타나 이들을 중심으로 고용의 서비스화 추세는 보다 빠른 속도로 진행될 것으로 보인다. 서비스업의 경우에는 수요의 소득탄력성이 상대적으로 높아 소득향상에 따른 서비스 수요 확대와 함께 생산비중과 고용비중이 지속적으로 증가하는 추세에 있다. 앞으로는 산업의 지식집약화와 함께 컨설팅, 엔지니어링, 정보처리, 광고, 디자인, 금융 등 기업활동과 관련된 전문지식 서비스업을 중심으로 신규고용 창출이 활발해질 것이다(2000, 국정홍보처).

로봇이나 자동화 진전에 따른 직종별 고용 감소

영국 옥스퍼드 대학 연구팀은 2013년 미국 내 702 개 직종을 대상으로 향후 10~20년간 기술혁신에 따른 전산화의 진행 속도와 직업별 특성을 분석해 컴퓨터에 의한 고용 대체 확률을 추정했다. 그 결과 컴퓨터가 대체할 확률이 70% 이상인 고위험군 직종이 현재 일자리의 47%에 달하고 저위험군(30% 확률) 직종에 속하는 일자리는 33%에 불과한 것으로 나타났다(박가열, 2016).

직업별 일자리 증감 전망

구분	인구 및 사회경제 요인	복합요인	기술적 요인
일자리 증가	안전, 치안, 보건 개인 서비스, 반려동물 노인 복지 서비스 등	미용 및 의료보건 분야 1인 기업 확산에 따른 창조산업 등	• 환경 및 신재생에너지 관련 직종 엔지니어 및 첨단산업 기술 종사자
일자리 증가/감소 혼조	자동화가 적합하지 않은 청소, 배달, 경비 등 직종은 여전히 일자리 증가수요가 존재하지만 인구구조 변화에 따라 감소 요인도 동시에 발생	온라인거래 확산, 물류 시스템 변화	AI 발달에 따라 의료, 법률, 금융 등 일부 고소득 일자리를 대체할 것으로 예상되나 신기술 확산으로 신규로 창출되는 일자리 수요도 상당할 것으로 전망
일자리 감소	저출산에 따른 출산 육아 관련 직종 및 교육 시장에 영향	인구 변화 및 기술 발전에 따라 일반사무, 부동산 및 건설 직종 감소 예상	• 기계화 · 자동화에 따른 생산 기능직 감소 전망 • 무인자율주행차 확산에 따른 운수 및 물류업 일자리 감소 예상

자료: 산은조사월보(2017.5 제738호)

기술혁신이 미래의 고용과 일자리에 미치는 영향을 분석한 결과 우리나라의 상황과 선진국의 양상은 큰 차이가 없다고 전문가들은 보고 있다. 박가열(2016)은 우리나라의 관리자와 전문가 및 관련 종사자들이 컴퓨터로 대체될 확률은 30%, 반면에 사무 종사자 기능원 및 관련 기능 종사자들은 대체 확률이 70%, 전문가 직종 중 기존에 많은 고용이 이루어져온 의료 및 교육 분야 취업자들이 비교적 높은 대체 위험에 직면할 것으로 조사하였다. 한편, '농축산 숙련직'과 어업 숙련직'은 숙련자라고 하더라도 정형화된 직무의 경우 기술혁신에 의해 대체될 수 있음을 보여준다. 또한 대분류에서 '판매 종사자의 대체 비율이 높은 것과 달리 중분류에서 '영업직'의 대체 비율이 낮은 것은 종합적인 의사결정, 분석 및 판단 등의 역량이 요구되는 직종의 경우 상대적으로 대체 위험에 직면할 가능성이 낮음을 말해준다

직종별 컴퓨터 대체 가능 확률

대분류 직종	컴퓨터 대체 가능 확률
관리자	0.309
전문가 및 관련 종사자	0.366
사무 종사자	0.731
서비스 종사자	0.518
판매 종사자	0.978
농림어업 숙련 종사자	0.631
기능원 및 관련 기능 종사자	0.749
장치.기계조작 및 조립 종사자	0.806
단순 노무 종사자	0.716

온디맨드·공유경제의 등장과 디지털 플랫폼 노동

4차산업혁명의 또 다른 변화는 플랫폼을 이용한 공유 경제의 등장이다. 4차산업혁명의 영향에 따른 온디맨드On-Demand: 기술력을 갖춘 공급자가 수요자의 요구에 맞춰 제품 · 서비스를 즉각적으로 제공 및 공유경제 비즈니스 확대가 전통적인 일자리의 개념과 형태를 근본적으로 변화시킬 전망이다. 전통적 시장에서는 수요자와 공급자가 시장가격을 결정하지만, 온디맨드, 공유경제 시장에서는 거래당사자들이 제품과 서비스를 소유하지 않은 상태에서도 가상 거래중개인인 디지털플랫폼을 이용하여 거래가 가능해진다. 자동차 빈자리(우버), 집의 남는 방(에어비앤비), 배달, 집수리 등의 잉여재화를 공유재화로 시장에 제공함으로써 중개 · 거래비용이나 마찰비용을 크게 감축하는 형태이다. 공유경제에서 업무 처리 방식은 기업들이 불특정 다수에게 업무를 아웃소싱하는 것으로서, 인터넷으로 수요자가 요청하면 수요자와 공급자를 즉시 연결해주는 등록된 클라우드 근로자가 그것을 수행하는 것이다. 플랫폼 비즈니스 사업자가 제품 또는 서비스를 직접 제공하는 것이 아니라 제품이나 서비스를 제공하는 생산자 그룹과 이를 필요로 하는 사용자 그룹을 서로 연결하는 것이다. 사업자는 생산자 그룹과 사용자 그룹이 플랫폼 내에서 활발한 거래가 발생하도록 함으로써 가치를 생성하고 궁극적으로 수익을 창출한다.

페이스북, 구글, 애플, 알리바바, 에어비앤비, 우버 등 요즘 잘나가는 기업들은 모두 플랫폼 비즈니스 모델을 구현하고 있다. 우버의 경우도 드라이버가 벌어들인 매출의 20~30%를 중개수수료 명목으로 가져간다. 또한 호텔 중개업체인 호텔엔조이닷컴은 수수료 형태로 판매액의 7~20%를 가져가고 있다. 전 세계 최대 숙박공유 업체인 에어비앤비는 숙박을 예약한 게스트와 숙소를 빌려주는 호스트로부터 중개수수료를 받는다. 이처럼 중개수수료 모델은 플랫폼 비즈니스에서 가장 흔하게 볼 수 있는 수익 모델이다.

제조업의 고용 감소와 장기근속의 어려움으로 숙련 개발을 할 수 있는 일자리가 줄어듦에 따라 긱(Gig)을 위해 고용된 근로자의 비중이 점점 확산되고 있다. EU, 미국, 영국, 독일 등의 플랫폼 노동은 취업자의 0.5~4.0% 내외이며, 한국은 1.5~2.3%(44~54만여 명) 수준이다(한국노동사회연구소, 2019). 수요자와 공급자를 즉시 연결해주는 플랫폼 경제에서 서비스를 제공하는 상당수의 근로자는 '긱(Gig)', 즉 단기계약직인 경우가 많은데, 인건비와 복지비용을 줄이려는 기업의 관심이 이 현상의 주요 동인으로 작용하고 있다고 보고 있다. 이러한 근로자들은 현장직무교육(OJT: On the Job Training)을 제대로 받지 못하고 최소한의 장비만 갖춘 채 근로하기 때문에 생산성이 증가하지 않는다. 또한 재택근무나 유연근무 등으로 근로자와 고용주는 작업장에서 얻을 수 있는 혜택을 상실하고 근로자는 직장에서 배울 기회가 제한된다.

이로 인해 전통적인 생산 관계를 기반으로 한 현재의 노동 관련법이나 계약법 체계로는 이를 포괄하고 보호하는 데 한계가 있다. 정해진 시간, 정해진 장소에서 일하는 노동을 전제로 하는 획일적 노동 규제와 합리적 노사협의 전통의 부재는 노동시장 변화에 노동규범과 관행이 부응하지 못하는 원인이 되고 있으며, 단순 저임금 일자리 종사자의 근로조건 향상이 더디고 취약 계층 증가가 예상되고 있다.

긱 이코노미의 부상

성장하는 온디맨드, 공유 경제 서비스에 소요되는 인력 수요를 충원하는 데 긱 이코노미(Gig Economy; 긱(Gig)이란 단어는 '일시적인 일'이라는 의미를 내포하는 것으로서, 1920년대 미국 재즈클럽 주변에서 단기계약으로 연주자를 섭외해 공연한 것에서 유래한다)라는 새로운 임시 고용 트렌드가 부상하고 있다. 긱 이코노미는 기업들이 필요에 따라 단기계약직이나 임시직으로 인력을 충원하고 그 대가를 지불하는 형태의 경제를 의미한다. 기존에는 프리랜서와 1인 자영업자 등을 총칭하는 의미로 사용했지만, 온디맨드 경제가 확산되면서 최근에는 온라인 플랫폼 업체와 단기계약 형태로 서비스를 제공하는 공급자를 통칭하는 용어

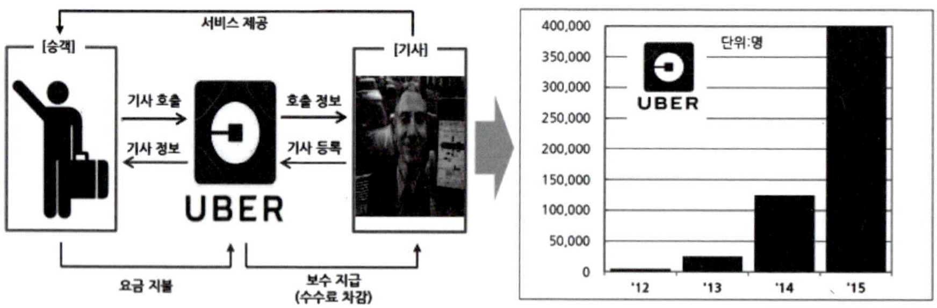

우버 서비스 개요 및 우버 드라이브 파트너 증가 추이
출처: KB금융지주경영연구소(2016).

로 개념이 확대되고 있다.

전통적 고용은 고객들에게 제품이나 서비스를 제공하기 위해 정식계약을 통해 회사가 직원을 직접 채용하는 형태였으나, 긱 이코노미에서는 기업의 수요 인력을 초단기 계약 형태로 활용한다. 노동력 공급자는 누군가에게 전속되는 대신 필요할 때 원하는 시간에 원하는 만큼만 일시적으로 고용되어 고객이 원하는 노동을 통해 수입원이 창출될 수 있는 장점이 있다. 예를 들면, 우버는 전 세계 110만 명 이상(2015년 기준)의 기사를 직접 고용하는 대신 '드라이브 파트너'로 계약하여 독립계약자 형태로 서비스를 제공하고 있다. 차량, 숙박, 비즈니스 등에서 시작한 온디맨드와 공유 경제는 배달, 청소, 법무 및 컨설팅 분야로 범위가 확대되고 있으며, 일부 대기업은 긱 이코노미 고용형태를 활용하거나 제휴를 통해 서비스를 제공하고 있다.

아마존은 총알배송 서비스 '프라임 나우'를 제공하면서 비용 절감을 위해 자가차량을 소유하고 있는 일반인을 배송요원으로 활용하는 아마존 플렉스 서비스를 활용한다. 아마존 플렉스 운전자들은 시급 18~25달러에 하루 12시간 내에서 자율적으로 근로 시간을 정하고 있다. 미국 세븐일레븐(편의점), 약국체인 월그린, 월마트 등도 차량 공유 서비스를 연계한 배달 서비스를 제공한다. 긱 이코노미의 확산은 특정 기술이나 능력에 대한 수급 불균형을 완화해 새로운 일자리를 창출하거나, 근로 시간 유연성 확대로 비경제활동인구의 노동시장 재진입 기회를 부여하는 등 고용시장에 긍정적인 효과가 있는 것으로 분석되었다. 맥킨지는 2025년까지 긱 이코노미가 창출하는 부가가치가 전 세계 GDP의 2%에 해당하는 2조 7,000억 달러에 달하고, 5억

4,000만 명 정도가 혜택을 입을 것으로 전망하고 있으며, 긱 이코노미의 특징인 근로 시간 유연성은 전업주부, 은퇴자들의 노동시장 재진입 기회를 제공하고, 기존 근로자들에게도 추가 소득의 기회를 제공한다는 것이다. 반면 긱 이코노미의 확산으로 비정규직, 임시직이 크게 늘어 고용의 질과 안정성이 저해되거나 임금이 극도로 억제되는 등 고용주의 이익 증대 수단 등 부정적으로 악용될 개연성이 공존하는 것도 사실이다. 긱 이코노미 종사자들은 플랫폼 업체와 개별계약을 맺기에 노동법에서 보장하는 최저임금이나 건강보험 혜택의 사각지대에 처해 있으며, 실제로 미국 우버 기사들이 미연방법원에 이와 관련한 소송을 제기(2015)하는 등 갈등 사례가 대두되었다. 뿐만 아니라 미국 내 실업률이 크게 개선되어도 임금상승률이 증가하지 않는 일부 원인이 긱 이코노미를 비롯한 저임금 임시직 고용 증가에 있다는 분석에도 주목할 필요가 있다. 2009년 실업률 10퍼센트에서 2016년에는 실업률 4.9퍼센트로 경제 상황이 좋아진 것으로 나타났지만, 임금상승률은 2009년 2.5퍼센트에서 2016년 2.2~2.5퍼센트로 하향 정체되는 결과로 나타난 것이다. 결국 향후 온디맨드 서비스의 성장과 함께 긱 이코노미와 관련된 논란도 더욱 확산될 것으로 예상된다.

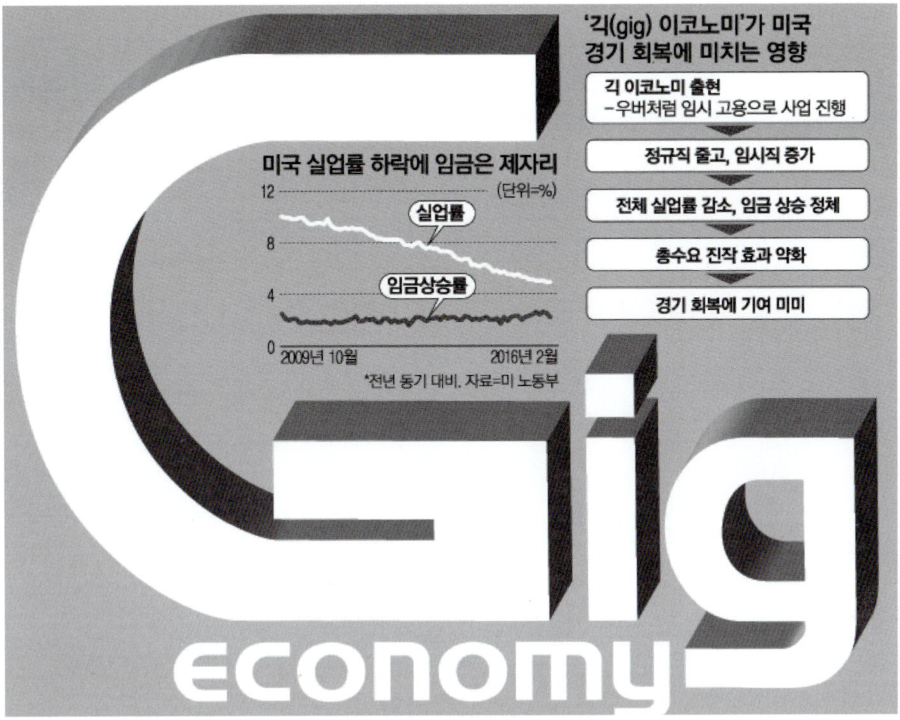

출처: 매일경제(2016.3.28.) '글로벌 노동시장 미스터리'

Chapter 6
미래 일자리 변화 대응

인재는 스스로 생산수단을 소유하고 개인적 역량을 바탕으로
차별화된 가치를 창출하는 존재이다. 인재는 전통적인 노동자와 달리
시간이 아닌 오직 성과만으로 평가받고 자신의 가치를 높인다.

– 대통령 직속 4차산업혁명위원회(2019.10.25.) –

우리나라 고용환경

인구 고령화

우리나라 인구는 세계인구가 2015년 73억명에서 2060년 100억 명까지 느는데 반하여, 2015년 5,100만 명에서 2030년에는 5,200만 명 정도로 정체하다가 2060년에는 오히려 4,400만 명 수준으로 감소할 것으로 관측되었다. 우리나라 인구 감소의 주원인은 세계 최저수준의 출산율에 기인하는데, 세계 합계출산율은 2.50명('10~'15년)인 반면, 한국의 합계출산율*여성 1인이 가임기간(15~49세) 동안 낳을 것으로 예상되는 평균 출생아 수 은 1.23명('10~'14년) 수준에 머물고 있다. 전체인구의 감소에도 불구하고 고령인구 구성비(65세 이상)는 2015년 13.1%에서 2060년에는 무려 40.1%로 급증할 것으로 예상되는 등 우리나라의 고령화 속도는 세계에서 가장 빠르다. 이와 더불어 노후대비로 인해 고령자의 취업수요는 높아지고 있다. 보건 · 의료의 발달은 은퇴 연령을 늦추고 고령자의 노동시장 참여를 촉진하는 요인으로 작용하고 있다. 인구구조의 고령화 영향으로 산업의 연령별 취업자 구조는 점차 고령화되는 경향을 보이고 있다. 특히, 제조업의 경우 젊은 층의 제조업 기피현상, 제조업체의 신규채용 억제 등으로 저연령층 취업 비중이 큰 폭으로 줄어들면서 다른 산업에 비해 상대적으로 고령화 추세가 빠르게 진행되고 있다(고용노동부, 2016.).

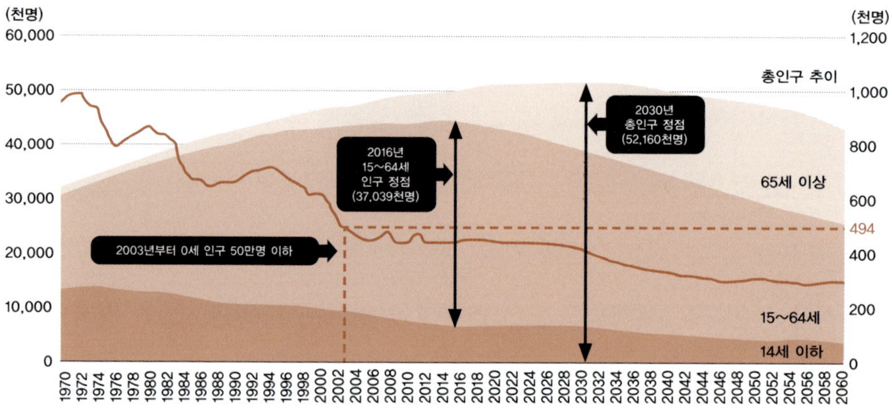

출처: 고용노동부, 2016. 통계로 보는 우리나라 노동시장의 모습

노동의 고학력화와 높은 청년 실업률

또 하나의 우리나라의 노동환경 특징으로서 신규 노동력의 고학력화와 높은 청년 실업률을 들 수 있다. 청년층의 고학력화는 중소기업의 인력난에 부정적으로 기여하고 있다(금재호, 2002). 고학력화로 숙련인력의 공급은 충분한 편이나, 저숙련 일자리는 저임금 일자리인 경우가 많아 고학력 청년의 유입이 어려운 구조이다. 이러한 이유로 제조업 중소기업의 저임금 일자리의 노동력 부족 등에 대한 대응책으로 외국인 이주노동자가 활용되어 저숙련·임시노동을 중심으로 유입이 증가하는 것이다. 우리나라는 청년인구(15~29세) 중 무노동, 무교육 상태에 있는 니트족NEET(Not in Education, Employment or Training)족 : 15~29세의 인구 중 일하지 않고 교육이나 직업훈련도 받지 않는 청년층을 지칭. 니트족 중 구직의사가 없는 비구직니트족은 경제활동인구에 포함되지 않아 실업률 통계에서 제외되며, 이러한 비구직니트족이 증가할수록 공식실업률과 체감실업률 간의 괴리가 커지고 경제의 성장잠재력을 저해하는 요소로 작용의 비중이 대략 다섯 명 중 한 명꼴('13년 기준 18.5%)로 OECD국가 평균(15.2%)보다 높아(34개국 중 10위) 청년취업 취약국가에 해당한다. 특히 우리나라 니트족 통계수치 중 직업을 찾지 않거나 구직을 포기하는 비율이 84% (OECD 평균 56%)로 매우 높다는 사실은 우리나라 실제 실업수준이 공식실업률보다 더 크게 체감되는 주요 사유로 작용하고 있다. 상대적 직업안정성을 설명하는 임시직 고용률 측면에서도 우리나라 청년층(15~29세)은 27.45%, 핵심 생산인구층(30~45세)은 17.35%로 OECD 평균인 25.02%, 9.74%

에 비해 상당히 높아 취업의 질도 상대적으로 낮은 상태에 있다.

고용의 여성화

남성 경제활동인구는 감소 추세인 반면, 여성 경제활동인구수는 지속 증가할 전망이다. 현재 여성인력 활용이 남성에 비해 낮은 편(남성 취업자 1,700만명 vs 여성 취업자 1,200만명)이나 향후 남성 경제활동인력의 빈자리를 여성인력이 꾸준히 대체해갈 것으로 전망되고 있다. 여성 고용의 증가는 사회전반의 서비스화 추세와 더불어 여성의 고학력화, 여성인력에 대한 수요탄력성이 큰 서비스산업의 성장세가 두드러졌기 때문이다. 21세기는 소비형태가 감성화되고 소비주체가 여성화되는 점도 여성노동력에 대한 수요를 증가시키는 요인이다. 더구나 산업사회에서 지식 · 정보사회로 이행해 감에 따라 여성 적합 직종은 더욱 늘어나게 될 것이며, 기존의 직종에서도 남녀구분이 점차 사라지고 있다. 여성의 고학력화, 가사 관련 산업이나 전자제품의 발달, 보육시설의 확충, 유연적 근무제도의 도입 등으로 여성의 경제활동 참가는 크게 늘고 있다. 여성의 가사노동 부담이 감소하고 있는 데다 탄력적 근무시간제, 재택근무, 시간제 근무 등과 같은 유연적 근무제도의 도입으로 기혼여성의 취업여력은 점차 늘어나고 있어 고용의 여성화는 지속될 것이다. 그러나 미래사회에서 정보기술사회가 요구하는 인력이 되지 못한다면 여성고용의 양적 성장에도 불구하고 대부분의 여성근로자들은 직장의 핵심노동력으로 자리 잡지 못하고 임시 · 일용직, 시간제 근로자 등의 형태로 남을 가능성도 있다(2000, 국정홍보처).

비정규직 고용의 확산

한국은 비정규직 분포가 높은 고비율 국가에 포함된다. 우리나라 임금근로자 1,962만명 중 비정규직 비율(32.8%)이 상당히 높고, OECD 기준 비중으로도 22.3%로 폴란드, 스페인 등과 더불어 비정규직 비율이 높은 국가로 분류되고 있다. 성별로 보면 여성(54.9%)이 남성(45.1%)보다 비정규직 비율이 높으며, 연령이 높아질수록 비정규직 근로자 비중이 커지는 추세이다. 비정규직 근로자의 연령대별 분포는 40대가 19.8%, 50대 21.5%, 60대 이상 22.8% 이다.

기업들은 기업 내부의 주요한 업무를 담당하는 핵심노동력만을 상용근로인력으로 확보하고 그 외의 부차적인 업무 등에 대해서는 비정규직 노동력을 활용하려는 경향이 뚜렷해지고 있다. 사무자동화와 전산화, 작업의 표준화와 단순화로 숙련 노동의 비숙련노동으로의 대체가 가능해진 것도 비정규직 고용을 늘리는 요인이다. 서비스부문의 고용증가경향도 상대적으로 비정규직 고용비중을 늘리는 요인으로서, 단순서비스 부문의 경우 도소매 및 음식 · 숙박업, 개인 및 가사서비스업은 특별한 숙련이나 기술 없이도 손쉽게 업무를 수행할 수 있고, 업무 간 연계성, 업무의 시간적 연속성 등의 개념을 필요로 하지 않기 때문에 파트타임 근로자나 임시직 근로자 등의 비정규직 고용이 상대적으로 용이하다. 고도서비스 부문의 경우 지식 · 정보 집약산업의 성장과 함께 재택근무, 시간제근무, 파견근로 등과 같이 근무형태의 다양화가 가능해지고 있다는 점도 비정규직 고용을 늘리는 요인이 되고 있다. 그리고 여성 및 고령층의 경제활동 참가가 늘고 있다는 점은 비정규직 고용 증가의 원인이 되고 있다. 출산, 육아, 가사, 자녀교육 등의 제약이 있는 여성은 정규직보다는 근무시간을 자유롭게 선택할 수 있는 시간제 취업이나 재택근무, 한시적 계약직 등의 비정규직 고용형태를 선호한다. 고령자들도 육체적 · 정신적으로 부담이 큰 기존의 상용직 고용형태 보다는 촉탁, 시간제 등의 비정규직 고용형태를 선호한다. 비정규직 고용형태의 증가로 노동시장은 보다 유연해지겠지만 근로자들의 소득 및 고용불안정성은 더욱 증대될 것이다(2000, 국정홍보처).

저임금 일자리

우리나라 2015년도 저임금 근로자 비중은 23.5%로 OECD 21개국 중 미국(25.0%)에 이어 두 번째로 높다(고용노동부, 2016). 저임금 일자리는 생산성이 낮은 것으로 알려진 부문에서 발생하기도 하지만, 기술과 산업구조의 변화에 따라 새롭게 등장한 분야에서도 나타난다. 임금수준이 낮고 고용이 불안정한 일자리를 발생시키는 원인으로는 숙련편향적인 기술변화 또는 반복업무 대체형의 기술변화는 일자리 양극화의 주된 요인으로 간주된다. 게다가 최근 디지털 기술의 발달은 인간의 육체노동뿐 아니라 정신노동도 대체하는 경향을 보이고 있다. 한편에서는 소수의 고소득자가 등장하게 되는데 비해서, 다른 한편에서는 다수의 저임금 불안정 노동자가 양산된다. 저임금 불안정 노동자 그룹에는 영세 자영업자와 프랜차이즈 점주, 특수근로형태 종사자 등의 취업자뿐 아니라 크라우드워커, 앱노동자와 같은 새로운 유형의 노동자들이 보인다(장지연, 2017. 한국노동연구원, 고용 · 노동브리프 제73호). 디지털 기술의 발달에 따라 인터넷 플랫폼에 기반한 업무가 새롭게 등장하였는데, 소비자가 직접 요구한 최종산물로서 노동력을 제공하는 것을 온디멘드 경제(예를 들어, 우버 같은 사례)라고 하고, 기업이 가치창출 프로세스의 일부로 외주화한 업무를 크라우드 워크라고 한다. 이들을 모두 '디지털 불안정 계층'이라고 부르기도 한다(Krause, 2017).

네트워크가 발달한 디지털 경제시대는 기능과 인력을 외부화하는 순간 기업은 여러 가지 책임에서 자유로워지고 임금의 공정성 시비를 벗어나는 것으로 인식되고 있다. 이러한 경향을 가속화시키는데 디지털 기술의 발달이 영향을 끼쳐왔으며, 간접고용, 프리랜서의 활용 등 다양한 경로를 통해서 과거라면 거대 기업에 속했을 노동자들은 이제 소속이 불분명한 노동자가 되었다. 미국 보스톤 대학교 경제학과 교수 데이비드 와일(2015)은 그 결과는 사고나 재해와 같은 정적인 외부효과로 나타나며, 잉여수익이 노동자로부터 투자자로 전이되어 분배의 불평등이 심화되고, 더욱 흔하게는 기본적인 근로기준이 침해된다고 주장하고 있다(데이비드 와일(2015), 송연수 옮김 『균열일터: 당신들을 위한 회사는 없다』 황소자리; David Weil(2014) The Fissured Workplace,Harvard University Press. 재인용).

4차산업혁명시대 교육의 질적 변화

4차산업혁명의 기술 혁신으로 많은 일자리가 없어지고, 전문직이 사라질 것이라는 전망이 가까운 미래 혹은 1~2년 후에 일어날 것처럼 보이지는 않는 듯하다. 그러나 모든 직업에서 일하는 내용이 바뀔 것이라는 점은 분명하다. 이 같은 미래의 일자리 변화에 대응하기 위해서는 교육과 직업훈련에 변화가 있어야 한다. 그렇다면, 우리에게 기회는 여전히 있다고 보는 희망적 태도가 필요하다. 일자리가 없어질 것을 염려하기보다는 이동하는 일자리와 변화하는 직무에 어떻게 대응할 것인지 고민하고 남 보다 먼저 실행에 옮긴다면 위기는 기회로 전환될 것이기 때문이다.

우리나라 교육은 산업화가 시작되면서부터는 중등교육과 직업교육 및 직업훈련을 병행해 적절한 산업인력을 공급했다. 그러나 1980년대 초반 대학교육의 급격한 확대는 대학교육 자체를 보편교육으로 바꾸어놓았다. 예를 들어, 양적 팽창에 몰입된 채 교육의 질적 개선에는 소홀했던 것이다. 이러한 변화와 더불어 대학에서도 전통적으로 강조되던 인문학과 자연과학 등의 기본적 교육보다는 산학협력 등을 더 중요시함에 따라 전공교육에 더 치중하여 상대적으로 기본 교육을 소홀히 한 측면이 있다. 그러나 향후 노동시장의 변화를 고려할 때 앞으로는 특정 분야의 전문적 지식보다 공통적이고 범용적인 능력이 더 필요하다.

4차산업혁명시대의 교육은 이 시대를 선도할 적합한 인재상을 제시하고 길러내는 역할을 해야 할 것이다. 다니엘 핑크(2012)는 『새로운 미래가 온다』에서 디자인, 스토리, 조화, 공감, 놀이, 의미라는 6가지 인재의 조건을 제시한 바 있다. 한국교육과정평가원 연구위원인 조난심(2017)은 미래사회에서 요구하는 인재는 "풍부한 지식과 정보를 암기하고 있는 사람이 아니라 새로운 상황에서 적응을 잘하고, 창의적으로 사고하고 생산하며, 다양한 분야의 사람들과 협업할 수 있는 바람직한 인성역량을 갖춘 인재"라고 하였다. 백두권은 첨단기술에 대한 전문성, 문제해결능력, 융합형 사고력, 협력, 창의력을 제시하였다.

공통적인 인재상의 요소들로서 암기력, 이해력보다는 비판적 사고(critical thinking), 공감 능력(communication/empathy), 창의력(creativity), 융합력(convergence), 문화적 다양성(cultural diversity), 협업(collaboration) 등이 더 중요해지고 있다. 결론적으로 4차산업혁명형 인재는 전통적으로 인식되던 인재상과는 다소 거리가 있다. 그런 점에서 기존의 교육 및 훈련은 그 체계와 방법을 바꾸어야 하는 시점에 왔다. 이러한 능력의 배양을 통해 급변하는 환경에 재빨리 대응하는 적응력(adaptability)을 높이는 것이 무엇보다 필요한 것이다. 따라서 향후 대학에서는 전공교육보다 교양교육(인문학, 자연과학)이 더욱 중요해질 것이다(신동엽 외, 2018).

미래 업무 수행 시 필요한 핵심 스킬

4차산업혁명의 중심에는 인공지능 기술과 데이터가 자리 잡고 있다. 인공지능 기술과 데이터를 주도하느냐 못하느냐는 4차산업혁명시대의 경쟁력을 좌우하는 핵심 요소이다. 특히 머신 러닝(machine learning)과 모바일 로봇(mobile robot) 등 혁신 기술들은 일자리에 큰 영향을 미칠 것으로 예상된다. 세계경제포럼(2016) 「직업의 미래(The future of Job)」 보고서에 의하면 미래 직업 능력 중 가장 중요한 역량은 복합적 문제해결 능력이다. 이는 모든 직업의 30%에서 요구될 것으로 보이는데, 인공지능과 자동화 기술의 보급에 따라 인간의 작업이 더 높은 역량을 요구하기 때문이다. 인공지능의 한 분야인 머신 러닝은 사람의 인지 기능을 대체하여 과거에는 힘들었던 인간의 의사결정까지도 기계가 대신 수행할 것으로 예측하고 있다. 그 외에 사회적 기술(social skill), 공정관리 기술(process skill), 시스템 기술(system skill), 인지 능력(cognitive abilities) 등이 더 많이 요구될 것으로 보고 있다.

4차산업혁명으로 요구되는 다양한 역량과 기술들을 참고해보면, 미래의 필요역량은 논리성과 추론 능력에 기반을 둔 의사결정역량과 시스템 분석역량, 감성 지능과 협상, 설득 서비스와 같은 대인 관계역량으로 구분할 수 있다. 또한 복합적 문제해결 능력은 이들 두 가지 기초역량이 모두 활용될 경우에만 개선할 수 있다. 복합적 문제해결 능력과 2가지 역량군은 모두 과거보다 높은 인지 능력을 요구하기 때문에, 자동화 기술 도입과 함께 근로자의 능력 향상이 이루어져야 할 것으로 보인다. 다각적인 문제인식역량과 협상·설득 능력 및 종합적 판단력 등 기계가 대체하기 어려운 인간 고유의 역량 함양에 주력하는 것이 필수적이다. 하지만 우리의 인공지능 기술은 경쟁국에 비해 뒤쳐져 있다. 인재 양성 기반도 부족하고, 제도적 불확실성으로 인해 데이터의 활용과 유통도 원활하지 못한 실정이다. 정부는 국가의 사활이 걸렸다는 절박감을 갖고 인공지능과 데이터 분야를 적극적으로 육성해야 한다. 단순한 대

미래 업무 수행 시 필요한 핵심 스킬 비중

구분	필요 스킬	내용	비중
능력	인지능력	창의성, 수학적 논리, 시각화	15%
	육체적 능력	육체적 힘, 수작업 정교	4%
기초스킬	콘텐츠 스킬	콘텐츠 스킬 – 적극적 학습, 구두표현, 독해, 작문 정보통신기술 사용 능력	10%
	프로세스 스킬	경청, 비판적 사고, 모니터링	18%
복합 스킬	사회적 스킬	타인과 조정 능력, 감정지수, 협상, 설득	19%
	시스템 스킬	판단과 의사결정, 시스템 분석	17%
	복잡한 문제해결	복잡한 문제해결 능력	36%
	자원관리 스킬	재무적 자원관리, 자재관리, 인사관리	13%
	기술적 스킬	장비보수, 운영, 유지, 프로그래밍 등	12%

출처: 세계경제포럼(2016).

학졸업자 양산보다는 개별 산업 분야의 전문 지식을 기반으로 하는 '융합형 인공지능 인재'의 양성이 무엇보다 중요하다(4차산업혁명위원회, 2019).

3부

4차산업혁명 기반기술

3부

4차산업혁명 기반기술

Chapter 7
사물인터넷/만물인터넷

현재 사물인터넷에 연결된 기기의 수는 1%에 불과하지만,
향후 99%가 더 연결될 것이다.

–미국의 IT기업 시스코Cisco–

미국의 정보기술 연구 및 자문회사인 가트너(Gartner)에 의하면 사물인터넷에 연결되는 기기의 수가 2015년 약 50억 개에서 2020년에는 약 268억 개로 늘어날 것이라고 예측하였다. 시스코(Cisco)는 2020년까지 500억 기기, 인텔(Intel)은 2020년까지 약 2,000억 기기가 연결될 것이라고 예상하고 있다. 특히 시스코는 현재 사물인터넷에 연결된 기기의 수는 1%에 불과하지만, 향후 99%가 더 연결될 것이라 예고하고 있는데, 기기가 100% 연결된다면 사회의 모습이 어떻게 그려질지 감히 상상하기 어려울 정도이다.

4차산업혁명의 시작점이 되는 초연결사회의 중심축은 사물인터넷(Internet of Things: IoT)이다. IoT라 불리는 사물인터넷은 모든 사물이 상호 유기적으로 연결되면서 등장한 용어이다. 여기에서 사물은 실질적인 사물뿐만 아니라, 인간, 컴퓨터 응용시스템, 정보 자원, 사이버 물리 시스템 등을 포함하는 포괄적인 의미를 지닌다. 사물은 유무선 통신 기술이 탑재되고 IP주소를 가지고 있는 것으로서, 센서를 통해 데이터를 수집하거나 특정 일을 수행하기 위해 다른 사물과 소통할 수 있다면 IoT의 사물이라고 할 수 있다. 인간은 물

론이고 개 또는 고양이, 돌고래 등 생물체에 센서 등이 포함된 장치나 칩 등을 내장하거나 부착함으로써 사물인터넷에 연결이 가능하다. 더 나아가 IoT는 연결 기기의 수가 기하급수적으로 확대되면서 모든 것이 연결되는 만물인터넷 시대(Internet of Everything; IoE)를 예고하고 있다. 이러한 초연결 사회는 이제 현실에 존재하는 물리적 세계(physical world)와 가상의 사이버 세계(cyber world)까지 연결하는 새로운 초연결사회를 추구하는 CPS(Cyber Physical System)로 불리는 사이버 물리 시스템으로 확장되고 있다. 이러한 시스템은 인터넷으로 묶여 있는 사이버 세계 속의 사람, 사물, 서비스, 응용 시스템들이 상호 소통하며, 지능적으로 제어되는 시스템을 말한다. 즉, 사물인터넷은 인터넷을 기반으로 포괄적인 의미의 모든 사물을 연결하여 인간의 개입 없이 유무선 통신 기술을 이용해서 정보를 교환하고, 상호 소통하면서 자율적으로 서비스를 제공할 수 있는 기반 인프라 기술인 것이다.

사물인터넷의 등장 배경

사물인터넷이란 개념을 처음 고안한 엔지니어는 케빈 애쉬턴(Kevin Ashton)으로 P&G에서 브랜드 매니저로 일했다. 여기서 재고관리 시스템 효율화 방안을 찾다가 전자태그 RFID(Radio Frequency Identification; RFID)를 연구하게 됐으며, 당시 RFID를 모든 물건에 부착해 서로 소통할 수 있도록 하는 방안을 구상했는데, 이 아이디어가 IoT의 시초가 되었다. 애쉬턴은 향후 RFID와 센서들이 일상생활에서 사용하는 사물에 탑재되어 사물인터넷이 구축될 것이라고 예측하였다. 사람이 개입하지 않아도 사물들끼리 알아서 정보를 교환할 수 있게 된다는 뜻이다. 통신을 주고받는다는 점에서 유비쿼터스 센서 네트워크(Ubiquitous Sensor Network; USN) 개념과 유사하지만, 사물은 물론 가상세계와도 상호작용한다는 점에서 보다 진화된 단계라고 할 수 있다. 유비쿼터스는 물이나 공기처럼 시공간을 초월해 언제 어디에나 존재한다는 개념이다. 인간이 언제 어디에서든 사용자가 편리한 방식으로 인간, 사물, 정보 간의 네트워크를 통하여 원하는 작업이나 업무를 처리할 수 있는 최적의 컴퓨팅 환경이다. 사물인터넷과 유비쿼터스 센서 네트워크는 센서를 통해 정보를 수집하고, 네트워크를 통해 사물을 연결한다는 점에서 유사하지만, USN은 자율적 운영이 아닌 인간의 개입이 필요한 구조이며, 정보가 상호 소통이 아닌 단방향 통신이라는 점에서 구분된다. 사물지능통신이라고 불리는 기계와 기계 간의 통신(Machine to Machine; M2M)은 인간의 개입 없이 자율적으로 운영되는 점에서 사물인터넷과 같아 보이지만, 그 대상인 현실세계와 가상세계의 사물들이 모두 상호작용할 수 있는 점에서 차이가 있다.

사물인터넷 개념을 적용한 미국의 무인매장 amazon Go
출처: 아마존고 홈페이지

2016년 12월 미국 시애틀 아마존 본사 건물 1층에 오픈한 무인매장인 아마존고(Amazon Go)가 2018년 1월 22일에 정식으로 일반인들에게 공개되어 영업을 시작하였다. 현재 아마존고는 시애틀 이외에 시카고, 샌프란시스코 등에 총 7개의 매장을 운영 중이다. 아마존고는 소규모 무인 편의점 규모부터 대형 매장까지 적용 확대를 모색하고 있다. 아마존고는 대략 2,500평방피트(약 232㎡) 이하에 컴퓨터 비전, 딥러닝, 센서 퓨전 기술 같은 자율 주행차에 적용된 저스트 워크아웃 테크놀로지 기술(Just Walk Out technology)을 매장에 적용하였으나, 시애틀의 대형매장에 적용 가능한 계산원 없는 아마존고 기술을 시험 중인 상황이다. 또한 아마존이 주유소 사업으로도 영역 확장을 고려하고 있는데, 아마존고의 무인매장 기술을 주유소에 적용해 무인주유소 및 무인매장을 제공하면 주유소를 물류 거점으로 활용할 수 있으며, 아마존 프라임 회원의 고객수도 늘릴 수 있다는 것이다. 전국망을 가진 주유소 업체를 인수한 후 아마존고의 무인매장 모델을 적용해 새로운 포맷의 주유소를 제공하면 사업적 시너지가 높을 것이라는 전망이다.

구조 및 기술

사물인터넷의 전체적인 구조를 이해하기 위해서는 다양한 센서가 수집한 데이터가 하나의 서비스가 되어 실행되는 과정을 이해하면 쉽다. 관점에 따라서 구분하는 방법은 다소 차이가 있을 수 있지만, 사물인터넷 서비스가 이루어지는 전체 구성은 크게 4가지 영역으로 구분된다. 데이터 수집과 전달을 위한 데이터 생성 영역과 생성된 데이터를 전달하기 위한 네트워크 연결 영역 그리고 전송된 데이터의 저장과 분석, 가공 등의 기능을 수행하는 데이터 처리 영역, 마지막으로 이러한 데이터를 바탕으로 이루어지는 서비스 제공 영역으로 나누어 생각해 볼 수 있다.

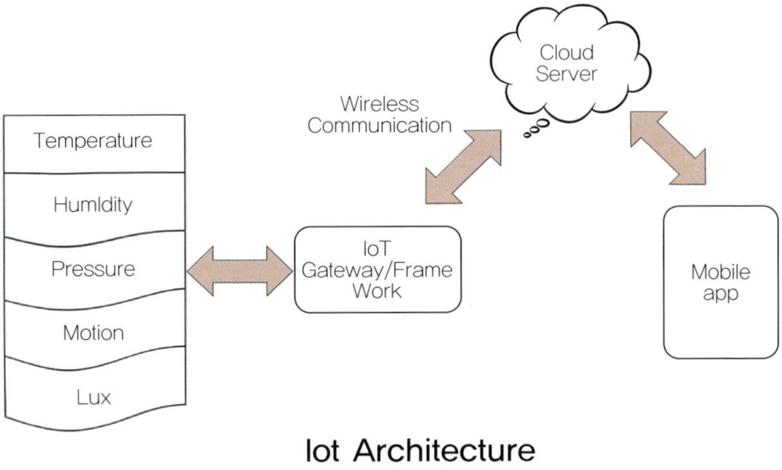

사물인터넷 구조

데이터 수집은 다양한 센서들에 의해 이루어지는데, 센서가 주변의 환경이나 물리적인 변화를 측정해서 데이터를 수집하는 것이다. 예를 들면, 온도 센서가 주변의 온도를 감지해서 수집된 데이터는 모두 디지털 데이터, 즉 수치로 변환이 된다. 소음 센서가 측정한 아날로그 신호도 컴퓨터가 처리할 수 있도록 디지털 데이터로 변환된다. 네트워크 연결은 센서가 수집한 데이터를 유무선 근거리 또는 원거리 통신 기술을 이용해서 다른 연결 디바이스나 서버 등으로 전송하는 통신 기능을 말한다. 서버는 사물인터넷 서비스 전체를 제어하는 컴퓨터 시스템이라 말할 수 있다. 센서가 내장되어 있는 디바이스와 근거리에 있는 다른 기기 사이의 통신은 주로 와이파이나 블루투스와 같은 근거리 무선통신 기술을 이용해서 데이터를 전송한다. 센서가 내장되어 있는 디바이스와 원거리에 있는 서버 사이의 통신은 LTE나 HTTP 같은 원거리 통신 기술을 이용하여 데이터를 전송한다.

원거리 통신을 이해하기 위해서는 우리가 많이 사용하고 있는 택배 시스템을 생각하면 된다. 물건이 택배회사에서 고객에게 직접 전달되는 것이 아니라 여러 경로를 통해 오듯이 인터넷도 하나의 네트워크로 구성되어 있는 것이 아니고, 크고 작은 단위의 네트워크로 상호 연결되어 구성되어 있기 때문에, 여러 네트워크 경로를 거치게 된다. 택배 시스템을 이용하기 위해서는 고객의 집 주소가 필요하고 집 주소는 고유의 유일한 것이다. 그래야 정확하게 해당 고객에게 전달될 수 있다. 이것을 네트워크에서는 인터넷 프로토콜 주소, 즉 IP 주소라고 한다. 사물인터넷에 연결된 특정 디바이스로 정확하게 데이터가 전달되기 위해서는 그 디바이스와 다른 디바이스를 구분할 수 있는 유일한 주소가 부여되어 있어야 하고, 그것이 바로 IP 주소인 것이다.

유일한 IP 주소를 가지고 있는 디바이스에 여러 개의 센서들이 연결될 수 있으므로 구체적으로 어느 센서로 전달되어야 하는지 알아야 하고, 이러한 모든 것들은 다 규칙에 의해 제어된다. 이때 전달 방법은 컴퓨터 네트워크에서 데이터를 주고받을 때 수행해야 하는 약속된 절차에 의해 이루어지는데, 이것을 통신 프로토콜(protocol)이라 한다. 프로토콜은 전송 기기에서 전달 기기까지의 연결을 설정한 후, 데이터를 전송하고 전송이 완료되며 연결을 해제하는 일련의 절차이다. 물건을 전달할 때 근거리에 있는 사람에게 전달하는 것과 원거리에 있는 사람에게 전달하는 방법이 다르듯이, 네트워크 통신

(또는 기술)에서도 마찬가지이다.

컴퓨터에서도 이와 같이 근거리 통신, 원거리 통신으로 구분하고 있는데, 근거리 통신은 사물인터넷에 연결되어 있는 근거리에 있는 기기 사이에서 센싱한 데이터를 교환하기 위해 주로 사용된다. 예를 들어, 조도 센서에서 수집한 조도값을 스마트폰으로 전송하기 위해서는 주로 근거리 무선통신 기술인 와이파이나 블루투스 등을 이용한다. 디바이스와 원거리에 있는 서버 사이의 통신은 이미 사용하고 있는 3G/4G와 같은 LTE 이동통신 기술 등을 사용한다.

마지막으로 서비스 제공 영역으로서 이 영역에서는 데이터 처리 영역에서 처리된 결과를 바탕으로, 사람이나 다른 사물이 이용할 수 있도록 실제 서비스가 가시화되어 제공되는 단계이다. 예를 들면, 시내버스에 부착된 GPS는 현재 위치를 추적해서 네트워크를 통해 이를 정기적으로 서버로 전송한다. 서버로 전송된 위치 정보는 사용자의 스마트폰 응용 시스템으로 가시화되어 서비스가 이루어지는 것이다. 즉, 사용자는 자신의 스마트폰 앱을 통해서 버스의 위치를 실시간으로 추적할 수 있는 것이다.

스마트홈 시스템에서는 실내에 설치되어 있는 온도 센서가 실내 온도를 측정해서 설정되어 있는 실내 적정 온도에 따라서 다른 디바이스인 에어컨의 가동을 자동으로 제어할 수 있는 방법으로 서비스가 제공된다. 센서가 탑재된 다양한 스마트 디바이스들이 정보들을 지속적으로 수집해서 생성하고,

이러한 정보들은 유무선 네트워크를 통해 서버로 전송된다. 그리고 이러한 데이터들은 클라우드 컴퓨팅(cloud computing) 환경에서 저장되고 처리된다. 또한 인공지능과 연계한 빅데이터 분석을 통해 자동화된 지능형 서비스로 제공될 수도 있는 것이다. 궁극적으로 스마트 팩토리, 스마트 교통 시스템, 스마트 그린 시티, 스마트 헬스 등과 같은 다양한 응용 시스템 형태로 제공되는데, 시스템들은 각각 사물인터넷을 통해 연결되어 있고, 더 나아가 각각의 사물인터넷들이 상호 연결되어 더 큰 사물인터넷을 형성하며, 유기적인 관계 속에 시스템 간에 상호 소통을 이루고 있는 구조이다.

응용 분야

사물인터넷은 개인 분야에서부터 공공 분야 및 산업 분야에 이르기까지 다양하게 활용되고 있다.

개인 분야

먼저 개인 분야에서 활용되는 사례를 보면 스마트 기기들이 서로 협력하여 집안일을 자동으로 수행하고, 주거환경을 통합적으로 제어함으로써 생활 편의를 제공하는 스마트홈 구현이 가능하다. 한국에서는 삼성이나 LG 등에서 사물인터넷 기술을 사용한 스마트홈을 출시하였다. 손목에 차는 웨어러블 기기를 통해 심장박동, 운동량 등의 정보를 제공하여 건강을 관리하는 헬스케어 기기로 영역이 확장되고 있으며, 차량을 인터넷으로 연결하여 안전하고 편리한 운전을 돕는다. 스마트 자동차에 적용되어 자율 주행 자동차를 위해서는 사물인터넷이 필수적이다. 현대자동차는 2018년 1월 라스베이거스 국제전자제품박람회에서 커넥티드카를 선보였다. 커넥티드카는 자동차에 정보통신 기술을 적용해 양방향 인터넷 서비스 등이 가능하도록 하여 차량 안전뿐만 아니라 편리한 운전을 도울 수도 있다. 구글은 아우디, GM, 혼다, 현대, 엔비디아(NVIDIA; 부러움을 뜻하는 라틴어인 인비디어(Invidia)에서 유래된 것으로, 부러움과 시력은 질투가 눈에서 비롯된다는 고대 신화와 밀접한 관련이 있다)를 중심으로 OAA(Open Automotive Alliance)를 구성해 안드로이드 운영체제를 기반으로 한 커넥티드카를 만들기 위해 노력하고 있다.

공공 분야

공공 분야에서는 무엇보다 재난이나 재해를 예방하며, 대기 이산화탄소 상태, 쓰레기 양 등의 정보를 제공받아 환경오염을 최소화시킬 수 있다. 전기, 가스, 냉난방 및 운송 분야 등을 결합한 스마트 에너지 관리 시스템으로 에너지 효율성을 증대시킬 수도 있다. 공공의 자원을 절약하여 서비스의 질 향상 및 공공행정 운영 비용을 절감시키는 등 도시 행정과 관련한 데이터를 개방하여, 도시 전체의 공공 기물들과 주민들이 효율적으로 상호작용하는 스마트 시티 건설이 추진되고 있다. 스마트 시티가 도시에서 발생하는 각종 문제들을 해소함과 동시에 새로운 성장 동력을 창출하는 대안으로 주목받는 것이다. 스마트 시티가 구축되면 실시간 교통정보를 얻게 되어 이동 거리가 줄어들고, 거주하는 사람들의 생활이 편리해질 뿐만 아니라 이산화탄소 배출량도 더 효과적으로 줄일 수 있게 된다.

2014년에는 유럽 스마트 시티 위원회에서 바르셀로나를 선도적으로 스마트 시티를 추진하고 있는 도시 중 하나로 선정했다. 바르셀로나는 유럽의 물 부족 도시로 유명하다. 동시에 유럽에서 스마트 시티 과제를 가장 활발히 진행하고 있는 도시로도 유명하다. 바르셀로나는 물 부족 문제 해결방안으로 스마트워터그리드를 추진하고 있다. 스마트워터그리드는 스마트 시티를 구성하는 주요 서비스 중 하나로, ICBM(IoT, Cloud, Big Data, Mobile) 원천 기술을 기존 수자원관리 인프라에 적용한 것이다. 그 외에도 바르셀로나의 실제 생활에 접목된 스마트 시티 기술은 스마트 가로등, 빈 주차공간을 감지해 주차 정보를 공유하는 스마트 주차, 스마트 버스정류장, 쓰레기통의 포화 상태를 측정해 수거 트럭에 정보를 송신하는 스마트 쓰레기통, 전기차 및 전기 오토바이 충전소, 스마트 공유 자전거, 소음 및 공기질 측정 등 다양한 스마트 시티 인프라를 보유하고 있다. 뉴욕 시에서는 마이크로소프트와의 협력을 통해 CCTV, 방사능 감지기, 자동차번호판 인식장치를 연계하여 의심스러운 사람이나 차량의 정보를 현장 경찰과 소방서 등의 기관에 전달하는 대테러 감지시스템(domain awareness system)을 구축하였다.

산업 분야

산업 분야에서는 전 생산 공정과정의 스마트화로 생산성 향상과 고객맞춤형 서비스 제공이 가능하다. 향후 사물인터넷의 투자가 가장 많이 이루어질 것으로 예측되는 분야이다. 생산, 가공, 유통 부문에 사물인터넷 기술을 접목하여 생산성 향상과 안전한 유통체계를 확보할 수 있다. 물류관리의 효율성 향상으로 서비스 기간을 단축하며, 스마트 농장에 IoT를 적용하면 농업, 수산업의 생산 비용을 줄이고, 환경의 영향을 최소화하여 생산성을 향상시킬 수 있다.

예술작품과 사물인터넷

사물인터넷(IoT)은 인간의 변화를 가져올 혁신기술 중 하나인데 디자인, 예술 분야에는 영향이 없을까? 하지만 디자인, 예술분야에도 사물인터넷이 적용된 사례들이 많이 소개되고 있다. 폴란드 브로치와프 국립박물관에 설치된 '텔레 프레즌트 워터(Tele-Present Water)'는 데이비드 보웬이 만든 설치작품으로 미국 해양대기청(NOAA: National Oceanic and Atmospheric Administration)에서 태평양 파도의 데이터를 실시간으로 받아 표현했다. 이 설치미술은 태평양 호놀룰루 남서쪽 205해리에 계류되어 있는 곳에서 물의 강도와 움직임으로부터 실시간 정보를 가져온다. 파도 데이터는 데이터 부이 스테이션에서 수집 및 업데이트되고, 관람객은 태평양과 연결된 데이터를 기반으로 시시각각 변화하는 태평양 파도를 새로운 형태의 예술 작품으로 만날 수 있는 것이다. 이와 비슷한 작품으로 미국 산호세(San Jose)국제공항의 설치예술 작품 'eCLOUD'은 세계 각지의 실시간 날씨 정보를 받아 구름 조각, 비, 바람 등의 모습을 타일의 움직임과 조명으로 표현한 작품이다. 이 밖에 캐나다 퀘백의 조지 드 코티쿡에 설치된 포레스타 루미나(Foresta Lumina)는 모먼트 팩토리라는 디자인 기업에 의해 만들어 졌다. 입장객들은 2km의 숲길을 걸으면서 빛과 영상, 비디오 매핑, 음악 등 다양한 기술을 활용해 숲 속의 여러 이야기와 설화를 들을 수 있다. 숲 속 공간을 다양한 인터랙티브 요소를 가미해 멀티미디어 장소로 재탄생시킨 사례인 것이다. 같은 개념을 적용시켜 테라루미나(TERRA UUMINA), 아니마 루미나(ANIMA LUMINA), 아일랜드 루미나(ISLAND LUMINA)로 확장되어 사람들과 사실감 있게 상호작용하는 경험을 선사하고

출처: NOAA 홈페이지

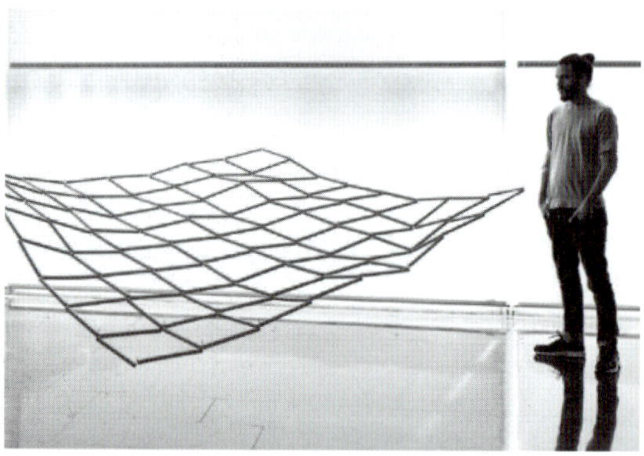

출처: 데이비드 보웬 홈페이지

있다(동영상 URL: https://momentfactory.com/work/all/all/terra-lumina). 유영재 교수(2015)는 "예술분야 창작에도 소셜네트워크 서비스(SNS)기술, 3D프린팅과 같은 다양한 기술들이 접목되고 있으며, 사물인터넷을 이용한 창작, 사물인터넷 예술은 사람들이 참여하거나 직접 주체가 되게 한다. 그리고 사물인터넷 예술은 포스트케이프라는 사물인터넷 전문 분석기관에서 주최하는 사물인터넷 어워드 아트부문 같은 국제적인 상이 만들어질 정도로 시각예술부문에 중요한 영역이 되고 있다."고 보고 있다. 이처럼 사물인터넷과 예술을 접목시킨 예술작품과 활동은 새로운 트렌드로 자리잡게 될 것이고 더욱 더 크게 확장될 것이다. 사물인터넷 예술작품들의 특성으로는 혼합현실, 사람과 사람 사이의 연결, 원격현전, 물리적 세계에 연결 등이 보인다. 앞으로 빠른 속도로 인터넷에 연결되는 사물들이 증가한다면, 더욱 복잡하고 다양한 상호작용의 예술 작업들이 등장할 것이다.

미디어산업과 사물인터넷

'미디어문예창작'과 같이 자신의 상상력과 창작력으로 스토리를 만들고 쓰는 분야는 사물인터넷이 쓰이지 않을 것이라고 생각하는 경우가 많을지도 모르겠지만, 일반적인 생각보다 많이 쓰이는 분야이다. 광운대학교 문상현 교수(2019)는 "미디어는 그 어떤 분야보다도 혁신이 일상화된 분야로서, 미디어 자체가 기술 의존적 특성이 강해 새로운 기술의 도입과 활용에 매우 적극적이다. (중략) 창의적 아이디어나 스토리텔링에 기반을 둔 콘텐츠나 서비스

혁신이 훨씬 더 보편적이고 중요하다. 따라서 미디어연구자들은 콘텐츠의 새로운 스토리텔링이나 포맷 개발, 콘텐츠 제작, 전송 및 유통에서의 혁신 등에 관심을 확산시킬 필요가 있다"고 주장한다. 그러한 관점에서 볼 때 영화나 연극에서 사물인터넷이 어떻게 사용되고 있는지 매우 궁금하다.

영화는 영상을 찍기 위해 카메라로 장면을 담아내고, 편집하기 위해 사물인터넷을 통해 교류하며 영화를 만들어낸다. 촬영을 할 때 사물인터넷이 장착된 드론에 카메라를 장착하여 실감나는 장면을 촬영하는 것은 이미 알려진 바이다. 또 다른 사례로는 휴대폰에 카메라 전용 어플리케이션을 설치한 후 촬영 카메라에 블루투스를 연결하여 휴대폰 앱으로 카메라를 컨트롤하며 힘들지 않고 보다 편리하게 촬영할 수 있다. 그리고 영화에서는 조명이 차지하는 중요성이 매우 강조된다. 무의식적으로 관객들에게 적용되어 느껴지는 감정을 더욱 배가시키기 때문이다. 영화가 현실의 축소판이라고 했을 때 조명은 현실에서의 빛과 똑같은 역할을 한다는 것이다. 이러한 여러 가지 조명을 하나하나 조정하다보면 시간도 오래 걸리고 번거로울 때가 많다. 그럴 때 DMX(Digital Multiplex) 통신 프로토콜을 사용하여 무선 송수신기가 장착된 지능형 조명기구를 원격으로 제어하여 여러 가지 조명을 한 번에 조정할 수 있다.

연극에 쓰이는 음향효과는 극 중 상황에 따라 쓰이는 경우가 많다. 기쁜 상황에서든 슬픈 상황에서든 음향효과를 더해 분위기와 관객의 몰입도를 상승시켜 극에 빠져들도록 집중시킨다. 이런 음향효과는, 직접 상황에 맞게 연주를 만들어내기도 하지만 빅데이터 수집을 통해 상황에 맞는 음악을 찾아 쓰기도 한다. 또 이렇게 찾은 음향을 스피커로 연결시켜 연극 도중 음악을 흘러나오게 한다. 음향을 찾아 스피커로 연결하는 점에서 사물인터넷을 활용하는 예시라고 볼 수 있다.

영화 관련 분야에 사물인터넷이 활용되고 있는 또 다른 사례는 바로 4D 영화관이다. 4D 영화는 영화를 관람할 때 필요한 감각인 시청각 외에 다른 감각을 추가하여 관객에게 몰입 효과를 증대하는 기술로서, 의자의 움직임, 물 분사, 바람, 레이저, 조명, 눈, 비누방울, 향기 등을 구현하는 특수 효과를 이용하여 오감을 자극한다. 영상을 재생하면 미디어서버라는 장치에서 외부 장치로 영상 프레임의 세분화된 시간 정보데이터를 출력해준다. 이 시간정보를 기준으로 미리 프로그래밍된 시간에 대해 각각의 장치에 명령을 전송하는 것이다. 그 다음 프로그래밍하는 코더(Coder)가 조이스틱과 같은 모션 입력 장치를 이용해 의자의 움직임을 자유자재로 만들어 낸다. 이때 모션 입력장치의 데이터를 컴퓨터에서 시간대별로 저장하는 것이다. 마지막으로 번개, 바람, 간지럼, 찌르기 등의 효과를 추가로 삽입해 완성된 코딩을 만든다. 이때 만들어진 데이터를 4D용 메타데이터라고 부르는데, 이 모든 작업이 끝난 후 영화가 재생되면 미디어서버에서 시간에 따라 정해진 정보를 분석해 우리가 느낄 수 있는 체감 장치에 통신으로 명령을 내리고 영화 관람자들은 실감나는 영화를 관람하는 체험을 하게 된다. 4D 영화 기술을 일반 극장용 영화로까지 발전시킨 것은 한국이 처음이다. 2009년 1월 CGV가 할리우드 가족영화 '잃어버린 세계를 찾아서'를 4D로 만들어 상영한 것이 세계 최초의 4D 극장 영화라고 한다(조선일보, 2011.6.30.). 영화 촬영, 조명, 음향에서부터 상영, 배포되는 것에 이르기까지 사물인터넷은 꾸준히 쓰여지고 있다.

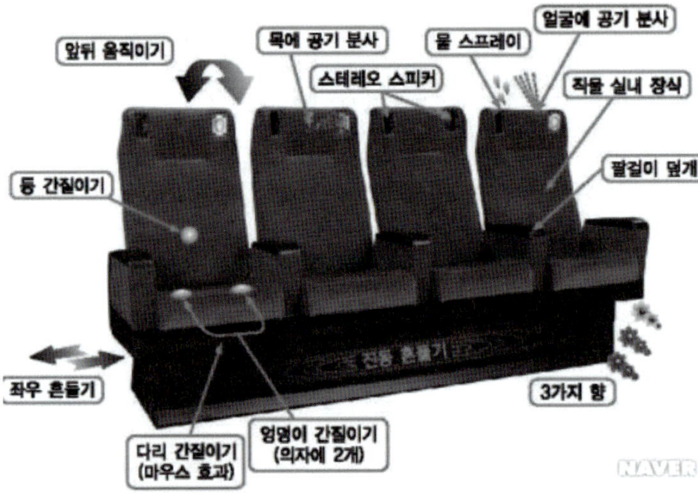

4D 효과를 제공하기 위한 이스라엘 시모나 사의 좌석 시스템
출처: http://blog.naver.com/PostView.nhn?blogId=joayo21&logNo=220804304442

사물인터넷(IoT)과 예술전시의 만남 'T.POT'

씽크브릿지가 개발한 'T.POT'은 전시를 기획하는 기획자, 전시를 관람하는 관람자, 전시를 운영하는 현장요원 모두를 스마트하게 돕는 서비스이다. 블루투스 기술을 이용한 비콘을 통해 전시물에 얼마나 많은 사람들이 방문했으며, 얼마나 오래 머물렀는지 데이터로 확인 가능하다. 데이터 분석을 통해

기획자는 특정 기간에 어떤 전시물이 가장 인기가 있는지, 전시물의 배치형태가 관람자들의 만족도에 어떻게 영향을 미치는지 파악하고 배치를 수정할 수 있고, 해당 기술을 통해 관람자들은 걸음을 옮길 때마다 특정 전시물에 대한 정보를 스마트폰으로 확인 가능하다. 관람자들이 관심을 가질만한 정보를 음성과 추가적인 이미지로 생생하게 전달하는데, 특히 미지의 지역에 대한 정보와 숨겨진 이야기를 생생하게 전달해 전시의 몰입도를 높인다(출처:https://www.edaily.co.kr/news/read?newsId=02132006612745680&mediaCodeNo=257).

산업디자인과 사물인터넷

산업디자인은 간단한 생활용품부터 가전, 주방, 운송 및 장비 기계까지 산업전반에 이루는 제품의 사용성을 고려하고 디자인요소를 집중적으로 탐구하는 분야이다. 그러므로 산업디자이너는 사회학, 최신기술, 인체공학, 환경공학, 철학, 심리학 및 예술 등의 포괄적이고 다양한 연구를 통해 형태, 기능, 마케팅 등의 문제에 대한 해결책을 만들어내는 역할을 한다. 산업디자인 분야는 생활에서 필요로 하는 다양한 제품들을 기능적인 동시에 감성적으로 디자인하는 분야로서 사물인터넷과 밀접히 맞닿아 있다. 이미 산업디자인과 사물인터넷이 연결되어 우리의 실생활에 적용된 사례가 많은 편이다. 자율주행 자동차, 스마트 워치 같은 각종 웨어러블 기기, 구글홈이나 기가지니 같은 홈케어 디바이스 등 다양하다. LG U+에서 최근 출시한 스마트홈 펫케어 서비스는 반려동물 전용기기, 반려동물 커뮤니티, 반려동물배상보험 가입까지 모두 담은 펫케어 토탈 솔루션이다. 펫피트니스는 휴대폰 앱으로 로봇을 직접 조정하며 놀아 줄 수 있고, 혼자 있을 때도 시간을 설정해 놀아주거나 간식을 줄 수 있으며, 즐기는 모습을 맘카로 보거나 영상으로도 남길 수 있다. 또 수면등은 혼자 있는 반려동물을 위해 휴대폰 앱으로 은은한 조명을 켜주고, 안정감을 주는 음악을 들려주는 등 정서를 관리해 줄 수도 있다. 이외 플러그나 멀티탭을 이용해 전열기구 등 반려동물에게 위험한 전자제품을 원격으로 끌 수 있어 부재중 안전관리를 할 수 있는 기능도 있다. 또 '자율주행' 기능이 탑재된 유모차가 좋은 사례이다. 사용자의 위치를 기준으로 자동으로 주행을 하며 보호자와의 일정 거리를 항상 유지하는 모드, 보조 주행 모드로 전동의 힘을 이용하지만 사용자가 컨트롤 할 수 있는 모드와 수동모드로 보호자의 힘으로 가는 모드까지 총 3가지 모드가 있다. 스마트폰과 연동해 유모차 내부의 온도 조절이 가능하고, 음악 재생 기능까지도 갖추고 있다. 도난 방지 시스템이 탑재되어 도난의 위험이 감지되면 스마트폰을 통해 사용자에게 즉각적으로 알림을 보내기도 하고, 아이의 상태를 실시간으로 확인할 수 있도록 시트에 카메라도 장착되어 있다. 앞으로도 사물인터넷을 적용하여 사용자 편의에 맞도록 만들어내는 것이 산업디자인의 영역일 것이다.

항공전자공학(Avionics)에 사물인터넷(IoT)을 어떻게 적용할 수 있을까?

항공전자공학은 항공공학 바탕에 전기, 전자, 통신, 컴퓨터공학 등의 집합적 산물로 항공기에 탑재되는 전자 시스템을 포함하여 지상에서 사용되는 관제, 통신장비, 항행장비를 모두 포괄적으로 다루는 분야이다. 사물인터넷을 항공전자공학에 적용한다면 그 바탕은 센싱을 통한 정보의 수집과 결합이 주를 이룰 것이다. 첫 번째 사례는 세계 3대 항공기 엔진 제조사인 롤스로이스의 '토털 케어'(total care) 서비스로서 엔진을 판매 후 관리하고 보수해주는 시스템이다. 이를 통해 항공사는 엔진 교체 시기 등을 관리할 필요가 없이 항공기가 실제 운항한 시간을 기준으로 엔진 모델, 용도, 위치 등의 옵션에 따른 비용만 제공하면 된다. 이러한 토탈 케어가 가능한 이유는 엔진과 추진 시스템에 각종 센서를 부착하여 온도 · 공기압 · 속도 · 진동 등의 정보를 실시간 원격으로 감시하고 수집 · 분석하기 때문이다. 이렇게 IoT센서로 수집한 빅데이터 정보는 전문 엔지니어가 분석해 미래에 발생할 문제를 예측하고 항공사들의 점검 일정 관리를 지원한다. 토탈 케어의 IoT기술을 통해 롤스로이스 엔진에서 발견되는 장애 중 약 97%는 자동 예측되고 있다(매일경제, 2020.10.8.) 두 번째 사례는 GE사의 'RNP시스템'이다. RNP(Required Navigation Performance) 시스템은 최적의 항로를 산출하는 초정밀 항법 시스템이다. 각종 센서와 기계를 연결해 정보를 수집 · 분석하는 GE의 사물인터넷 솔루션 중 하나로서, 항공기가 공항에 착륙을 할 때까지 최적의 루트를 제시하는 시스템으로, 실제 항공기의 운항 경로와 기존 운항 데이터 등을 분석하여 최적화된 경로를 파악해 알려줄 뿐 아니라, 최단 운항 거리 경로까지 제안할 수 있어 연료 소비 절감에 큰 도움이 된다. RNP 시스템은 항공기 내부에 장착된 수백 개의 센서에서 발생하는 기가바이트 단위의 데이터를 수집 및 분석하고, GPS 신호를 이용하여 항공기와 공항의 운항조건을 개선하기 위해 데이터를 잘 활용한 사물인터넷 사례이다. RNP 시스템의 장점은 연료 단축, 시간 단축, 환경 보호 등 여러 가지가 있다. GE의 보고서에 따르면 RNP 시스템 도입 전, 2007년 한 해 동안 미국 내에서 항공기 지연으로 329억 달러(약 34조 4,496억원)의 비용 손실이 발생했지만 RNP 서비스를 도입하면 연간 4,900만리터의 연료가 절약되고, 운항시간을 747일 단축할 수 있다는 예측이 나왔다. 이렇게 되면 항공사 운영 경비는 연간 6,560만 달러가 줄어든다. 또한 연간 12만 4,556t의 온실가스가 감축되며, 130만 그루의 나무를 심는 효과를 기대하며 환경에도 도움을 줄 수 있다고 한다.

센서의 발전과 더불어, 인공지능 기술의 발전은 무인항공기를 제어하는 전자시스템에도 큰 영향을 끼쳤다. 사물인터넷의 발전은 인공지능, 빅데이터를 비롯하여 센서 성능의 발전 및 경량, 대중화를 이끌어 냈고, 그 결과 항공전자(Avionics)기술과 융합하여 다양한 형태의 기술과 제품이 양산되고 있다.

항공운송산업분야

항공운송 산업 분야에서 IoT 기술이 처음 사용된 것은 2015년에 적용된 비컨(Beacons) 기술이다. 아메리칸 항공(American Airlines)이 이 기술을 처음 도입해 승객의 휴대 전화에 항공 정보를 발송했다. 같은 해 저가 항공사인 에어 아시아는 GE(General Electric)의 비행 효율성 서비스(Flight Efficiency Services)를 사용하기 시작했다. 이것은 IoT 기술이 주도하는 시스템으로서 매우 정확한 항법 절차를 따르기 때문에 연료 사용을 크게 절약할 수 있다. 공항에서도 IoT 기술은 실용적인 방법으로 적용되고 있는데, 인천국제공항이나 창이국제공항에서는 출국 및 입국 수속에 IoT 기술을 적용하여 이전보다 2~3배는 빠른 속도로 출국 및 입국 수속을 마칠 수 있다. 인터넷이나 스마트폰을 이용해 사전 좌석 지정과 탑승 수속을 마친 후 직접 출력한 웹 탑승권 또는 모바일 탑승권을 이용할 수 있는 기능으로서, 공항에서 탑승수속을 위해 줄을 서서 기다릴 필요 없이 스마트폰에 다운로드한 탑승권을 출국장 앞 보안요원에게 여권과 함께 제시하고 탑승권 바코드 스캔 후 보안 검색대로 이동하면 된다. 탑승구에서도 탑승권 바코드 인식만으로 탑승이 가능하다.

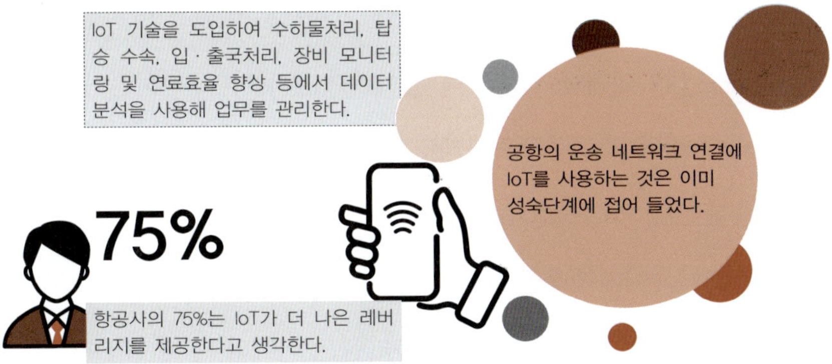

출처: Ai 타임즈(2019.4.8.)

'인천공항 가이드 앱'을 이용하면 고객이 집을 나서기 전, '공항 혼잡도'나 '주차 가능 댓수'를 사전에 받아 확인할 수 있다. 또 인천공항에 도착해서는 앱의 '위치 기반 정보'를 활용하여 고객이 잘못된 여객터미널에 도착할 시, 그 사실을 알려주고 현 위치에서 올바른 여객터미널로 가는 가장 빠른 길을 안내해 준다. 그 뿐만 아니라 고객이 이동하는 순간마다 고객의 위치를 빠르게 분석하여 탑승수속 절차에 필요한 체크인 카운터는 물론 면세점, 라운지와 같은 다양한 편의시설 정보도 제공하고 있다.

최근 항공산업의 위기를 초래한 코로나19 바이러스를 차단하기 위한 노력도 IoT 기술을 적용하여 해법을 찾으려 하고 있다. 생물학적 신호를 감지하여 패턴화하는 기술 회사인 코니쿠(Koniku)와 에어버스는 2017년부터 무접촉 탐지 장비를 함께 개발해 왔는데, 코로나19 감염 여부를 나타내는 화학적 표식으로 호흡이나 땀에서 나는 냄새를 파악하여 감염 여부를 탐지할 수 있다. 코로나19의 화학적 표식을 확인하고 유전공학적으로 이들을 탐지할 수 있는 수용체를 갖춘 IoT 센서를 비행기에 설치한다는 것이다. 센서는 공기 중의 세포를 걸러서 탐지하도록 프로그래밍된 위험이나 위협 요소를 가진 세포 구성과 접촉하면 경보를 울린다.

또 다른 사례로 이지젯항공사의 객실 승무원과 지상 직원들은 웨어러블 기술이 적용된 유니폼을 착용한다. 이 유니폼은 어깨와 단에 LED가 장착돼 승객들에게 시각적 안내를 해주고 승객, 조종사, 승무원들과 직접 소통할 수 있는 마이크가 내장되어 있다. 기내에 탑재된 체온 측정 센서는 탑승객들의 체온을 실시간으로 서버에 전송하고, 서버에서는 입력된 기준 체온(기초체온)으로 정보를 구분하며 만약 기준 체온 이하로 떨어진 탑승객이 있다면 이 사실을 다시 승무원에게 전달하고, 승무원은 몸을 따뜻하게 할 수 있는 서비스를 제공함으로써 탑승객이 직접 문제를 감지하지 못하더라도 쾌적한 서비스를 제공할 수도 있다. 이처럼 IoT 기술은 AI, 자율주행, 로봇, 생체인식 기술 등과 더불어 공항운영의 효율성을 높이고, 여행객에게 고품질의 서비스를 제공하는 스마트공항을 목표로 나아가게 될 것이다.

토목산업 분야

토목산업 분야는 사물인터넷을 가장 효과적으로 사용할 수 있는 분야라고 해도 과언이 아니다. 토목산업 분야는 도로, 하천, 도시계획, 항만, 철도, 터널 등을 측량 및 설계, 개발하는 거시적인 산업이다. 토목산업 현장이나 업계에선 이미 사물인터넷을 사용하는 사례가 많이 보고되고 있다. 도로, 항만, 철도, 교량 등을 개발한다고 할 때, 매우 광범위한 면적의 토지를 대상으로 측량을 해야 한다. 과거에는 거시적인 측량을 하려면 일일이 사람이 측량을 하였지만, 4차산업혁명 기술이 발달하고 사물인터넷이 발달함에 따라 드론을 이용한 측량방법이 조명을 받고 있다. 드론을 이용한 측량을 하게 되면 항공사진으로 측량하고자 하는 구역을 안전하면서도 매우 접근성 있게 측량 및 촬영을 할 수 있어서 매우 많이 쓰이고 있다.

다음은 BIM(Building Information Modeling) 기술이다. BIM 기술은 3차원 정보 모델을 기반으로 시설물의 생애주기에 걸쳐 발생하는 모든 정보를 통합하여 활용이 가능하도록 시설물의 형상, 속성 등을 정보로 표현한 디지털 모형을 뜻한다. BIM을 활용하면 건물 곳곳에 센서 등을 미리 설치하고 계산하여 건물 부재의 변화를 측정하여 건물의 상태를 즉각적으로 확인이 가능하다. 이들 센서 정보들은 건축물 완공 이후, 모든 시스템들이 올바르게 작동하고 있는지 확인하는데 이용할 수 있다.

산업안전관리

현대건설은 현장안전관리시스템 하이오스를 개발해 근로자의 안전사고를 예방하고 있다. 하이오스는 건설 현장의 각종 센서를 통해 정보를 수집하고 대응하는 통합 플랫폼으로, BLE통신(저전력 블루투스 통신)을 이용해 수집한 정보를 스캐너로 전송하면 스캐너는 수집된 센서 정보를 LTE/5G, Wi-Fi 통신 방식으로 통합 플랫폼에 전송한다. 통합 플랫폼 내 수집된 정보를 바탕으로 위험 여부를 판단해 근로자와 관리자에게 경보나 알람을 전달해 피해를 막는다. 이 시스템을 통해 근로자의 위치확인, 장비협착방지, 타워크레인 충돌방지, 가스농도감지, 풍속감지, 흙막이 가시설 붕괴를 방지할 수 있는데 '근로자 위치확인'의 경우, 안전모에 장착된 BLE태그 인식을 통해 위험상황 발생 시 근로자의 위치를 즉시 확인할 수 있어 사고 발생 시에 인적피해를 최소화할 수 있으며, 특정 위험구간에 대한 접근 통제가 가능하여 사고를 예방

할 수 있다. 그리고 교량과 같은 토목구조물에 네트워크 연결을 하여서 구조물의 실시간 상황을 알 수 있도록 하여서 이 교량이 현재의 하중을 버티지 못하고 붕괴가 될 것 같다는 신호를 네트워크로 관련 부서로 전송을 시작하면 관련 부서는 웨어러블 기기를 통해서 많은 사람들에게 안전 정보를 제공할 수 있을 것이다.

자동차, 의료, 가전 등의 분야들과는 다르게 화학분야와 관련해서 사물인터넷이 적용된 곳을 쉽게 발견할 수 없지만 공장 안전에 관련하여 적용된 사례가 있다. 다른 공장들도 마찬가지지만 화학 관련 공장은 더욱 더 인체에 유해한 가스가 많이 배출되고 특정 약품들이 섞이면 화재도 날 수 있고 어떤 약품들은 폭발을 하기도 한다. 또한 유해 가스들이 외부에 유출될 경우 유해 가스가 삽시간에 퍼져 큰 인명피해를 초래할 수도 있다. 사례로는 2019년 9월에 울산 화학공장 단지에 사물인터넷을 도입했다. 울산 화학공장 단지에 적용된 사물인터넷은 인체에 유해하거나 폭발성을 가진 가스가 누출될 경우, 사물인터넷(IoT) 센서가 감지해 가스 성분과 농도에 따라 그 위험성을 예측·진단하여 행동요령 등의 관련 정보를 시민들에게 신속히 알려 인명 피해를 예방하기 위한 목적으로 설치되었다. 또 다른 사례로는 석유공장의 자동화 플랜트체계에 사용되는 사물인터넷이다. 현재의 석유 공장을 보면 직원은 거의 안보이고 탱크 로리 트럭만 다니는 것을 볼 수 있다. 석유는 가연성이 높은 물질이므로 공정과정에서 화재가 날 수도 있는데, 화재가 나면 유해한 연기가 밖으로 나가지 않게 차단해주거나 미리 화재 가능성이 있으면 알려주는 등 안전 관련된 부분에서도 사물인터넷이 사용된다.

사물인터넷 문화재 안전관리시스템

경기도 양주시는 2020년 2월에 문화재에 대한 안전관리 체계 강화를 위해 사물인터넷 기술을 접목한 첨단방재시스템을 구축했다. 문화재 방재시스템은 문화재 원형 보존에 지장이 없는 사물인터넷 기반 신기술과 침입 감지센서, 지능형 CCTV 등으로 구현한다. 양주시 통합관제센터와 24시간 연계해 훼손, 도난, 화재 감시 등을 진행하며, 문화재 주변에 침입자가 있을 경우 감지 센서가 작동하고 지능형 CCTV가 침입자의 행동을 촬영한다. 문화재는 한 번 소실되면 원상복구가 어렵기 때문에 다양한 자연적 · 사회적 재난으로부터 안전하게 보호하기 위한 철저한 대응과 대책이 필요하기 때문에 4차산업혁명 시대의 기술을 적용한 사례 중 하나라고 할 수 있다(출처: http://www.gninews.co.kr/news/article.html?no=138529(2020.2.28.)

물류

물류 분야는 4차산업혁명에 흐름에 따라 사물인터넷을 적극적으로 이용하고 있다. 물류에서는 신속한 배송과 제품의 안전이 이익과 직결된다. 고객의 수요가 다양해진 오늘날, 공장은 다품종을 소량생산하기 시작했고 거기서 발생하는 물류비를 줄이는 것이 물류회사들의 숙제이다. 그리고 그 점을 가장 잘 해결해 줄 수 있는 것이 바로 사물인터넷인 것이다. 사물인터넷에서 사용하는 센서는 물류에서 사용하기 매우 적합하다. 전체의 생산공정을 다품종 소량생산에 맞게 스마트 팩토리화하고 이동 경로 같은 고객에게 제공할 수 있는 서비스 쪽에서도 이용 가능하다. 정보기술(IT) 기업 유니시스의 디지틱스(Digistics)는 디지펫으로 보강해 항공 운송 중 동물들의 편안함을 추구한다. 디지펫은 항공기 화물칸에 있는 동물들을 모바일 앱을 통해 주인에게 연결하며 자동 알림, 라이브 비디오 스트리밍, 심지어 음성 채팅까지 제공하여, 겁에 질린 동물들과 걱정스러운 주인들 모두에게 도움을 준다. 이 시스템은 반려동물뿐만 아니라 말, 가축 등의 안전하고 편안한 운송을 보장하는데 사용할 수 있고, 현재 20개 글로벌 항공사가 유니시스 디지스틱트랜스포트에 가입해 매년 18만 건이 넘는 동물 여행을 하고 있다고 한다. 뿐만 아니라 농축산물처럼 쉽게 변질될 수 있는 제품들은 자동 감지 센서로 온도를 조절해 고객에게 전달될 때까지 더욱 신선한 상태로 운송할 수 있다. 물류저장에 있어서도 사물인터넷이 빠질 수 없다. 수많은 종류의 제품들을 종류별로 분류하고 적재적소에 뺄 수 있도록 데이터화시켜 놓을 수 있다. 다품종 소량생산이 주류로 떠오른 오늘날, 사물인터넷은 이미 우리 생활 속에 깊숙하게 들어와 있다. 물류업에 종사한다면 사물인터넷을 아는 것은 이제 선택이 아닌 필수이다.

사물인터넷 기반의 사회복지

사회복지 분야에서도 사물인터넷을 굉장히 활발하게 사용 중이다. 대표적인 예로는 독거노인 및 중증 장애인의 '응급안전안심서비스'가 있다. 독거노인의 안전사각지대 해소와 사회적 부양부담 증가에 따른 특화된 복지서비스를 제공하며, 중증장애인에게 응급 안전서비스를 제공하여 생활 위험으로부터 안전 확보와 지역사회 기반의 상시 보호체계를 마련하는 데 기여하고 있다. 과거에는 사회복지사나 요양사들이 직접 노인들의 집을 돌아다니며 안부를 확인하였고 부득이하게 확인받지 못하거나 보지 않은 사이에 혼자 구조를 받지 못하고 돌아가시는 일도 종종 있었지만 사물인터넷의 발전으로 무인으로 독거노인의 상태를 점검할 수 있는 시스템이 생겨서 사회복지사 입장에서도 편리하고 사고의 확률을 줄일 수 있다. '사회적 약자 스마트 위치관리 시스템'은 CCTV, 버스정류장의 버스 정보 단말기와 위치 수집 장치를 연동하여 치매노인이나 지체장애인 등 사회적 약자의 실종 및 응급 상황 발생 시 위치 정보 확인과 안심 알리미, 긴급 호출 등의 서비스를 가능케 하는 통합 모니터링 시스템이다. 안심태그를 이용하여 수집된 보호 대상자의 이동 경로 정보를 위치관리 운영 시스템으로 전송하고, 보호자가 보호 대상자의 위치 및 이동 경로를 확인할 수 있는 모바일 서비스를 제공하거나, 초등학교 등하교 시에 안심태그의 정보를 자동으로 확인하여 학부모에게 앱 알림 및 문자 메시지를 통보하는 서비스를 제공하거나, 보호 대상자의 취약 지구 진입 시 위험 알림, 응급 상황 발생 시 112 종합상황실 연계를 통해 신속한 처리가 될 수 있도록 하는 서비스이다. IoT 플랫폼을 기반으로 하는 '복약 지도 디바이스'는 센서를 이용해 실제 약을 복용했는지 감지하고, 복용 시간을 기록해 스마트폰에 전송하고, 일정에 따라 복용 시간을 LED, 소리, 진동으로 알려주는 기능을 제공하기도 한다.

나노 사물인터넷

나노 사물인터넷(Internet of Nano Things, IoNT)이 주목받기 시작했다. 과학자들은 나노 사물인터넷으로 향하는 문을 이제 막 열었으며, 특히 의학, 의약품 제조 분야에 적용하는 연구가 시작되었다. 사물인터넷과 산업용 사물인터넷으로 나노기술을 활용해서 가능한 것은 이뿐만 아니다. 나노기술을 활용해서 데이터 교환을 위해서 나노 차원에서 통신하는 장비들을 사용한 물리 네트워크를 구현할 수 있다. 이러한 개념을 나노 사물인터넷(IoNT, Internet of Nano Things)이라고 한다(http://www.hellot.net/new_hellot/main/index.html, 2020.7.21.). 나노 사물인터넷의 핵심적 요소는 정보를 수집하는 센서이다. 이러한 센서로 나노기술이 큰 차이를 만들어낼 수 있다. 나노기술을 활용해서 센서로 취하는 측정의 정밀도를 높일 수 있기 때문이다. 나노 사물인터넷은 아직 사물인터넷만큼 개발된 것은 아니지만, 의료와 통신 분야를 비롯한 업계로부터 관심이 고조되고 있다. 활용 사례로는 원격지 센싱을 필요로 하거나 인체 내부 부위들을 측정하고자 하는 애플리케이션을 들 수 있다. 과학자들은 밀리미터 혹은 마이크론의 사이즈의 센서를 나노미터 크기로 만들기 시작했는데, 이 크기의 센서는 생체 내 순환이 가능하고, 건축 자재에 바로 혼합될 수 있을 만큼 작은 크기다. 이런 시도가 바로 나노 사물인터넷으로 향하는 중요한 첫 단계로, 나노 사물인터넷은 의학, 에너지 효율, 그 밖의 수많은 분야를 완전히 새로운 차원으로 인도할 것이다. 현재까지 가장 진화된 나노 센서들은 합성생물학을 이용하여 박테리아 같은 단세포 생물을 변형시키기 위해 개발되었다. 이 분야의 최종 목표는 단순한 형태의 바이오컴퓨터를 만들어 내는 것이다. 이 바이오 컴퓨터는 DNA와 단백질을 이용해 구체적인 화학적 표적을 인식하고 관련 정보를 저장한 후, 색상을 바꾸거나 쉽게 감지할 수 있는 다른 신호를 방출하여 표식의 상태를 보고하는 역할을 한다. 미국 매사추세츠주 캠브리지에 소재한 스타트업 기업 신로직(Synlogic)은 희귀 대사장애를 치료하는 생균 박테리아를 상용화하기 위해 노력 중이다. 이러한 세포 나노 센서는 의학뿐 아니라 농업과 의약품 제조에도 크게 도움이 될 것이다. 탄소 나노 튜브처럼 비생물학적 물질로 만들어지는 나노 센서도 많은데, 이런 센서들은 무선 나노안테나 처럼 감지를 하고 신호를 보낼 수 있다. 나노 센서의 크기는 너무나 작아서 수백만 개에 달하는 서로 다른 지점에서 정보를 수집할 수 있다. 그리고 외부의 장치에서 이 데이터를 병합하여 믿을 수 없을 정도로 상세한 지도를 구현하게 된다. 그 결과 빛, 진동, 전류, 자기장, 화학물질의 농도, 다른 환경적 요인 등의 미세한 변화까지 확인할 수 있다. 나노 사물인터넷 기술이 상용화되면 우리는 우리가 살고 있는 도시, 집, 공장 심지어 우리 몸에 대한 훨씬 상세하면서도 저렴한, 최신 버전의 이미지를 제공받을 수 있게 된다. 오늘날의 신호등과 웨어러블 기기, 감시 카메라는 모두 인터넷으로 연결되어 방대한 데이터를 생산하고 있다. 엄청난 양의 정보를 실시간으로 수집하고 클라우드로 전송하는 수십억 개의 나노 센서가 그 후속 기술이 될 것임은 이제 자명하다(GE리포트코리아, 2016.10.19.)

출처: GE리포트 코리아(2016.10.19)

Chapter 8
빅데이터

빅데이터는 미래경쟁력을 좌우하는 21세기 원유이다.
– 가트너

데이터는 화폐나 금처럼 새로운 자산이 될 것이다.
– 다포스 포럼

빅데이터(big data)는 단순히 대용량 자료가 아니다. 그렇다고 빅데이터가 완전히 새로운 패러다임도 아니다. 데이터를 분석하고 추출하는 행위는 오래전부터 이미 존재해 오던 것이다. 그러나 막대한 양의 비정형 데이터까지 모두 포괄하는 개념은 최근의 패러다임이다.

'빅데이터는 기존 데이터에 비하여 너무 방대해서 이전 방법이나 도구로 수집, 저장, 검색, 분석, 시각화 등이 어려운 정형 또는 비정형 데이터 세트'라고 정의하고 있다(국어사전). 위키백과에서는 '기존 데이터베이스 관리도구로 데이터를 수집, 저장, 관리, 분석할 수 있는 역량을 넘어서는 대량의 정형 또는 비정형 데이터 집합 및 이러한 데이터로부터 가치를 추출하고 결과를 분석하는 기술'로 정의하고 있다. 글로벌 컨설팅 전문업체인 맥킨지(Mckinsey)는 빅데이터를 설명하는 데 있어서 데이터의 규모에 초점을 맞추어 '기존 데이터베이스 관리도구의 데이터 수집, 저장, 관리, 분석역량을 넘어서는 데이터'로 정의하고 있다. 또한 IDC(Internet Data Center)는 업무수행 방식에 초점을 맞추어 다양한 종류의 대규모 데이터로부터 저렴한 비용으로 가치를 추출하고, 데이터의 빠른 수집, 발굴, 분석을 지원할 수 있도록 고안된 차세대 기술 및 아키텍처로 정의하고 있다. 미국 IT 분야의 리서치 기업 가트너(Gartner)는 데이터 크기(Volume), 다양성(Variety), 속도(Velocity) 등의 3가지 관점에서 빅데이터를 정의하고 있다. 이와 같은 정의들을 종합해보면 빅데이터는 규모의 방대함, 다양한 데이터 종류, 수치데이터, 문자, 영상, 음성 등 새로운 가치 창출을 하는 문제해결의 방법인 것이다(신경식, 2019).

빅데이터 등장 배경

빅데이터 정보혁명은 2000년대에 이미 시작되었다. 그런데 왜 지금에 와서야 빅데이터의 중요성이 강조되는가? 그 배경으로는 분석기술의 발전, 인공지능의 진화, 인공지능을 누구나 이용할 수 있게 만든 무료 프로그래밍 언어와 라이브러리 확대를 들 수 있다(후쿠하라 마사히로 외, 2016).

4차산업혁명시대에서 중요한 역할을 하는 빅데이터가 등장하게 된 배경은 다음과 같다. 첫 번째, 정보의 디지털화에 있다. 1985년 개인용 컴퓨터 시대부터 2010년대의 인터넷/모바일 시대를 지나 우리가 지금 맞이하고 있는 오늘날은 모바일 시대에 따른 SNS의 발달과 이에 따른 데이터의 폭증이 빅데이터 시대를 초래하였다고 해도 틀린 표현은 아닐 것이다. 우리가 생활하고 있는 지금은 이미 이루어진 디지털 혁명과 소셜미디어의 발전 영향으로 데이터가 급증하고 있는 시점이다. 2011년 기준으로 지금까지 인류로부터 생성된 데이터의 전체 규모, 즉 전 세계의 정보량은 약 1.8ZB(Zettabyte)로서 이는 1.8조GB(Gigabyte) 규모에 해당된다. 이 정보량은 2,000억 개 이상의 고화질 영화를 4,700만 년 동안 시청할 수 있는 엄청난 정도의 양이고, DVD에 저장하면 지구에서 달까지 두 번이나 쌓을 수 있을 만큼 방대한 양이다. 이러한 정보량은 2020년에는 더욱 증가할 것이다(신경식, 2019).

- 1KB = 1024byte(210)
- 1MB = 1024KB
- 1GB = 1024MB
- 1TB = 1024GB
- 1PB = 1024TB
- 1EB = 1024PB
- 1ZB = 1024EB
- 1YB = 1024ZB

두 번째, 인공지능, 자율 주행, 사물인터넷 등의 확산이다. 2016년 알파고와 세계 최정상 바둑기사와의 대결을 기억할 것이다. 사람의 경우 잠도 자지 않고 3,000년 동안 연속적으로 바둑을 두어야 할 만큼의 엄청난 기보를 짧은 시간에 학습한 알파고와 이세돌과의 세기적 대결이 한국에서 열렸고, 그 결과 알파고가 4승1패하면서 끝났지만 인공지능으로 인한 충격은 외계인의 지구 침공에 못지않은 충격으로 인류에게 다가왔다.

이제는 인공지능의 영역이 인공지능 변호사, IBM의 인공지능 의사 왓슨 등을 포함하여 KT의 기가 지니, SKT의 누구와 같은 인공지능 스피커에 이르기까지 우리 생활 구석구석까지 인공지능의 영향이 미치고 있다. 인공지능 스피커(AI Speaker)는 음성인식을 통해 음악 감상, 정보 검색 등의 기능을 수행한다는 것이 일반 스피커와의 차이점이다. 스마트 스피커에 내장되어 있는 음성 비서가 인간처럼 대화하려면 대화의 의도와 패턴을 인공지능이 학습해야 한다. 이는 학습에 필요한 데이터가 많이 있을수록 더 빨리 학습할 수 있다. 글로벌 IT 기업들은 인공지능 기술을 발전시키기 위해 스마트 스피커, 스마트폰 등에 음성 비서를 탑재하고 거대한 데이터를 수집하고 있다. 오늘날의 자율 주행 자동차 이슈 역시 데이터의 양을 폭발적으로 증가시키고 있다. 차량에 부착된 각종 센서들로부터 발생되는 실시간 데이터들을 기초로 운영되는 자율 주행 시스템은 제타바이트(Zettabyte) 시대를 뛰어넘어 요타바이트(Yottabyte) 시대 진입을 촉진하게 될 것이다. 또한 사물인터넷의 폭발적인 활용 및 사용 증가 등으로 디지털 정보량은 예측할 수 없을 정도로 큰 폭으로 증가하고 있다.

세 번째, 데이터 유형과 특성의 변화를 들 수 있다. 데이터 규모의 변화뿐만 아니라 데이터의 유형도 정형에서 비정형으로 그리고 주파수를 이용하여 ID를 식별하는 RFID, 센서, 사물 통신에 따른 사물 정보나 인지 정보로 변화하고 있으며, 데이터의 특성도 다양성을 넘어 현실성, 실시간성으로 변화하고 있다. 이런 변화들이 더욱 더 많은 데이터를 생성하게끔 구조화되고 있는 실정이다.

IBM 보고서에 따르면 전 세계적으로 매일 2.5quintillion바이트(quintillion은 약 10의 18승으로 100경)의 데이터가 생성되고, 존재하는 데이터의 90% 이상은 최근 2년 안에 생성되었다고 하며, 지금도 엄청난 데이터 빅뱅이 계속되고 있는 중이다.

빅데이터의 특징

빅데이터의 주요 특징은 다음과 같다.

첫 번째, 방대한 규모(volume)이다. 해마다 축적되는 데이터의 크기가 기존의 시스템으로 다루지 못할 만큼 많으며, 디지털 정보량이 기하급수적으로 폭증하는 추세여서 페타바이트(petabyte), 제타바이트(zettabyte) 등 새로운 단위로 빠르게 증가하고 있다.

두 번째, 다양성(variety)이다. 음성 혹은 각종 영상 자료, 문자 자료 등과 같이 여러 가지 형태의 데이터들이 우리 주위에 산재한다. 이들 데이터들을 크게 두 가지로 구분하여 하나는 정형 데이터, 또 다른 하나는 비정형 데이터라고 한다. 정형화된 데이터는 structured data라고 불리며 그 형태와 구조가 일정한 데이터를 말한다. 예를 들어, 숫자 데이터나 문자 데이터 등을 들 수 있다. 비정형 데이터는 unstructured data로서 형태와 구조 등이 없는 구조화되어 있지 않은 데이터를 의미한다. 예를 들어, 책이나, 잡지, 음성정보, 영상정보, 사진, 메신저, 통화내용 등 그 외 예상할 수 없는 형태의 데이터를 들 수 있다. 이와 같이 형태나 구조가 일정한 데이터든지 형태나 구조가 없는 데이터든지 모두 다 수용한다는 점에서 다양성을 빅데이터의 특징 중의 하나로 고려하는 것이다.

셋째, 속도(velocity)이다. 빠른 속도로 디지털데이터가 생성, 수집, 저장, 분석 등이 실시간으로 처리되어야 한다. 과거에는 순차적으로 데이터를 처리하였다고 하면 현재는 수집부터 분석까지 실시간으로 이루어지고 있다. 오늘날의 디지털데이터는 매우 빠른 속도로 생성되기 때문에 데이터의 수집, 저장, 분석 등이 실시간으로 처리되어 사용자가 원하는 시간 내에 분석 결과를 제공할 수 있어야 한다. 검색 시간이 많이 걸리는 포털사이트는 속도 면에서 사용자들이 외면할 수 있으며, SNS 등의 메신저도 실시간으로 빠르게 전달되지 않으면 사용자들이 불편해 할 수 있다.

넷째, 가치(value)이다. 빅데이터의 가치는 데이터의 정확성, 시간성과 관련이 있다. 빅데이터에는 대단히 많은 데이터가 존재하고 그중에는 불필요한 정보도 존재하기 때문에 데이터 속에 숨어있는 중요한 정보를 파악하고, 일정한 패턴을 발견하여 유의미한 가치를 얻을 수 있는 데이터를 분별해야 한다.

volume(크기), variety(다양성), velocity(속도), value(가치)를 빅데이터의 4V라고 한다. 여기에 정확성(veracity), 가변성(variability)을 더하여 6V를 빅데이터의 특성이라고 한다. 정확성(veracity)은 빅데이터를 제대로 활용하기 위해서 신뢰할 수 있는 데이터를 확보해야 가능하며, 가변성(variability)은 빅데이터의 형태도 끊임없이 변하고 있다는 점을 특징으로 주장하기도 한다.

빅데이터 분석

IT의 일상화가 이루어지고 있는 오늘날의 스마트 시대에 소셜, 사물, 라이프 로그 데이터 등이 결합하여 빅데이터의 영향력이 갈수록 증대되고 있으며, 실시간 연결과 소통의 스마트 혁명은 데이터 폭증을 발생시키고, 기존의 데이터 저장, 관리, 분석 기법은 한계와 도전에 직면하고 있다. 데이터는 정보사회를 움직이는 핵심 연료로 자리매김하고 있다. 이렇게 급증한 대량의 데이터에서 새로운 가치를 뽑아내고 결과를 도출해낼 수 있는 분석 기술이 요구되고 있다.

이전까지 쓸모없이 쌓아두기만 했던 데이터가 새로운 시장을 창출하는 신성장동력으로 떠오르고, 매일 전 세계에서 기하급수적으로 불어나는 데이터 더미가 이제 금광, 즉 돈이 되고 있는 실정이다. 낱개로는 전혀 가치가 없던 데이터들이 모여 새로운 의미로 쓰이게 되면서 기업의 생산성 향상과 소비자 마케팅에 적극 활용될 수 있기 때문에 대부분의 기업들이 빅데이터를 분석하고 해석하는 기법을 배우는 데 열중하고 있다.

대한민국 정부도 2014년 빅데이터와 지능형 사물인터넷을 4대 기반 산업의 중요한 구성 요소로 정한 바 있다. 주요 패러다임을 선도하기 위해서는 빅데이터의 활용이 핵심이고, 그 수준이 경쟁력과 성패를 좌우한다. 빅데이터의 가공과 분석 방향에 따라 상황 인식이나 문제해결 그리고 미래 전망 등이 가능해지고, 데이터가 경제적 자산과 경쟁력의 척도로 부각될 수 있는 것이다.

빅데이터 분석 방법은 완전히 새로운 기술만을 사용할까라는 의문이 든다. 답은 아니다. 빅데이터 분석에는 기존의 통계와 데이터마이닝 방법론이 사용되며, 텍스트 분석, 딥러닝과 같은 새로운 방법도 추가적으로 사용되고 있다. 따라서 기본적으로 통계, 데이터마이닝 등 기존의 데이터 분석법들에 대한 이해가 굉장히 중요하며, 비정형데이터 처리분석 기법에 대한 추가적인 연구가 필요한 것이다. 이스라엘 역사학자 유발 하라리(2015)는 "인공지능의 시대에 통계학이 매우 중요한 학문이 될 것이며, 미래의 종교는 데이터 종교가 될 것"이라고 강조한 바 있다.

빅데이터 활용 전략

빅데이터 활용을 위해서는 어떤 데이터를, 어떻게 불러오고, 어떻게 분석해서, 어떻게 가치를 창출하겠다는 것에 대한 통찰이 필요하다.

데이터를 확보하는 일, 데이터를 저장하는 일, 데이터를 처리하는 일, 데이터를 분석해야 하는 일 등 이런 각각의 단계에서 요소 기술들이 많이 필요하다. 데이터를 저장하는데도 IT 기술이 필요하고, 처리할 때도 역시 기술이 필요하다. 데이터를 분석하는 것은 통계와 데이터마이닝이라는 특별한 기법들을 이용해야 되므로 빅데이터가 굉장히 어렵게 느껴지게 된다. 설사 이걸 이해한다고 하더라도 IT라든지 통계만 굉장히 중요하다고 생각하게 되는 경향이 있다. 그런데 가장 중요한 분석 단계 중의 하나는 빅데이터 분석을 위한 기획 능력이다(신경식, 2019).

어떤 해당 조직에 처한 문제를 정확하게 정의하고, 그 다음에 문제해결을 위해서 어떻게 분석해서, 어떻게 활용할 것인가 하는 빅데이터 분석과 관련된 기획 능력이 중요하다. 특히 빅데이터 분석 기획의 핵심적인 요인 중의 하나는 분석 시나리오라고 하는데, '어떤 데이터를 어떻게 모아서 어떤 방법으로 분석이나 모델링을 해서 어떤 가치를 제공한다'는 것을 체계적으로 표현하는 것이다. 데이터를 모으고, 시스템에 데이터를 저장하고, 처리하는 것도 중요하지만, 첫 번째 단계는 분석 시나리오를 먼저 설정해 보는 것이다.

빅데이터를 도입할 때 조직에서 가장 고민하는 것은 "도대체 이 빅데이터를 어떻게 쓰지? 어떻게 활용하지? 좋다는 건 알겠는데, 이걸 어떻게 활용하지?"에 대한 고민이다. 또 이미 빅데이터를 도입한 기업의 경우 성과가 잘 안 나는 데는 다른 부분의 문제라기보다는 분석 시나리오가 명확하지 못하고 빅데이터 분석이 제공하는 가치가 효과적이지 않았기 때문에 성과로 이어지지 못하는 경우가 많이 있다. 그래서 '어떤 데이터를 어떻게 모아서 어떻게 분석하고 모델링해서 어떤 가치를 제공하겠다'와 같은 간단한 시나리오를 늘 생각하는 훈련을 하면 좋을 것이다.

빅데이터 전문가들과 달리 학생들이라든지 도메인 지식이 없는 사람들이 말은 쉬워 보이지만, 실제로 그럴 듯한 시나리오로 만드는 것이 쉽지 않다고 말하는 경향이 있다. 그것은 어떤 데이터를 분석할 수 있는지, 즉 분석 대상 데이터에 대한 이해가 부족하기 때문이다. 숫자 데이터, 문자 데이터, 심지어는 센서 데이터라든지 여러 가지 형태의 데이터들도 나름대로 분석할 수 있다는 사실을 이해하는 것이 필요하다. 또 데이터를 인지한다고 하더라도 어떻게 모으고 저장하는가에 대한 문제가 또다시 다가온다. 특히 과거하고는 달리 정형 데이터가 아니라 비정형 데이터들을 저장하고, 처리하는 과정에서의 기술과 플랫폼에 대한 이해가 부족해서 고민이 될 수 있다. 중요한 것은 데이터 분석이라고 말은 들어봤지만, 데이터를 분석하면 어떤 결과가 도출돼서 어떻게 활용할 수 있을 것인지에 대해서도 이해가 부족하다.

- 분석 대상 데이터에는 어떠한 것들이 있는지?
- 데이터는 어떻게 수집하는지?
- 수집된 데이터는 어떻게 저장하고 처리하는지?
- 데이터는 어떻게 분석하는지?

빅데이터 분석 기획 능력을 제고하기 위해서는 요소 기술에 대한 이해가 어느 정도 필요하다. 왜냐하면 이 데이터를 어떻게 불러와야 되는지 어떻게 분석해야 되는지, 어떻게 저장해야 되는지 등을 전혀 알지 못하면 시나리오를 작성하는 것은 사실상 불가능하다. 작성한다고 하여도 그 시나리오 자체가 효과적이지도 않고 가능하지도 않는 경우가 많이 있다. 그래서 빅데이터와 관련된 요소 기술에 대한 이해가 어느 정도 있어야 빅데이터 분석 기획 능력이 생긴다고 말할 수 있다.

두 번째는 빅데이터 분석을 통해서 얻을 수 있는 가치에 대해서 정확하게 인식하는 것이다. '빅데이터를 분석하게 되면 엄청나게 중요한 가치를 무한

정 만들 수 있다'는 이런 막연한 목표나 희망보다는 '어떤 것은 가능하고 어떤 것은 불가능하다', '어떤 것은 효율 대비 비용이 너무 크다'에 대한 정확한 인식도 필요하다. 구체적인 방법론으로 국내의 빅데이터 성공 사례들을 중심으로 해서 빅데이터 분석 시나리오 수립역량을 확보하는 것이 좋은 학습 방법이다. 그런 사례들을 통해서 자기가 속한 조직의 문제나 당면한 과제와 유사한 사례들이 많이 있기 때문이다.

Chapter 9
인공지능

생활 속의 인공지능, 영화 속의 인공지능

인공지능이란 사전적으로 인간의 학습 능력, 추론 능력, 지각 능력 또는 자연언어의 이해 능력 등을 컴퓨터 프로그램으로 실현하는 기술이라고 정의한다. 즉, 인공으로 학습 능력, 추론, 지각과 같은 사람의 능력을 기계에 재현하는 공학이라고 이해하면 된다.

'인공지능'하면 제일 먼저 영화 속의 로보캅이나 터미네이터 같은 '인조인간'을 떠올리면서 마치 인공지능이 완전히 사람을 대체해서 사고도 하고 감정도 갖고 있는 인공지능을 떠올리는 사람이 있는가 하면, 집에서 돌아다니는 로봇 청소기, 음성인식 스피커, 챗봇(chatbot)과 같이 제한된 영역에서 일을 하는 것이 인공지능이라고 생각하는 사람도 있다. 이렇듯 자기의 경험이나 사전 지식에 따라서 인공지능에 대한 생각이 조금씩 다르다. 인공지능의 발전과정에서 가장 획기적인 업적 중의 하나는 1960년대 움직이는 로봇의 등장이었고, 최근에는 바둑에서 세계 최고의 기사를 이기는 놀라운 업적을 들 수 있다. 이러한 중요한 이정표가 만들어질 때마다 인공지능에 대한 사람들의 인식 역시 변하게 마련이다.

전문적인 용어는 아니지만 어떤 문제를 실제로 사고하고 해결할 수 있는 컴퓨터 기반의 기술이 인공지능이다. 그래서 스스로 지각하고, 인식하고, 생각도 하고, 감정도 느끼는 범용으로 사용할 수 있는 인공지능을 강한 인공지능(strong AI)이라 한다. 어떤 제한된 문제에 대해서 문제를 해결하거나 사람이 하는 일을 제한된 문제에 대해서 지원하거나 인공지능을 활용할 수 있고, 개발 가능하다고 보는 것이 약한 인공지능(weak AI)의 개념이다. 일단 지금은 약한 인공지능이 실현되고 있는 분야가 상당히 많으며, 강한 인공지능에 대해 연구하는 부분도 많이 있지만, 아직 인간을 대체할 정도의 강한 인공지능이 개발되어 사용되고 있지는 않다.

알파고하고 게임이 끝난 다음에 사람들은 이 세상은 다 인공지능에 의해서 지배될 것이라고 걱정했는데, 현재까지는 이와 같은 강한 인공지능에 대한 부분은 기술적인 완성도가 아직은 높지 않은 상황이라고 보면 되겠다.

인공지능의 개발 역사

인공지능은 인간의 사고과정이 기계화될 수 있다는 가정에 기초하고 있다. 사고하는 기계에 대한 최초의 연구는 1930년대 후반, 1940년대 및 1950년대 초에 널리 퍼진 여러 분야의 아이디어 융합에 의해 영감을 받았다. 신경학 연구에서 뇌는 펄스로 발사되는 뉴런의 전기 네트워크라는 것이 밝혀졌으며, 노버트 위너(Norbert Wiener)의 사이버네틱스는 전기 네트워크의 제어 및 안정성을 설명했다. 클로드 섀넌(Claude Shannon)의 정보 이론은 디지털 신호를 설명했고, 앨런 튜링의 계산 이론은 모든 형태의 계산이 디지털 방식으로 기술될 수 있음을 보여 주었다. 이처럼 현대 AI의 씨앗은 인간의 사고과정을 기계적 조작으로 묘사하려고 시도한 1940년대와 50년대에 다양한 분야(수학, 심리학, 공학, 경제 및 정치, 과학)의 과학자들이 인공두뇌 생성 가능성에 대해 논의하기 시작했던 것에서 출발한 것이다.

1956년 여름 미국 다트머스대학에서 개최된 워크숍에서 향후 인공지능 연구의 지도자가 될 많은 사람들이 인간처럼 지능적인 기계가 20년 안에 존재하게 될 것이라고 강렬한 낙관론을 표현하였고, 인간과 같이 생각하는 기계를 인공지능(Artificial Intelligence)이라 부르기로 하였다. 이후 1960년대까지 컴퓨터를 잘 활용해서 덧셈, 뺄셈 이런 연산만 하는 것이 아니라 인간과 같이 생각하고 또 행동하는 것을 개념화하려는 시도로, 컴퓨터를 가지고 추론, 탐색을 하거나, 어떤 특정 문제를 푸는 연구를 진행했던 것이다. 하지만 당시 연구된 결과로는 복잡한 현실 문제를 푸는 것은 불가능하다고 판단되어 초기에 잠깐 붐이 일었다가 갑자기 인공지능 연구가 가라앉게 되었다. 이 시기가 인공지능의 1차 붐시기로서 인공지능 황금기라고 한다.

1970년대에 AI는 많은 비판과 재정적 어려움에 처해있었음에도 AI 연구원들은 직면한 문제의 어려움을 인식하지 못했다. 인공지능에 대한 지나친 낙관론으로 인해 기대치가 상당히 높았지만, 약속된 결과가 실현되지 않으면서 AI에 대한 자금 지원이 사라졌다. 1980년대에는 인공지능에 대한 기대치가 지나치게 높았다는 점을 깨닫게 되었다. 다시 말해 너무 사람하고 똑같이 사고하는 인공지능을 만들려고 했는데, 그것보다는 어떤 전문 분야(예, 의료 분야, 법률 분야 등)에 대한 지식을 구조화시켜서 문제를 해결하는 형태의 인공지능이 의미가 있겠다고 판단하여 1980년대에 다시 한 번 붐이 일어나게 되었다.

이때 주류를 이루었던 인공지능 논리는 'if then' 형태로 나타나는 지식 구조, 즉 '이런 경우는 어떻고 저런 경우는 어떻다'와 같은 식으로 구조화시켜서 그 시스템이 마치 전문가가 하는 것을 모사해서 행위할 수 있도록 만드는 룰 기반의 전문가 시스템이라고 하는 분야였다. 여기서 말하는 전문가 시스템은, 예를 들면 의료 전문가면 의사, 법률 전문가면 변호사 식으로 전문가들의 지식을 구조화시킨다는 개념이다. 그러나 그것도 쉬운 일이 아니었다. 왜냐하면 해당 분야의 지식이 구조적인 경우에만 어느 정도 가능하였고, 이 지식을 획득하는 비용이 너무 많이 들었을 뿐만 아니라, 지식이 계속 변화하니까 계속 관리해 주어야 하는 문제가 내재되어 있었던 것이다. 즉, 지식 베이스(knowledge base)라고 하는 요소가 획득 비용, 관리 비용이 너무 많이 든다는 것이다. 실제로 어떤 분야는 룰이 명확하지 않아서 지식을 구조화하는 것 자체가 어려웠기 때문에 붐이 일었다가 다시 사그라지고 말았다.

1997년 5월 11일, IBM이 제작한 딥블루(Deep Blue)는 세계 체스 챔피언인 가리 카스파로프(Garry Kasparov)를 물리치고 우승한 최초의 체스게임 컴퓨터 시스템이 되었다. 2005년에는 스탠포드 로봇이 사막길을 달리는 무인 자율 주행을 성공하였고, IBM의 왓슨은 각종 퀴즈쇼에서 우승을 차지하였다. 딥마인드 챌린지 매치(Google Deepmind Challenge match)는 2016년 3월 총 5회에 걸쳐 이세돌과 알파고(AlphaGo) 간의 바둑 대결이 세계인의 관심 속에 벌어졌다. 최고의 바둑 인공지능 프로그램과 최고의 바둑 실력자의 대결로 주목을 받았는데, 최종 결과는 알파고가 4승 1패로 이세돌에게 승리하였다. 바둑계는 대부분 이세돌의 승리를 예상했다. 이세돌 역시 본인이 승리할 것으로 생각했으나, 과학계에서는 이세돌이 완패할 것이라는 예측을 조심스럽게 하기도 했다. 하지만 실제 돈을 걸고 내기를 하는 외국의 한 인터넷 도박 사이트에서는 시합 시작 전에 승부 예측에 걸린 판돈이 알파고의 우세를 점치고 있었으며, 냉정하게는 알파고의 승리를 예상하는 사람이 많았다는 것이다. 2015년 10월부터 알파고는 최고 수준의 프로기사들의 기보를 토대로 학습했으리라 추측되며, 사람과는 다르게 쉬지도, 자지도 않고 초월적인 속도로 대국을 진행하면서 수를 배웠다. 2016년 1월 구글 딥마인드측은 알파고가 100만 번의 대국을 4주 만에 소화했다고 밝혔다. 알파고는 하루에 3만 대국의 실전을 통해 학습이 되었던 것이다.

사실상 2010년대가 인공지능의 붐이 일고 있는 황금시대라고 볼 수 있다. 인공지능이라는 것은 인공으로 지능을 만드는 것, 즉 지식을 처리하는 것인데 컴퓨터를 똑똑하게 만들려면 지식을 많이 입력해야 한다. 빅데이터시대에 데이터가 많아지면서 지식을 추출해서 시스템에 집어넣는 방법으로 데이터를 분석해서 학습시키는 개념을 기계학습이라 한다. 기계가 데이터를 학습해서 획득된 지식을 인공지능의 knowledge base로 사용하는 생각들이 시작된 것이다. 그래서 3차 붐시대인 2010년대에 기계학습 또는 딥러닝과 같은 개념들이 생겨나면서 많은 인공지능 연구가 일어나고 있다.

인공지능의 작동 원리

인공지능에서 말하고 있는 기계학습, 딥러닝(deep learning)들은 빅데이터와 맥을 같이 하고 있다. 다시 말해 데이터를 통해서 분석하고 학습해서 그 안에 있는 지식을 추출하는 것으로서, 데이터 분석 방법론의 하나인 인공신경망(artificial neural network), 디시전 트리(decision tree) 등이 대표적인 기계학습 기법이다.

기계학습이라는 것이 과연 무엇인가? 기계학습이란 머신러닝(machine learning) 기계가 학습한다는 것으로, 경험에 의한 인간의 학습 능력 같은 기능을 컴퓨터에서 실현하고자 하는 기술 또는 기법을 말한다. 인간이 자료 분석을 통해 "이런 회사는 망했어. 이런 회사는 안 망했어"라고 판단을 내리는 것과 마찬가지로 데이터를 기계에 집어넣고 계속 학습시키는 것이다. 학습을 마치고 나면 이런 회사는 망하고 이런 회사는 망하지 않을 거라는 domain knowledge가 학습된 모델을 가지고 예측도 하고 분류도 하는 것이다. 과거에는 데이터마이닝에서 정형 데이터를 주로 사용했지만, 최근의 기계학습 추세는 텍스트 데이터뿐만 아니라 완전히 비정량적인 데이터인 사진, 동영상, 센서 정보들도 학습하고 있는 상황이다.

결국 인공지능이란 지식을 잘 추출해서 지식 처리를 잘할 수 있게 해주는 것이 핵심 성공 요인이다. 사람의 지식 활동을 면밀하게 관찰한 결과, 사람들이 학습할 때 정량 데이터나 정형 데이터만을 가지고 학습하거나 case by case 룰로 가르쳐주는 것이 아니라 아주 다양한 경험을 통해서 학습한다는 것이 밝혀졌다. 예를 들어, 고양이를 한 번도 못 본 사람한테 고양이를 설명해 본다면 어떻게 말을 해야 하겠는가? '이러이러하게 생겼는데, 털이 있고, 동그란 눈과 세로로 길쭉한 눈동자가 있고….' 그렇게 설명하는 고양이 지식을 가지고 어떤 사람이 학습이 되어서 저 동물은 고양이라고 이야기할 수 있을까? 사람 또는 물건의 특징을 자세하게 설명하려고 해도 쉽지 않은 것이 사실이다. 그러나 보통의 인간이라면 개, 고양이를 쉽게 구별할 수 있으며, 심지어 어린이들조차도 조금만 지나면 다 구별할 수 있다. 그런데 인간의 학습과정을 보면 처음에 그림책을 통해서 시작하여 다양한 고양이, 다양한 개를 보면서 학습하게 되는 것이다. 개도 다양한 종류가 있고 고양이도 다양한 종류가 있지만, 자연스럽게 개 또는 고양이에 대한 일반화된 특질을 이해하고 있기 때문에 설사 조금 특이하게 생겨도 개 또는 고양이를 구분할 수 있는 것이다.

아이러니컬하게도 사람이 너무도 쉽게 식별할 수 있는 것을 기계가 식별하는 능력을 확보하는 데는 굉장히 많은 시간이 걸렸다. 컴퓨터가 복잡한 계산도 가능하고, 한 회사의 부도 예측도 알아맞히는 등 컴퓨터의 역할이 대단하지만, 개하고 고양이를 식별하기 시작한지는 얼마 안 되었다. 컴퓨터의 식별학습은 비정형 데이터들, 특히 사진 데이터들을 계속 보고 읽어서 학습을 하게 된 것이다. 그동안 컴퓨터는 사진과 같은 비정량적인 정보는 분석하기 어려운 대상이었다. 컴퓨터가 주로 분석했던 것은 우리가 사용하는 정보의 10퍼센트도 되지 않는 정량적인 데이터 중심이었고, 나머지 90퍼센트, 즉 컴퓨터가 분석하기 어려웠던 비정량적인 정보는 컴퓨터들이 처리를 못해 왔다. 그러나 이런 것들을 가능하게 하는 메커니즘이 최근의 딥러닝이다.

딥러닝은 컴퓨터 스스로 정성적 데이터를 계속 읽어서 데이터 간의 다른 점을 찾아내 구분짓는 것부터 시작된다. 점점 더 높은 차원의 특징을 획득하여 약간씩 더 개념화시키는 것들을 시도하는 것이 바로 딥러닝이다. 딥러닝은 데이터를 기반으로 학습하고 패턴을 찾아 사물을 분별할 수 있도록 성장하는 것이다.

컴퓨터에게 고양이를 알아보게 하고 싶다면 어떻게 해야 할까? 고양이 인식이 처음에는 굉장히 쉬울 줄 알았는데 구글에서는 2012년이 되어서야 고양이를 인식시킬 수 있었다. 왜냐하면 고양이에 대해 이러이러한 것들은 고양이라고 컴퓨터에게 가르쳐주면 고양이라고 알 줄 알았는데, 고양이를 설명하는 것이 굉장히 어려운 과제였다. 그래서 구글에서는 유튜브에서 1,000만 장 이상의 고양이 이미지를 추출해서 10,000개 이상의 컴퓨터 프로세스에 100억 개 이상의 뉴런을 딥러닝 기반의 인공신경망 기법을 가지고, 고양이를 계속 읽는 학습을 진행하여 3일 만에 고양이를 인식하게 했다.

이러한 방식으로 정량적인 데이터가 아니라 비정량적인 데이터, 사진, 센서 데이터, 영상을 읽어서 학습할 수 있게 됨으로써 그후로는 인간의 지능을 어느 정도까지는 묘사하는 인공지능이 등장하게 된 것이다.

인공지능 발전 방향

최근 구글은 인공지능에 대한 투자를 대단히 많이 하고 있다. 2015년에는 인간 수준으로 비디오 게임을 하는 기술을 소개했으며, 2016년에는 이세돌 9단과 알파고 간의 바둑 대결을 소개했는데, 그 과정에서 많은 사람들이 인공지능이 앞으로 미래를 바꿀지도 모른다는 인식을 가지게 되었다. 앞으로 딥러닝의 발전은 무궁무진할 것이다. 지금은 이미지 중심으로 학습하고 있지만, 앞으로는 조금 더 다각적인 특징을 측정하는 방법으로 발전할 것이다. 예를 들면, 인간이 고양이를 눈으로만 보면서 학습했던 것이 아니라 움직이는 모습, 울음소리, 만지는 느낌 등을 조합해서 고양이라고 인지하듯이, 시간의 흐름에 따른 문맥을 이해하거나 시각으로 이해하는 것부터 음성이나 촉각, 다양한 감각기관을 조합해서 이해하도록 만드는 것이다. 또 인간이 언어를 이해하듯이 언어를 자동으로 이해하고, 다양한 언어를 자동으로 번역하며, 어떤 해당 분야의 지식이 있을 경우에 해당 분야의 지식을 획득하는 분야에서 딥러닝이 주요 기술 요소로 작동할 것이다.

실제로 최근에도 IBM의 왓슨 같은 경우 최고의 의사가 왓슨을 가르쳐서 증상별 노하우를 학습시키고 있는 중이다. 문헌을 자동으로 읽는 것은 당연하고 의사들이 계속 가르쳐서 지식을 축적하여 의료를 지원하는 형태의 학습으로 나타나게 된다.

Chapter 10
클라우드 컴퓨팅

이 장에서는 4차산업과 클라우드(cloud), 클라우드 기본 개념과 특징, 클라우드 핵심기술에 초점을 맞춰서 살펴볼 예정이다. 빅데이터 분석에는 대용량 데이터 처리가 필수적이기 때문에 대부분의 경우, 클라우드 컴퓨팅(cloud computing)과 결합된다. 클라우드 컴퓨팅에는 구름(cloud)이라는 단어가 들어 있다. 컴퓨터를 구름처럼 사용한다는 의미이다. 컴퓨터를 활용하는 사람의 입장에서는 마치 '구름 속에 있는 컴퓨터를 쓰는 것'과 같기 때문이다. 다시 말해 사용자는 구체적인 것은 알 수도 없고, 알 필요도 없이 컴퓨터를 활용한다는 의미이다.

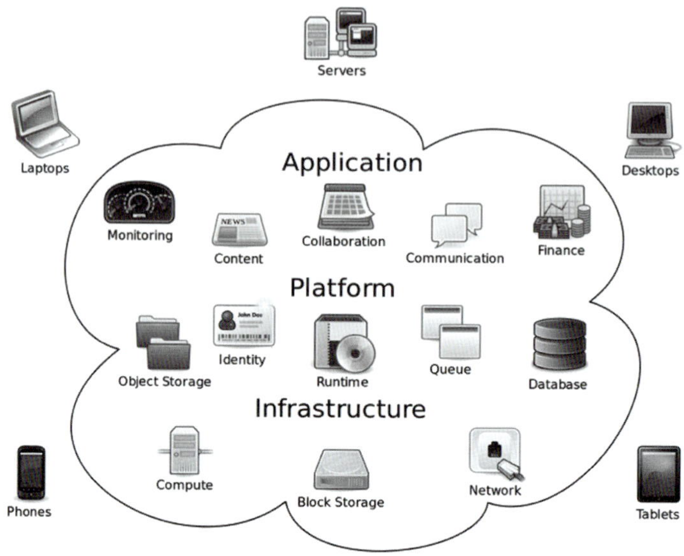

구글 드라이브 같은 저장 서비스를 생각해 보자. 우리가 파일을 웹하드에 올릴 때 어딘가에 있는 서버에 저장된다는 것은 알지만, 구체적으로 그 서버가 어떤 종류인지, 어떤 장소에 있는지 모른다. 그리고 굳이 알 필요도 없다. 우리가 알 필요가 있는 것은 단지 파일을 올리거나 내려 받기 위해 어떤 URL로 들어가면 되는지, 파일을 어떻게 올리고 받는지 정도이다. 이와 같이 마치 가상의 컴퓨터를 사용하는 것처럼 쓸 수 있게 해주는 것이 클라우드 컴퓨팅이다.

4차산업혁명은 모든 사물이 연결되는 초연결성사회(hyper-connected society)로 각각의 사물에서는 방대한 양의 데이터가 발생한다. 이러한 데이터는 양적 측면에서 대용량으로 빠르게 생성되고 있으며, 다양한 형식을 갖고 있다는 빅데이터의 특징이 있다. 이러한 빅데이터는 기존의 데이터 처리 방식과 기술로는 분석하기 힘들 정도로 매우 방대하고 복잡하다는 특징을 갖고 있다.

클라우드 컴퓨팅과 세 가지 키워드

- 가상화
  URL만 있으면 필요한 컴퓨터 자원 사용
- 언제 어디서나
  인터넷만 있으면 연결 가능
- 서비스
  클라우드 컴퓨팅 ↔ 컴퓨터 소유
  사용한 만큼만 비용을 지불

한편 클라우드의 출현 배경에는 대규모 데이터센터의 구축 이외에도 데이터 폭증, 모바일 디바이스의 다양화 그리고 하드웨어의 고성능화가 많은 영향을 끼쳤다.

첫 번째, 데이터 폭증에 관한 것으로 SNS와 스마트폰의 대중화로 개인 데이터가 폭발적으로 증가하였고, 사물이 인터넷에 연결되는 IoT의 성장과 대중화로 인하여 센싱 데이터가 증가하고, 이것이 데이터 폭증으로 이어져서 결국 빅데이터의 출현을 야기하게 되었다. 이런 빅데이터의 저장, 처리, 분석을 위해 클라우드 기술이 출현하게 된 것이다.

두 번째, 태블릿 PC와 스마트폰의 다양한 모바일 단말기가 등장하고 게임기, Connected TV 등 다양한 단말기에 기본적으로 인터넷이 연결됨에 따라서 이들 모바일 디바이스의 데이터를 저장하고 관리하는 기술로 클라우드 기술이 활용되게 되었다.

세 번째, 대용량 계산, 대용량 전송, 대용량 저장이 가능할 정도로 하드웨어가 고성능화되고, 하드웨어 가격이 하락됨에 따라서 대규모 데이터센터 구축이 가능해졌고, 데이터센터 내의 IT자원을 공유하여 효율적으로 사용하는 것이 비용 측면에서 더욱 유리하게 되었다. 이를 가능하게 하는 기술로 클라우드 기술이 출현하게 되었다.

클라우드 컴퓨팅을 한 마디로 표현한다면 소유하지 않고 공유하는 컴퓨팅 패러다임이다. 다수의 사람들이 클라우드를 전력공급 시스템에 비유하곤 한다. 과거에는 공장마다 자가발전 시스템을 갖추고 있는 시스템이었다. 이런 경우 처음 공장을 지을 때 자가발전 시스템을 갖추어야 하기 때문에 투자 비용이 매우 높아진다. 또한 공장을 지을 당시에 발전용량이 미리 정해져 있어서 필요할 때마다 전력의 양을 유연하게 늘리지 못하는 한계점을 가지고 있다. 그런데 현재는 어떠한가? 집집마다 또는 공장별로 자가발전 시스템을 갖추고 있지는 않다. 내가 모르는 어딘가에 대형 발전소를 두고 송전망을 통해서 전기를 공급받아 공장을 가동하게 되는데, 바로 최근에 우리가 사용하고 있는 전력공급 시스템과 마찬가지로 이러한 방식이 바로 클라우드 컴퓨팅의 일반적인 방식이다. 개인별로 개별적인 IT자원을 소유하고 있는 것이 아니라, 사용자는 지구 어딘가에 있는 데이터센터의 자원을 임대받아서 인터넷을 통해 접근하여 자원을 사용하는 것이다. 즉, 데이터센터는 전력시스템에서 발전소에 해당되고, 인터넷은 송전망에 해당된다고 볼 수 있다. 따라서 클라우드는 개별적인 자신만의 자원을 소유하는 것이 아니라, 데이터센터의 자원들을 서로 공유하여 인터넷을 매개체로 사용하는 것이다.

발달 배경

클라우드 컴퓨팅이라는 개념은 어떠한 단계를 거쳐서 탄생했을까? 클라우드라는 개념은 1965년 존 맥카시(John McCarthy)가 유틸리티 컴퓨팅(utility computing)이라는 용어를 사용한 것으로부터 유래하였다. 존 맥카시는 미래의 컴퓨터는 전화시스템과 같은 공공 유틸리티 시설로서 구성될 수 있을 것이며, 유틸리티 컴퓨팅 환경이 주요 산업 기반이 될 것이라고 예측하였다. 여기서 유틸리티라는 것은 전화, 전기, 가스, 수도 등과 같은 공공재를 말하는데, 우리가 생활 주변에서 사용하는 것처럼 이용한 만큼 비용을 지불하는 형태이다. 예를 들어, 우리가 전기를 사용하는 경우 벽에 있는 콘센트에 전기 플러그를 꽂기만 하면 언제든지 전기를 사용할 수 있고, 월말에 전기 사용량에 따라서 전기료를 지불하는 방법이다. 클라우드도 우리가 집에서 사용하는 유틸리티와 마찬가지로 컴퓨팅 서비스를 사용한 양만큼 비용을 지불하는 형태이다. 그래서 1965년 존 맥카시가 언급한 유틸리티 컴퓨팅 용어에 이어서 1993년에는 이미 거대 규모의 ATM(Asynchronous Transfer Mode (ATM) is a high-speed networking standard intended for supporting the voice and data communications. ATM technology is designed for improvement the quality of service and utilization on the high-traffic networks. ATM works on the data link layer over twisted-pair cable or fiber)을 '클라우드'라고 지칭하였다.

또한 1995년에는 General Magic과 AT&T를 포함한 여러 통신사들이 서로 제휴를 맺고 클라우드 컴퓨팅 서비스를 최초로 시작하였으나, 이 시기는 소비자가 중심이 되는 웹기반 기술이 형성되기 이전이라 클라우드 서비스 사업은 실패로 끝났다. 시간이 지나 2005년에 드디어 '클라우드 컴퓨팅'이라는 단어가 널리 퍼지기 시작하였다. 초창기 클라우드 컴퓨팅은 SaaS(Software as a service)에 집중되었지만, 2008년부터 IaaS(Infrastructure as a service)와 PaaS(Platform as a service)로 영역이 확대되어 현재에 이르고 있다.

컴퓨팅 패러다임의 변화

클라우드 컴퓨팅이 나오기 이전에 어떤 방식이 주를 이루고 시대별로 컴퓨팅 패러다임이 어떻게 변화되어 왔는지를 통해서 클라우드 컴퓨팅의 탄생 배경을 알 수 있다.

먼저 1960년에서 1980년대는 메인프레임 시대이다. 메인프레임 시대에서는 애플리케이션과 데이터 모두를 메인프레임, 즉 대형 컴퓨터에서 집중 처리하고 단말기는 입력과 출력, 표시 기능만 담당하였다. 이러한 메인프레임은 중앙의 대형 컴퓨터에 의존하는 형태이기 때문에 모든 일을 중앙의 대형 컴퓨터가 맡아 처리하는 구조이다.

한편 1990년대와 2000년대에는 일반 PC급 컴퓨터나 워크스테이션이 개인별로 활용될 정도로 컴퓨터의 성능이 우수해져서 요청을 보내는 클라이언트와 네트워크를 통해 응답하는 서버로 작업을 나누어 처리할 수 있는 클라이언트-서버 구조로 변하기 시작하였다. 클라이언트-서버 구조는 기존의 메인프레임 시대에 중앙 서버에서 모든 일을 처리하는 방식에서 클라이언트도 일부 처리 기능을 담당하는 구조이다.

2010년대 이후로 클라우드 컴퓨팅이라는 용어가 나오기 시작했다. 이때에는 가상화 등의 기술적 진보로 인하여 인터넷상에서 웹브라우저를 통해 원하는 서비스를 필요할 때마다 요청하면 사용할 수 있는 컴퓨팅 환경으로 변하기 시작하였다. 또한 중앙 서버를 효율적으로 공용화하여 사용할 수 있는 컴퓨팅 패러다임이 도입되기 시작했으며, 이를 구체적으로 실현한 기술이 바로 클라우드이다. 또한 클라우드와 데이터센터는 아주 밀접한 관계를 갖고 있는데, 클라우드에서 사용자에게 제공하는 인프라가 데이터센터에 있는 자원이기 때문이다. 클라우드의 탄생 배경에는 대규모 데이터센터의 구축이 크게 영향을 끼쳤다.

클라우드의 기반 기술

인터넷을 통해 전 세계가 하나의 네트워크 통신망으로 묶임에 따라 인터넷을 통한 데이터의 이동이 자유로워졌다. 이제 사용자는 언제 어디서나 네트워크에 접속 가능한 환경을 지원받게 되었다. 한편 클라우드 기반 기술로서 가장 영향을 끼친 기술 중의 하나는 가상화 기술(virtualization)이다. 특히 가상화 기술은 현재 IT 기술을 상징하는 핵심 키워드 중 하나이다. 클라우드 컴퓨팅을 비롯해서 다양한 분야에 걸쳐 가상화 기술이 사용되고 있다.

클라우드에서 사용되는 가상화 기술은 유형에 따라 서버 가상화, 스토리지 가상화, 네트워크 가상화로 나뉜다. 일반적으로 가상화라고 하면 서버 가상화를 흔히 떠올리는데, 그 이유는 비교적 가장 오랜 기간 동안 효과적으로 발전해온 기술이 서버 가상화 기술이기 때문이다. 1960년대부터 메인프레임의 논리적 분할을 위해 사용되어 온 기술이 바로 서버 가상화인데, 쉽게 말해 하나의 시스템 상에서 각기 다른 운영체제의 다양한 서버 애플리케이션을 사용할 수 있게 해 주는 기술이다. 즉, 하나의 물리적인 서버를 여러 개로 나누어 다양한 운영체제를 구동시킨 형태라 볼 수 있다. 이를 통해 여러 개의 애플리케이션과 미들웨어, 운영체제들이 서로 간에 영향 없이 독립적으로 함께 동작할 수 있는 것이다. VMWare나 VirtualBox 등의 솔루션들이 서버 가상화에 관련된 솔루션이다.

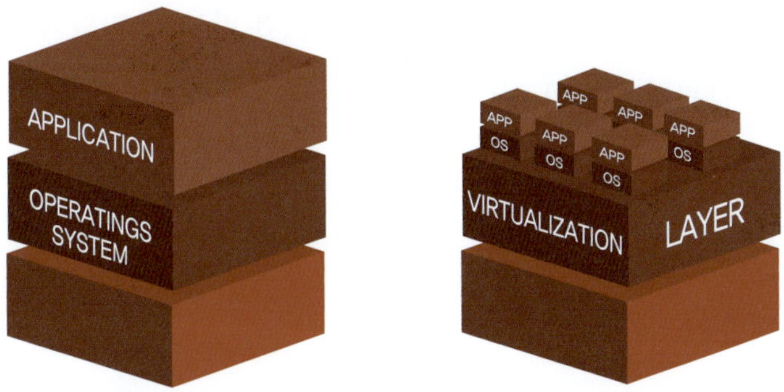

Traditional Server Architecture

Virtualized Server Architecture

가상화 기술 개념

스토리지 가상화는 스토리지 시스템의 복잡성을 해결하면서 스토리지 통합을 지원하는 기술로서, 물리적 저장 공간을 논리적 저장 공간으로 재분배하는 기능이다. 이를 통해 물리적 장치의 구성과 용량 배분을 서버와 애플리케이션에 관계없이 자유롭게 할당하도록 지원할 수 있다. 특히 스토리지 가상화를 활용하면 가용성이 증대되고 스토리지의 관리를 용이하게 해주며, 용량 대비 비용이나 Input-Output(I/O) 성능이 개선되는 효과도 얻을 수 있다. 주로 EMC와 히타치데이터시스템, IBM, 시만텍 등의 하드디스크 제조업체들이 이 분야의 솔루션을 보유하고 있다(임일, 2016).

네트워크 가상화는 네트워크 관점에서 여러 개의 네트워크를 하나의 장치로 사용하거나, 하나의 네트워크 장비를 여러 개의 서로 다른 용도로 분할해 사용할 수 있게 해주는 기술이다. 쉽게 말하자면 라우터, 방화벽, 스위치 등의 네트워크 자원들을 마치 하나의 자원처럼 사용하거나, 하나의 물리적 네트워크상에서 여러 개의 가상 네트워크를 생성해서 여러 사용자에게 제공한다는 개념이다.

이제까지 살펴본 클라우드의 탄생과 정의를 바탕으로 클라우드의 개념을 좀 더 확장하여 정의하면 다음과 같다.

첫 번째, 클라우드는 인터넷을 통해 서비스 제공자의 서버에 저장된 애플리케이션과 서버 자원을 사용자가 필요할 때마다 선택하여 사용할 수 있는 개념이다.

두 번째, 클라우드에서 사용자는 유틸리티 컴퓨팅 방식과 마찬가지로 사용한 양만큼 비용을 지불하는 구조이다.

세 번째, 클라우드는 IT자원을 직접 설치할 필요 없이 원격으로 빌려 쓰는 서비스 형태로서 제공되는 새로운 컴퓨팅 패러다임을 의미한다.

이러한 클라우드 개념에 의해서 클라우드를 간략히 정의하자면, '인터넷을 통해 IT자원을 임대하여 빌려 쓰고, 사용한 만큼 비용을 지불하는 컴퓨팅 서비스 방식'으로 클라우드를 정의할 수 있다.

클라우드 특징

클라우드의 특징은 다음과 같다.

첫 번째, 클라우드는 온디맨드(on-demand) 방식의 서비스이다. 즉, 사용자의 필요에 따라 데이터센터 내의 자원을 임대받아서 사용하는 구조이다. 그래서 사용자는 IT자원을 자체 공급하는 클라우드의 IT자원에 자유롭게 접근할 수 있어야 하며, 사용자 요청에 따라 중앙의 클라우드 서버는 요청된 자원의 양만큼 사용자에게 제공하는 구조이다. 이러한 점에서 클라우드는 공급자 중심이 아닌 수요자 중심의 서비스라고 할 수 있다.

두 번째, 클라우드는 탄력적이다. 사용자가 요청한 서비스에 따라서 혹은 시간에 따라서 원하는 만큼의 컴퓨팅 자원을 늘렸다 줄였다 하면서 사용할 수 있는 능력을 말한다. 예를 들어, 수요자가 컴퓨팅 서비스를 운영하다가 갑자기 수요 확대로 추가적인 용량 확장이 필요하면 확대해 주는 것이다. 반대로 사용자가 몰리는 현상이 정상적으로 원위치되면 다시 그 용량을 정상치로 줄여주는 것이다. 데이터 저장 공간에 대해서도 마찬가지여서 갑자기 데이터량이 많아져 데이터 저장 공간이 많이 필요하게 되면 필요한 양만큼 저장 공간을 늘려 주고 데이터량이 줄어들면 저장 공간을 탄력적으로 줄여 주어, 줄어든 공간만큼을 다른 사용자가 쓸 수 있도록 해주는 것이다.

세 번째, 사용자가 컴퓨팅 자원을 사용한 만큼 사용 비용을 지불하는 Pay-Per-Use라는 특징을 가지고 있다. 만일 클라우드 방식이 아닌 기존 방식을 사용한다면 서비스 시작 시에 IT자원의 사용량을 미리 예상하고 수요 예측을 하는 과정이 필요한데, IT자원의 사용량 변화를 예측하는 것이 거의 불가능하고, 과잉 공급 혹은 공급 부족 현상을 초래할 수 있다. 또한 비용 측면에서 IT자원 사용량 변화를 알 수 없기 때문에 최대 예상치를 기준으로 인프라를 구축할 수밖에 없으며, 이로 인하여 자원 낭비와 인프라 구축비용의 과도한 지출을 초래하게 된다.

따라서 클라우드를 사용한다면 다음과 같은 장점을 가질 수 있다(이상수, 2019).

첫째, 경제성이다. 클라우드 환경에서는 사용하고자 하는 자원을 원하는 기간만큼만 사용하므로 자원 낭비가 최소화될 수 있다. 그리고 소프트웨어 및 데이터를 클라우드로 통합 관리함으로써 소프트웨어 업데이트 작업이나 데이터의 관리를 효율적으로 할 수 있어서 비용이 절감된다.

둘째, 초기 투자비용 절감이다. 클라우드를 사용하면 초기 구축에 필요한 하드웨어와 소프트웨어를 구매하지 않아도 된다. 그리고 하드웨어나 소프트웨어의 유지관리 또한 클라우드 자체에서 관리해 주므로 자원의 유지비용을 사용자가 부담할 필요가 없다.

셋째, 유연성이다. 클라우드는 필요할 때마다 원하는 양만큼 시스템을 확장할 수 있고, 더 이상 필요가 없어지면 그 용량을 축소하거나 없앨 수 있는 탄력성이 제공되어 유연하게 자원을 활용할 수 있다.

넷째, 가용성이다. 재해나 장애에 대비하여 데이터센터와 클라우드 시스템이 구성되었기 때문에 결과적으로 가용성이 높으며, 클라우드가 아닌 자체 시스템보다 신뢰성이 높다는 장점이 있다. 예를 들어, 클라우드 내의 자원에 대해서 장애가 발생하더라도 클라우드 내부에서 대체 자원을 지원받아서 사용할 수 있기 때문에 예외 발생 상황에 대해 능동적 대처가 가능하다.

다섯째, 빠른 구축 속도이다. 기존 시스템은 새로운 프로젝트를 시작할 때 계획 수립이나 설치, 환경 설정과정까지 상당한 시간과 비용이 드는 반면, 클라우드 사용자는 클라우드 제공자가 제공하는 인프라를 즉각적으로 사용할 수 있기 때문에 신속하게 시스템 구축이 가능하다.

앞서 살펴본 클라우드의 장점에도 불구하고 사용자가 클라우드를 활용할 경우에 몇 가지 단점이 존재하고 있다. 클라우드에서는 모든 데이터가 데이터센터 내의 스토리지에 집중하여 저장됨에 따라 데이터센터에 저장된 데이터가 해킹 당한다든지 불특정 다수에게 노출된 경우 정보 누출의 위험이 증가할 수 있다. 이러한 노출에 대한 위험이 존재하지만 일반적으로 클라우드의 데이터센터는 제3의 보안전문회사에 의해 전문화되어 관리되고 있어서 오히려 사용자가 자신의 데이터 보호를 위해 관리하는 것보다는 훨씬 안전적이고 신뢰할 만하다고 할 수 있다.

한편 클라우드에서는 데이터가 사용자의 인지 없이 데이터센터 내의 저장공간에 분산되어 저장되고 있다. 따라서 개인이 직접 그 데이터를 통제한다는 것은 사실상 불가능하다. 이로 인해 클라우드 사업자가 자신의 지배하에 있는 사용자의 민감한 정보나 개인정보 등을 통제할 수 있는 위치에 있게 됨에 따라 개인정보가 침해될 위험성이 발생하는데, 이에 대한 대응 방안으로 민감한 개인정보는 자신의 스마트폰이나 PC에 저장해 두고 사용하며, 덜 민감한 정보를 클라우드에 저장해 놓고 사용하는 것이 필요하다.

이러한 단점에도 불구하고 앞서 설명한 클라우드의 5가지 장점인 '경제성', '초기 투자비용의 절감', '유연성', '가용성', '빠른 구축 속도'로 인하여 점점 그 사용 범위가 넓어지고 있다. 우리가 인지하지 못하고 있는 사이에도 다양한 인터넷 서비스에서 실제로 클라우드 기술이 활용되고 있는 중이다.

4부

핵심역량이 바뀌었다

4부

핵심역량이 바뀌었다

Chapter 11
미래인재상과 핵심역량

앞으로 많은 젊은이들이 가고자 하는 현재 그리고 미래의 꿈의 기업들이
제공하는 멋진 일자리들은 결국 암기만으로는 절대 채울 수 없는
'깊이 사고하는 힘'을 가진 사람들의 몫이 될 것이다.
—IBM(2010.5)—

IQ가 낮아도 희망적이다.

클라우스 슈밥 세계경제포럼의 회장이 4차산업혁명시대를 선언하면서 새로운 이슈로 대두된 것은 '어떠한 인재를 기를 것인가'에 대한 문제이다. 필요로 하는 인재의 모습, 즉 인재상이 달라졌다는 것은 사람들이 일할 수 있는 영역 자체가 달라졌다는 것을 의미한다. 과거에는 많이 아는 것, 지식을 얼마나 많이 기억하고 있느냐가 중요했다. 지식을 기억하고 있다가 필요한 경우에 꺼내어 사용할 수 있어야 된다는 것이고, 이것을 측정하는 하나의 수단이 바로 지능검사였다. 그래서 지금까지의 인재상은 사람이 얼마나 많은 지식을 머릿속에 기억하고 있다가 필요한 경우에 꺼내어 사용할 수 있는가를 가지고 판단하였고, 흔히 말하는 지능검사(IQ) 결과로써 그 사람이 성공적인 사람인가 또는 성공을 보장할 수 있는 역량이 있는가를 판단했던 것이다.

오랜 세월 동안 인간의 종합적인 지능(general intelligence)인 IQ가 높으면 머리가 좋고 무엇이든 잘할 수 있다는 믿음이 있었다. 지능을 신뢰성 있고 타당하게 측정한 결과가 IQ이며, IQ 수치를 보고서 '머리가 좋다 또는 나쁘다'의 판단을 해왔다. 대체로 지능지수가 높은 사람은 학교 공부를 잘한다. 학교 공부를 잘한다는 것은 지능을 측정하는 요소들, 예를 들어 독해능력, 수리력, 짧은 시간에 수학적 문제를 해결해내는 능력, 분석 능력, 논리적 사고 능력이 학교에서 공부를 잘할 수 있는 인지적 능력의 아주 핵심적인 영역에 해당되기 때문이다. 따라서 어느 능력이 우수한가를 측정한 것이 지능지수이므로, 인간의 학습 능력을 예측해주는 가장 중요한 변인이면서 환경에 잘 적응하는 종합적인 능력이라고 이야기하고 있다.

그런데 지능에 대해서 연구한 학자들은 지능 하나로 인간의 모든 능력을 설명하기에는 무리가 있다는 주장을 자주 한다. 1921년 스탠포드대학 심리학자인 루이스 터먼(Lewis Terman) 교수는 미국 전역에서 초등학교, 중학교 교사의 추천을 받은 명석한 아동 250,000명 중에서도 IQ 140이 넘는 1,470명의 천재들을 선발하여 이들 중에서 향후 미국을 이끌어갈 지도자나 최고의 성공한 인물이 다수 나올 것으로 확신하고 종단 연구를 하였다. 연구결과 기대했던 IQ 140 이상의 천재들은 모두 평범한 사람으로 일생을 마치게 된 반면, 오히려 IQ가 평범한 수준이라 제외시켰던 아동들 중에서 2명의 노벨상 수상자가 나와서 의도했던 연구는 실패하였으나, IQ와 인간의 성취도 사이에는 아무런 상관관계도 없다는 의외의 결과를 도출하게 되었다.

최근에 이르러서는 '지능이 높은 사람이 창의적인가?'라는 문제에 대한 논란이 다시 제기되었다. 지능이 높은 사람이 창의성도 높다? 지능은 높지 않아도 혹은 지능이 낮아도 창의성은 높을 수 있다는 가정을 가지고 논란이 있었다. 여러 학자들의 논란 가운데 지능이 매우 높은 사람을 창의성이 매우 높다고 얘기할 수는 없다는 것이며, 보통의 지능이라고 하는 일반 사람들도 학습이 가능하고, 창의성을 함께 개발시킬 수 있다는 것에 창의성 연구자들과 지능 연구자들이 마침내 합의하게 되었다. 지금 4차산업혁명시대에서 또 미래사회에서 요구하는 인재상은 인간이 가지고 있는 기본적인 인지적 능력과 창의역량 그리고 여러 분야의 지식이 함께 합쳐지고 융합되면서 창의융합역량을 가진 인재로 교육을 통해 길러야 된다는 방향으로 변하고 있다.

문제를 인식하는 방법이 변화한다.

과거의 문제해결 방식은 문제가 발생하면 알고 있는 지식을 머릿속의 기억으로부터 불러내어 문제를 해결하는 유형이었다. 그래서 이러한 문제를 해결하려고 얼마나 많은 지식을 가지고 있느냐 하는 것이 중요시되었지만, 이제는 인터넷 검색을 통해 찾을 수 없는 지식이란 거의 존재하지 않는 시대이다. 따라서 많은 것을 기억하고 있다는 것은 더 이상 중요한 것이 아니다. 알고 있는 지식을 기반으로 해서 사회 곳곳에서 필요로 하는 문제를 창조하고, '이게 문제다'라고 이슈를 밝혀내는 문제창조형 모습이 바람직한 인재상으로 변화하였다. 예를 들면, 어느 한 도메인의 빅데이터라고 하는 굉장히 많은 정보가 있다고 하지만, 개인적으로 지식 암기 능력이 있고, 분석하는 능력, 이해 능력, 언어 능력이 뛰어나고, 창의적인 아이디어가 있다는 것만으로 충족되는 것이 아니라는 것이다. 이 데이터가 어디에 있느냐, 그것이 필요한 것이냐, 내가 알고 있는 것과 이걸 비추어 봤을 때 어느 것이 이런 곳에 적용될 수 있을 것인가? 내가 이 정도를 알고 있나, 모르고 있는가를 정확하게 인지할 수 있어야 한다. 이것이 바로 초지능, 초인지라고 하는 것이다. 이런 지식을 융합시킬 수 있는 초인지라는 역량과 많은 정보를 어떻게 연결시킬 수 있을지에 대해서 생각하는 역량, 이런 능력이 미래인재상으로 필요하다.

이제 우리는 구글이나 네이버 등 인터넷을 통해 쉽게 궁금증을 확인하거나 새로운 지식들을 획득할 수 있는 지금의 세상에서 지식을 많이 갖추고 있다는 것이 더 이상 인생 성공의 비결이 아니라는 것에 공감할 수 있을 것이다. 단지 지식을 획득하기 위해서라면 인터넷을 통해 충분히 널려있는 자료를 자신의 구미에 맞게 얼마든지 그리고 비용 지불 없이 획득할 수 있다. 여전히 암기가 필요한 지식들도 있지만 지금의 대학생들이 맞닥뜨리게 되는 진정한 문제는 매일 우리가 접하게 되는 모든 정보들을 분류하고, 우선순위를 매기고 활용하여 새로운 가치를 생산할 수 있는 문제창조형 능력이다.

연구기관과 미래학자의 인재상

최근 4차산업혁명과 함께 미래사회가 요구하는 인재상과 핵심역량에 관한 논의가 지속되고 있다. 맥클랜드(McClelland, 1973)가 직업수행이나 성공적인 삶을 예언하기 위해서는 '지능(intelligence)'보다는 '역량(competency)'이라는 점을 강조한 이래 영국, 호주, 캐나다 등 교육 선진국들에 의해 '역량(competency)'이 꾸준히 연구되어 왔다. 맥클랜드(McClelland, 1973)는 역량을 실제 상황에서 성공적인 수행을 가능하게 하고, 평범한 수행자와 구분되는 우수한 수행자의 특성으로, OECD(2003)는 'DeSeCo(Definition and Selection of Competencies) 프로젝트'를 통해 특정 맥락의 복잡한 요구를 태도, 감정, 가치, 동기 등과 같은 사회적, 행동적 요소뿐만 아니라 인지적, 실천적 기술을 가동시킴으로써 성공적으로 충족시키는 능력으로 개념을 정의하고 있다.

세계 주요 교육 선진국들은 4차산업혁명의 변화 흐름에 맞추어 인재 양성을 위한 교육 혁신 전략을 수립하여 추진하고 있다. 미국은 인지적 역량뿐만 아니라 비인지적 역량 개발을 통한 창의인성교육을 강조하고 있으며, 뉴질

랜드는 OECD에서 제안하고 있는 생애 핵심 능력을 채택하고, 이를 보완하여 인지적, 비인지적 역량 개발을 통한 창의인성교육개혁을 추진하고 있다. 핀란드에서는 국가핵심 교육과정을 2016년에 개정하고 기업가 정신을 강조하며 혁신에 대한 사항을 핵심적으로 다루고 있다(이경호, 2019).

세계경제포럼은 2016년과 2017년 주요 주제로 4차산업혁명에 필요한 역량을 다루었다. 이 포럼에서는 21세기에 필요한 역량을 크게 3가지 영역으로 구분하고, 16가지 핵심 기술을 제안하였다. 여기에서 기술(skill)의 개념은 다른 상황에서 여러 가지, 때로는 모호한 방식으로 사용되며, 직종과는 달리 국제적 차원에서 용어에 대해 널리 합의된 공유 정의 또는 분류가 존재하지 않는다. 일반적으로 기술이라는 용어는 사람들이 업무를 성공적으로 수행할 수 있는 업무 관련 기능을 나타내는 데 사용된다. 장기간에 걸쳐 형성되는 신체적 또는 인지 능력과 같은 개인의 근본적이고 지속적인 속성을 나타내는 능력(ability)의 개념과 구별되어야 한다. 세계경제포럼 보고서의 목적상 제한적으로 사용되며, 현재 교육 업체와 고용주 간에 유능한 인재의 기술에 대한 인식 차이가 존재한다. 교육 부문은 주로 공식적인 자격을 참조하는 반면, 고용주 측은 인재가 사용할 수 있는 실제적인 실무 능력 또는 역량을 말하고 있다.

첫째, 기초문해역량(basic skills)

일상생활에 적용하는 기본적인 기술인 적극적인 학습, 구두표현, 독해력, 문장표현력, ICT 문해력, 비판적 사고, 자신 및 타인을 모니터링하는 역량이다.

둘째, 인지 및 신체적 능력

인지적 능력 요소인 사고의 유연성, 창의성, 논리적 판단, 문제 인식력, 수리적 추리, 시각화 능력 및 신체적 능력으로 정교한 손동작 및 적절한 신체 근육 사용 능력 등을 포함한다.

셋째, 교차기능 능력

사회적 기술에는 타인과 협력하는 능력, 감성지능, 협상, 설득, 서비스 마인드, 타인을 가르치고 이끌 수 있는 능력 등이 있다. 복잡한 문제해결 능력, 의사결정 능력 등 시스템적 사고를 하는 능력, 자원관리 능력(사람, 물질, 재정, 시간 등), 기계 및 장비를 설치하고 유지·관리하는 능력, 품질관리, 고장탐구하는 능력 등이 포함된다.

Abilities	Basic Skills	Cross- funcional Skills	
Cognitive Abilities – Cognitive Flexibility – Creativity – Logical Reasoning – Problem Sensitivity – Mathenatical Reasoning – Visualization	**Content Skills** – Active Learning – Oral Expression – Reading Comprehension – Written Expression – ICT Literacy	**Social Skills** – Coordinating with Others – Emotional Intelligence – Negotiation – Persuasion – Service Orientation – Traning and Teaching Others	**Resource Management Skills** – Management of Financial Resources – Management of Material Resources – People Management – Time Management
Physical Abilities – Physical Strength – Manual Dexterity and Precision	**Process Skills** – Active Listening – Critical Thinking – Monitoring Self and Others	**System Skills** – Judgement and Decision– making – Systems Analysis	**Technical Skills** – Equipment Maintenance and Repair – Equipment Operation and Control – Programming – Quality Control – Technology and User Experience Design – Troubleshooting
		Complex Problem Solving Skills – Complex Problem Solving	

출처: WEF_Future of Jobs. PDF(2016). 2016

다음의 표에서는 세계경제포럼(2018) The Future of Jobs 보고서에서 2018년 현재와 비교하여 향후 5년 뒤에 점차 하향적인 경향을 보일 기술과 요구도가 상향될 것으로 예측되는 기술들을 발표하였는데, 이를 반영하여 작성한 각각의 기술에 대한 설명이다. 흰색의 기술들은 상향, 회색의 기술들은 하향 추세를 의미한다.

이 보고서 작성에 참가한 대다수의 고용주는 2022년까지 직무를 수행하는데 필요한 기술이 크게 바뀌게 될 것으로 예상하고 있다. 요구되는 핵심 기술 경향은 수동 기술과 신체적 능력에 대한 요구는 지속적으로 감소하고, 기본적인 기계 및 장비 설치, 유지관리 기술뿐만 아니라 재무 및 기타 자원관리와 관련된 기술에 대한 수요도 표와 같이 감소될 것이다. 2022년까지 지속적으로 눈에 띄는 기술로는 분석적 사고 및 혁신, 적극적인 학습 및 학습 전략이 포함된다. 기술 설계 및 프로그래밍과 같은 기술의 중요성이 급격히 증가하고, 창의성, 독창성 및 이니셔티브, 비판적 사고, 설득 및 협상과 같은 '인간관계' 기술은 가치를 유지하거나 증가하며, 탄력성, 유연성 및 복잡한 문제해결, 서비스 지향 마인드뿐만 아니라 감성 지능, 리더십 및 사회적 영향력도 현재의 중요성에 비해 수요가 크게 증가하는 것을 볼 수 있다.

Skill/ability 기술/능력	Skill/ability 기술/능력	정의
ABILITIES		
Cognitive Abilities 인지능력	Cognitive Flexibility 유연성	다른 방식으로 사물을 결합하거나 그룹화하기 위해 다른 규칙을 생성하거나 사용하는 기능
	Creativity 창의성	주어진 주제나 상황에 대한 비정상적이거나 영리한 아이디어를 제시하거나 문제를 해결하는 창의적인 방법을 개발할 수 있는 능력
	Logical Reasoning 논리적 추론	관련이 없는 것처럼 보이는 정보 조각을 결합하여 일반적인 규칙 또는 사건 간의 관계, 결론을 형성하고 특정 규칙에 대한 일반적인 규칙을 적용하여 이해하기 쉬운 답변을 생성할 수 있는 능력
	Problem Sensitivity 문제 인식력	무언가 잘못되었거나 잘못되었을 가능성을 알리는 능력. 문제 해결이 필요하지 않으며 문제가 있음을 인식하는 능력
	Mathematical Reasoning 수학적 추론	문제를 해결하기 위해 올바른 수학적 방법 또는 공식을 선택할 수 있는 기능
	Visualization 시각화 능력	물건이 움직인 후 또는 부품이 움직이거나 재배열 될 때 어떤 모습을 보일지 상상하는 능력
Physical Abilities 신체능력	Manual Dexterity and Precision 손 동작	물체를 잡거나, 조작 또는 조립하기 위해 정확하게 움직이는 기능
	Physical Strength 근육	물체를 들어올리거나 밀거나 당기거나 운반하기 위해 최대로 근육에 힘을 가하는 능력
BASIC SKILLS		

Content Skills	Active Learning 적극적 학습능력	현재 및 미래의 문제 해결 및 의사 결정을 위해 새로운 정보를 적용할 수 있는 능력
	Oral Expression 구두표현력	다른 사람에게 정보를 효과적으로 전달하는 표현 능력
	Reading Comprehension 독해력	업무 관련 문서의 문장 및 내용을 이해
	Written Expression 문장표현력	필요에 따라 서면으로 효과적으로 의사소통하는 능력
	ICT Literacy 정보통신기술사용능력	디지털 기술, 통신 도구 및 네트워크를 사용하여 정보에 액세스하고, 관리, 통합, 평가 및 생성하는 능력
Process Skills	Active Listening 적극적 듣기	다른 사람들의 말에 주의를 기울이고, 작성된 요점을 이해하고, 질문할 때는 방해가 되지 않도록 적절한 시간에 질문하는 능력
	Critical Thinking 비판적 사고	논리적 및 추론적으로 대안, 결론 또는 문제 접근 방식의 장단점을 식별하는 능력
	Monitoring Self and Others 모니터링 능력	본인, 다른 개인 또는 조직의 성과를 모니터링 / 평가하여 개선하거나 시정 조치를 취할 수 있는 능력
CROSS-FUNCTIONAL SKILLS 교차 기능 기술		
Complex Problem Solving Skills	Complex Problem Solving 복잡한 문제 해결	실제 환경 또는 복잡한 상황에서 문제를 해결하는 능력
Resource Management Skills 자원관리기술	Management of Financial Resources 재무 자원 관리	임무를 완수하기 위해 재정 지출 방법을 결정하고, 이러한 지출에 대한 회계 능력

	Management of Material Resources 물적 자원 관리	특정 작업을 수행하는 데 필요한 장비, 시설 및 재료의 적절한 사용을 획득하는 능력
	People Management 인적 자원 관리	사람들이 일할 때 동기를 부여하고 개발하고 지시하여 일에 가장 적합한 사람들을 식별하는 능력
	Time Management 시간 관리	자신의 시간과 타인의 시간 관리
Social Skills 대인관계기술	Coordinating with Others 협력 및 조정	다른 사람의 행동과 관련된 행동 조정 능력
	Emotional Intelligence 정서적 지능	다른 사람들의 반응을 알고 그들이 행동하는 이유를 이해하는 능력
	Negotiation 협상	다른 사람들을 모으고 차이점을 조정하는 능력
	Persuasion 설득	다른 사람들이 마음이나 행동을 바꾸도록 설득하는 능력
	Service Orientation 서비스 지향적 태도	다른 사람들을 도울 방법을 적극적으로 찾으려 하는 태도
	Training and Teaching Others 교수 능력	다른 사람들에게 무언가를 하는 방법을 가르치는 능력
Systems Skills 시스템 기술	Judgement and Decision Making 의사결정	잠재적 조치의 상대적 비용과 이점을 고려하여 가장 적절한 조치를 선택하는 능력
	Systems Analysis 체계적 분석	시스템 작동 방식 및 조건, 운영 및 환경의 변화가 결과에 어떤 영향을 미치는지 결정하는 능력

Technical Skills	Equipment Maintenance and Repair 장비유지보수 및 수리	장비에 대한 일상적인 유지 보수 수행 또는 필요한 도구를 사용하여 기계 또는 시스템을 수리하는 기술
	Equipment Operation andControl 장비작동	장비 또는 시스템을 작동시키거나 제어하는 기술
	Programming 프로그래밍	다양한 목적을 위한 컴퓨터 프로그램 작성
	Quality Control 품질관리	품질이나 성능을 평가하기 위해 제품, 서비스 또는 프로세스의 테스트 및 검사를 수행
	Technology and User Experience Design 기술 및 사용자 경험 디자인	사용자의 요구를 충족시키기 위해 장비 및 기술 생성 또는 조정
	Troubleshooting 고장탐구	작동 오류의 원인을 결정하고 그에 대한 조치를 결정

국제조직인 교육과정 재설계센터(Center for Curriculum Redesign; CCR)에서는 지식차원, 스킬차원, 인성차원 그리고 메타학습차원으로 구분하고 있다.

첫째, 지식차원에서는 글로벌 문해력, 환경 문해력, 정보 문해력, 디지털 문해력, 시스템 사고, 디자인 사고 등이다.

둘째, 스킬차원에서는 창의력, 비판적 사고, 의사소통, 협업 등으로 우리가 아는 것을 사용하는 방법과 관련된 것들이다.

셋째, 인성차원에서는 마음챙김(mindfulness), 호기심, 용기, 회복탄력성, 윤리성, 리더십 등으로 우리가 행동하고 참여하는 방법과 관련된 것들이다.

넷째, 메타학습 차원은 성찰과 반성을 통해 목표를 수정하고 끊임없이 학습, 성장 그리고 적응력을 키워나가는 메타인지, 성장 마인드셋 등과 관련된 것들이다. 여기서 메타학습이란 학생들이 스스로 개선하고 성장해 나갈 수 있는 목표와 피드백 고리를 만드는 학습방법에 대한 학습(learning how to learn)을 말하며, 평생 자기주도적 학습을 해나가는 데 반드시 필요한 역량이라고 볼 수 있다.

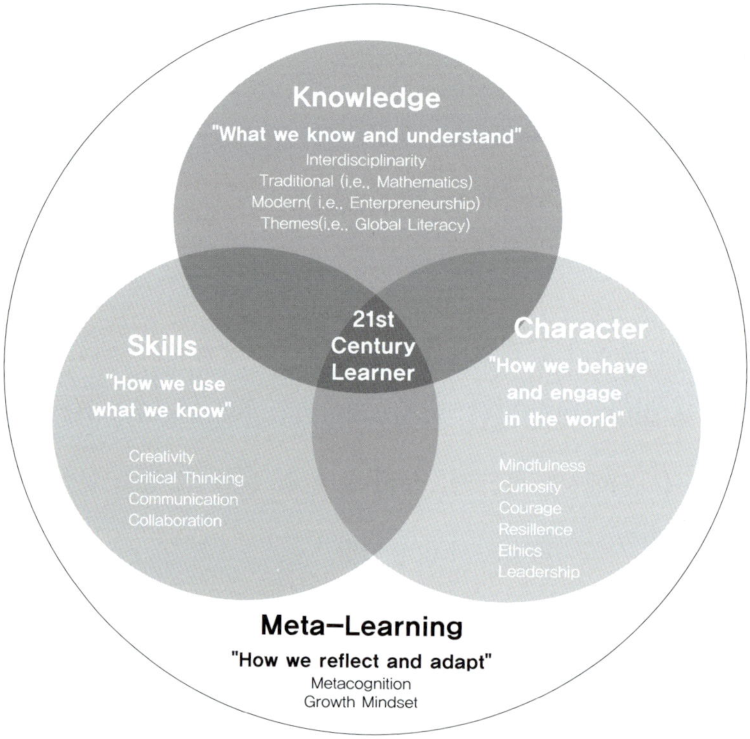

미래학자 다니엘 핑크(2008)는 지금까지 좌뇌 중심의 논리적 사고, 지식 중심의 사회에서 우뇌를 병행해서 사용하는 창조 및 공감 능력이 더욱 필요하다고 주장한다. 그는 양쪽 뇌를 모두 사용하는 '전혀 새로운 사고(A whole New Mind)'가 필요한 이유를 다음과 같이 언급하였다.

첫째, 단순한 기능만이 아니라 예술적이고 감성적인 가치를 만들어내는 디자인 능력

둘째, 의사소통에서 단순한 자기주장이 아니라 훌륭한 이야기를 만들어 상대를 설득할 수 있는 이야기를 만들어내는 능력, 즉 스토리 능력

셋째, 단순 사안에 대한 분석이나 집중보다는 대상 간의 관계를 이해하고 새로운 것을 만들어내는 창의성의 원천인 조화 능력

넷째, 인간관계에서 다양성과 차이를 이해하고 상대를 존중하고 배려하는 공감 능력

다섯째, 웃음, 게임, 유머 등을 통해 함께 즐거워하고 이를 전파하는 놀이 능력

여섯째, 물질의 축적만이 아니라 목적의식, 초월적 가치와 같은 정신적 의미를 추구하는 능력 등이다.

기업의 인재상

최고의 컨설팅 회사인 멕켄지(Mckinsey, 2018)는 2030년을 대비해 노동자들이 더 강화시켜 나가야 할 기술을 제시하였다. 향후에 자동화와 인공지능의 시대를 맞아 노동자에게 필요한 기술들로, 신체적 및 매뉴얼화된 기술(physical and manual skills), 기초인지 기술(basic cognitive skills), 고차원 인지 기술(higher cognitive skills), 사회적 및 감성적 기술(social and emotional skills), 정보 기술(technology skills)과 같이 5가지를 제시하고 있다. 그림에서 나타난 것과 같이 이 중 신체적 및 매뉴얼화된 기술과 기초인지 기술은 그 중요성이 점차 감소될 것으로 보고 있다. 그러나 데이터 가공 및 분석 능력과 같은 ICT 직무기술에 대한 중요성이 가장 강조될 것이며, 타인과의 공감능력과 갈등을 관리할 수 있는 사회적 그리고 감성적 기술에 대한 요구가 높아질 것으로 보고 있다.

Total hours worked in Europe and United States, 2016 vs 2030 estimate, billion

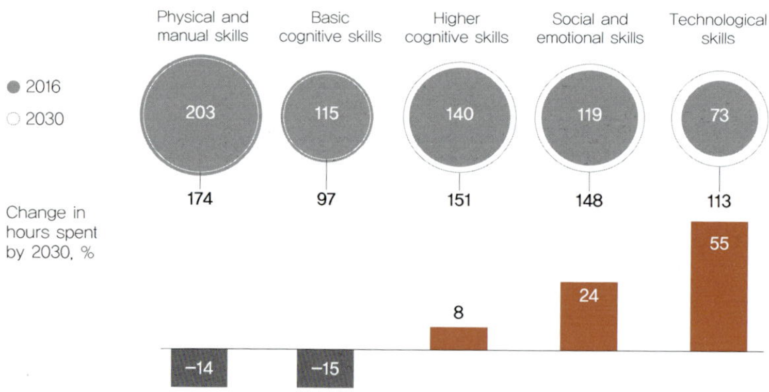

Source: McKinsey Global Institue Workforce Skills Model; Mckinsey Global Institute analysis

4차산업혁명의 최일선에서 세계를 주도하고 있는 구글은 핵심역량으로 4가지를 제시하고 있다(Tom Popomaronis, 2019). 첫째, 일반 인지역량(general cognitive ability)으로 빠르게 학습하고 적응하는 능력, 둘째, 리더십역량(leadership)으로 자신이 나서서 리더십을 발휘할 때와 조용히 지낼 때를 아는 능력이다. 셋째, 구글다움(googlyness)이란 역량으로 모호하고 불확실한 상황을 받아들이고 협력하는 능력이다. 넷째, 전문성(role related knowledge)역량으로 자신이 맡은 역할에 대한 경험과 전문지식을 갖추는 능력이다. 남들이 재미없어 하는 것을 즐기는 것, 자신이 틀릴 수 있다는 것을 인정하는 지적 겸손, 일하는 주인의식, 일을 추진할 때의 느긋하고 개방적인 자세, 과감하게 실행하는 용기를 의미한다. 핵심역량에 있어서도 창의적이고 혁신적인 모습을 보이고 있는 회사가 구글이라는 것을 알 수 있다.

반면 대한상공회의소의 분석(2018)에 따르면, 국내 100대 기업이 꼽은 인재의 첫째 덕목은 '소통과 협력'이다. 이어서 '전문성', '원칙과 신뢰', '도전정신', '주인정신', '창의성', '열정', '글로벌역량', '실행력' 순으로 나타났다.

국내 기업의 인사담당자는 직장 규모에 관계없이 대인관계역량을 가장 중요한 핵심역량으로 인식하고 있다. 반면 글로벌역량에 대한 우선순위는 가장 낮다는 것이 공통된 특징이다(대학생 핵심역량진단결과 보고서, 2018). 6개 핵심역량 중 대인관계역량, 의사소통역량, 자기관리역량이 제조업, 금융업, 서비스업 등 업종에 상관없이 상위순위에 해당한다. 그 다음 순위로 종합적 사고력과 자원정보 기술의 활용역량이며, 데이터 가공 및 분석 능력과 같은 ICT

직무역량과 창의력, 독창성, 공감능력 등과 같은 창의융합 능력이 강조되고 있다.

가능한 많은 사람의 삶에 긍정적인 변화를 가져올 수 있도록 최선을 다합니다.

2004년 기업공개 시, 창립자의 편지

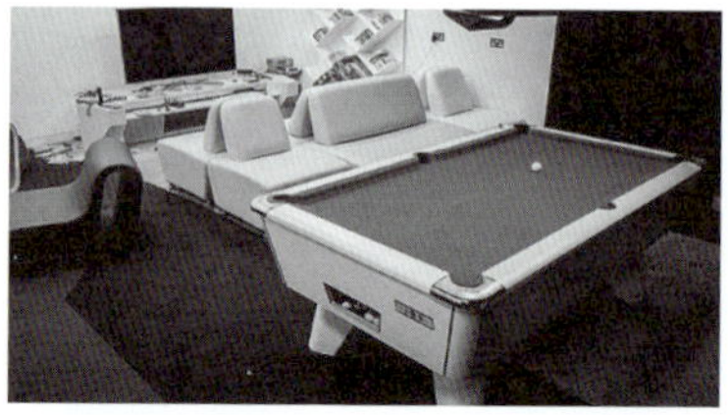

Google의 목표는 전 세계의 정보를 체계화하여 모두가 편리 하게 이용할 수 있도록 하는 것입니다.

한국의 핵심역량 진단

미래사회의 도래와 신기술의 등장, 산업구조의 변화에 따라 추구하는 인재상이 변화하고 있으며, 그 중심에는 핵심역량을 기반으로 하는 교육과정이 있다. 핵심역량(essential skills)이란 직업 능력의 핵심 구성요소로서 직종이나 직위에 상관없이 대부분의 직종에서 직무를 성공적으로 수행하는 데 공통적으로 요구되는 지식, 기술, 태도 등을 의미한다(대학생 핵심역량 진단 시스템, 2018).

국내에서는 대학생 핵심역량 진단도구 K-CESA(Korea Collegiate Essential Skills Assessment)를 교육부와 한국직업능력개발원에서 개발하여 2010년부터 시행해 오고 있다. K-CESA의 목적은 대학생의 핵심역량을 측정하여 사회적 변화 및 기업의 요구에 부응하는 인재를 양성하기 위한 것이다. 아울러 진단을 통하여 개인의 핵심 능력 및 역량 정도를 진단하여 대학생의 취업 능력 제고를 위한 자기계발 가이드로서의 역할이 가능하다(K-CESA 홈페이지). K-CESA는 대학생들의 핵심역량을 다음과 같이 6가지 영역으로 설정하였으며 하위역량 분류는 다음의 표와 같다.

K-CESA의 핵심역량

의사소통 능력

전통적인 듣기, 읽기, 쓰기, 말하기 능력과 최근 강조되고 있는 갈등해결을

위한 조정 능력

종합적 사고력

고차원적인 사고 능력으로 문제 상황을 명료화하여 인식하고 과제해결을 위해 추론하며, 준거에 비추어 아이디어를 판단하고 가장 타당한 해결책을 제시하는 능력

자원정보 기술의 활용 능력

시간, 예산, 인적, 물적 자원과 문자, 숫자, 그림정보, 정보통신, 과학기술, 기기작동 기술 등을 수집 분석, 활용하는 능력

글로벌역량

세계화시대에 적합한 국제적 감각과 자세 및 이에 필요한 능력을 의미하며, '다문화 이해 및 수용 능력'은 유연성 및 적극성, 타문화에 대한 지식 및 이해, 글로벌화 및 글로벌 경제에 대한 이해를 포함한다.

자기관리역량

문제 상황을 진단하고 이를 해결하기 위해 자신을 관리하는 능력으로 자기주도적 학습 능력을 포함한다.

대인관계 능력

다양한 인간관계와 사회적 상황 속에서 공동의 목표를 달성하기 위해 필요한 정서적 유대, 협력, 중재, 리더십, 조직에 대한 이해도를 평가한다.

K-CESA 핵심역량 평가 영역

상위요소	핵심역량 (Essential Skills)	하위영역
인지적 요소	의사소통역량	읽기/듣기/쓰기/말하기 토론과 조정
	자원 · 정보 · 기술 활용역량	내용 영역: 자원, 정보, 기술 수행 영역: 수집, 분석, 활용
	종합적 사고력	분석적 사고력/추론적 사고력 대안적 사고력/평가적 사고력
	글로벌역량	외국어 능력 글로벌 환경에 대한 노출 타문화 이해 및 수용 능력
비인지적 요소	대인관계역량	정서적 유대 협력 중재 리더십 조직에 대한 이해
	자기관리	자기주도적 학습 능력 목표지향적 계획수립 및 실행 능력 정서적 자기조절 능력 직업의식

출처: 교육부 대학생 핵심역량 진단 시스템.

인지적 역량과 비인지적 역량

4차산업혁명시대에는 수행중심학습(performance based learning)과 함께 역량중심학습(competency based learning)이 보편화될 전망이다(류태호, 2018).

대학생 핵심역량은 인지적 요소와 관련된 역량과 비인지적 역량으로 분류될 수 있다. 개인의 성과를 예측하고 이해하는 요인으로 알려진 인지적 능력에 대한 정의는 학자마다 매우 다양하다. 지능을 적응 능력으로 보는 입장, 학습 능력으로 보는 입장, 추상적인 능력과 응용 능력으로 보는 입장 그리고 지능을 개인의 집합적 능력으로 보는 입장 등 다양하지만, 주로 시험 점수로 인지적 능력을 측정하는 것은 공통적이다. IQ검사, 학업성적, 수능성적, 대학성적 등이 여기에 포함된다. 대학생 핵심역량 진단 K-CESA 평가 항목 중에서는 의사소통 능력, 종합적 사고력, 자원·정보·기술의 활용 능력, 글로벌 역량이 인지적 요소를 평가하고 있다.

비인지적 능력은 인지적 능력 이외의 능력으로, 행동적 특성(behavior traits), 태도적 특성(attitudinal traits), 인성적 특성(personality traits)을 포괄하는 개념으로 사용되고 있다. 성격, 동기, 가치관 등 연구마다 비인지적 능력의 개념이나 능력 범주에 포함되는 특성이 매우 다양하여 비인지적 능력의 단일 요인을 찾는 것은 매우 어려우며, 비인지적 능력을 단적으로 정의내리기 또한 어렵다(Hall & Farkas, 2011; Heckman & Rubinstien, 2001). 따라서 비인지적 능력을 설명하는 하위 특성들은 다양하게 제시되고 있는데, 자존감, 리더십, 협동, 성실성, 개방성, 도전의식, 사회성, 동기, 융통성, 창의성, 외향성 등 태도적 · 행동적 · 성격적 · 인성적 특성 등이 주로 고려되고 있다(이자형, 2011). 대학생 핵심역량 진단(K-CESA) 평가 항목 중에서는 대인관계 능력, 자기관리역량이 비인지적 요소를 평가하고 있다.

국내 대학생 핵심역량 수준

대학생 핵심역량 진단은 대학생의 6대 핵심역량을 측정하는 객관화된 정량적 지표이다. 진단 결과는 학생 개인의 핵심역량별 수준을 나타내며, 국내 4년제 대학생 전체에 대한 상대적 위치를 나타낸다. 한국직업능력개발원에서는 2010년부터 매년 대학생 핵심역량 수준과 그 변화를 측정하고 있는데, 다음의 내용은 2018년 핵심역량 진단결과 보고서 내용이다.

대학생 진단결과 6개 핵심역량의 점수는 대인관계역량(60.00점), 자기관리역량(50.86점), 글로벌역량(48.46점), 자원정보 기술 활용역량(44.36점), 종합적 사고력(34.55점), 마지막으로 의사소통역량(28.47점)의 순으로 나타났으며, 이 순서는 해마다 동일한 경향을 보이고 있다. 특징적인 사항은 비인지적 요소역량인 대인관계역량, 자기관리역량이 6개 역량 중 1, 2위로 나타난 점이다. 오히려 대학교 교육과정을 통해 집중 교육을 받은 인지적 평가역량이 낮게 나타난 결과로 우리의 대학교육에 상당히 문제가 있을 수 있다는 가정을 해볼 수 있다.

핵심역량별 K-CESA 점수(2016-2018)

구분	2016	2017	2018
대인관계역량	58.20	58.80	60.00
자기관리역량	51.65	49.86	50.86
글로벌역량	50.12	50.27	48.46
자원정보기술활용역량	51.61	48.45	44.36
종합적사고력	45.04	43.66	34.55
의사소통능력	40.89	36.20	28.47

출처: 대학생 핵심역량 수준 분석(2018년 핵심역량 진단결과).

대학생 핵심역량 수준 분석(2018년 핵심역량 진단결과)

- 평균이 가장 높은 영역은 대인관계역량이며, 의사소통역량이 가장 낮게 나타났다.
- 남학생의 평균이 여학생보다 다소 높다.
- 계열별로는 교육계열이 가장 높고, 공학계열, 사회계열, 예체능계열 순이었다.
- 입학 유형별로는 '정시'입학 학생이 '수시'입학 학생보다 비교적 높았다.
- 진로계획에 따른 차이는 '진학'계획과 '취업'계획을 가진 학생이 높았고, '창업'계획을 가진 학생이 가장 낮았다.

- 학점이 높을수록 진단결과도 높게 나타나고 있었다.
- 학비 조달 방법별로는 '장학금'으로 학비를 충당하는 학생의 평균이 가장 높았고, '학자금 대출'과 '부모님'이 주신다고 한 학생의 평균이 상대적으로 낮게 나타났다.
- 대학에서 핵심역량 증진 프로그램에 참여한 학생의 평균이 미참여 학생의 평균보다 높게 나타나서 프로그램 효과가 확인되었다.

미래 핵심역량

국내 교육부가 2010년부터 적용하고 있는 핵심역량 및 하부구성 요인들에 대해 국내외 연구기관, 미래학자, 기업에서 제시하는 핵심역량을 비교하여 표와 같이 제시해 보았다. 각 기관마다 핵심 역량을 표현하는 용어가 'core competency', 'ability', 'skill' 등으로 모두 다르고, 각각의 역량에 포함되는 하위 요소도 지나치게 많으며 서로 다른 영역에 중복으로 분류되는 까닭에 혼란스럽게 받아들여질 수 있다. 혼동을 방지하기 위해서 다음과 같이 정리하여 보았다. 참고로 한 기관은 K-CESA 핵심역량 평가기준과 국제조직인 '교육과정 재설계센터CCR: Center for Curriculum Redesign 그리고 세계경제포럼 The Future of Jobs 보고서(2018)이다. 향후 5년 뒤에 점차 요구도가 상향될 것으로 예측되는 기술들 중 공통된 역량(표 참조)을 종합하여 미래 핵심역량으로 인지적 역량, 기술적 역량, 인성적 역량 등 세 가지 핵심역량으로 분류하고 그 하위 역량을 구분하였다. 각 핵심역량에 대한 세부적인 내용은 다음 장에서부터 순차적으로 자세히 다루고 있다.

핵심역량 비교

구분	K-CESA 핵심역량 및 하위역량		세계경제포럼	CCR
인지적 요소	**의사소통**	읽기/듣기/쓰기/말하기, 토론과 조정	의사소통, 협력역량	의사소통, 협업
	자원 · 정보 · 기술 활용	자원/정보/기술 수집, 분석, 활용	산술능력, 과학문해, ICT문해, 재정문해, 문화 및 시민 문해역량	정보 문해력, 디지털 문해력,
	글로벌	외국어 능력 글로벌 환경에 대한 노출 타문화 이해 및 수용 능력		글로벌 문해력, 환경 문해력,
	종합적 사고력	분석적 사고력 추론적 사고력 대안적 사고력 평가적 사고력	비판적 사고 및 문제 해결, 창의성	비판적 사고, 시스템 사고, 디자인 사고, 창의력
비인지적 요소	**대인관계**	정서적 유대 협력 중재 리더십 조직에 대한 이해	호기심, 주도성, 일관성, 도전정신, 적응력, 리더십	마음챙김 호기심, 용기, 회복탄력성, 윤리성, 리더십
	자기관리	자기주도적 학습능력 목표지향적 계획수립 및 실행 능력 정서적 자기조절능력 직업의식		메타학습역량

K-CESA 핵심역량 평가기준과 세계적 연구기관, 미래학자, 기업의 인식 그리고 세계 경제 포럼 「The Future of Jobs」 보고서(2018)에서 향후 5년 뒤에 점차 요구도가 향상될 것으로 예상되는 기술들 중 공통된 역량(표 참조)을 종합하여 향후 중요도가 높아질 핵심역량을 인지적 역량, 기술적 역량, 인성적 역량 등 세가지 핵심역량으로 분류하고 그 하위역량을 구분하였다.

인지적 역량

인지적 역량은 대학생 핵심역량 진단(K-CESA) 평가 항목 중에서 인지적 요소인 자원, 정보 기술 활용 능력과 글로벌 역량이 이에 포함된다. 국제조직인 '교육과정 재설계센터CCR: Center for Curriculum Redesign에서 구분한 지식역량-"What we know and understand" 이라고 할 수 있다. 하위요소로서 산술능력, 과학기술문해, ICT문해와 같은 기초적인 문해력과 정보통신기술을 사용하여 정보수집, 분석, 활용하는 능력과 디지털 리터러시 등을 하위요소로 들 수 있다. 대학생 핵심역량 진단결과(2018)에서 자원정보기술 활용역량(44.36점)은 대인관계 역량(60.0), 자기관리역량(50.86)에 비하여 매우 낮게 나타난 결과를 보이고 있다. 추측해볼 때, 최근에는 기업 등에서 인성과 자기관리와 같은 비인지적 요소에 대한 중요성을 강조하다보니, 기본적으로 학생들이 갖추고 있어야 할 기초소양 함양에 소홀한 것으로 생각된다. 한 마디로 대학생들의 지식탐구를 위한 노력이 부족하며 이에 대한 대책이 필요하다고 말할 수 있겠다.

기술적 역량

기술적 역량에는 대학생 핵심역량 평가 항목 중에서 의사소통과 종합적 사고력에 해당되는 것이다. CCR: Center for Curriculum Redesign에서 구분한 스킬–"How we use what we know"–역량으로서 우리가 아는 것을 사용하는 방법과 관련된 것들이다. 하위요소로서 의사소통능력은 전통적인 듣기, 읽기, 쓰기, 말하기 능력과 최근 강조되고 있는 갈등해결을 위한 조정능력을 포함한다. 종합적 사고력은 고차원적인 사고 능력으로 문제 상황을 명료화하여 인식하고 과제 해결을 위해 추론하며, 준거에 비추어 아이디어를 판단하고 가장 타당한 해결책을 제시하는 능력으로서 하위요소는 비판적이고 시스템적 사고, 창의적으로 문제를 해결하는 고차원적 인지기술이 있으며, 리더십이 포함된다. 세계경제포럼 보고서에서 언급한 역량 중에서는 교차 기능 기술(CROSS-FUNCTIONAL SKILLS)로서 복잡한 문제해결 능력, 의사결정 능력 등 시스템적 사고를 하는 능력, 고장탐구 하는 능력 등이 기술적 역량에 포함된다. 창의력은 K–CESA에는 현재 포함되어 있지 않으나 많은 전문가가 필수적으로 갖추어야 할 핵심역량으로 보고 있다. 대학생 핵심역량 진단결과(2018)에서 기술적 역량에 해당되는 종합적 사고력(34.55점)과 의사소통역량(28.47점)은 전체 6개의 항목 중에서 가장 미흡한 5, 6위로 나타나고 있다. 오히려 대학교 교육과정을 통해 집중 교육을 받은 인지적 평가 역량이 낮게 나타난 결과를 볼 때 현재 대학교육에 상당히 문제가 있을 수 있다는 추측을 해볼 수 있다.

인성적 역량

인성적 역량은 대학생 핵심역량 진단(K-CESA) 평가 항목 중에서 비인지적 요소에 해당되는 것으로서 대인관계능력, 자기관리 역량이 인성적 역량에 포함된다. 대인관계능력은 다양한 인간관계와 사회적 상황 속에서 공동의 목표를 달성하기 위해 필요한 역량으로서 하부 요소에는 다른 사람과의 정서적 유대를 갖도록 하는 공감과 배려, 협력하고 설득 및 중재하는 인간관계 기술을 포함한다. 자기관리 역량은 문제 상황을 진단하고 이를 해결하기 위해 자신을 관리하는 능력으로 자기주도적 학습능력과, 지속적으로 자기 자신의 가치를 유지하거나 향상시키는 지속적인 자기성찰 능력, 회복탄력성을 들 수 있다.

미래 핵심 역량

인지적 역량 (지식)	기술적 역량 (기술)	인성적 역량 (인성)
■ 기초적 문해력: ICT 문해력 과학기술 문해력 글로벌 역량 ■ 디지털 문해력 (Digital Literacy)	■ 의사소통 및 협업 능력 ■ 복잡한 문제해결 능력 비판적 사고 시스템적 사고 창의력 ■ 리더십	■ 대인관계: 공감과 배려 능력 인간관계 기술 ■ 자기관리능력: 자기주도적 학습태도 회복탄력성

대학생 핵심역량 진단(K-CESA) 평가 항목과 국제조직인 '교육과정 재설계센터CCR: Center for Curriculum Redesign, 세계경제포럼 The Future of Jobs 보고서(2018)를 참조하여 작성

Chapter 12
인지적 역량

디지털과 아날로그는 서로 컴플렉스를 갖고 있습니다. 서로 미워하며 배척하기도 합니다. 그러나 둘은 서로 닮아가는 노력도 합니다. 최고의 디지털 기술은 아날로그 감성과 기능을 모두 갖춘 것입니다. 디지털이 아날로그 정신을 배우고, 아날로그가 디지털 정신을 배울 때, 둘의 조화를 통해 문제 해결 능력은 더 커지고 세상은 더 아름다워질 수 있습니다.

– 디지털리터러시교육협회 –

인지적 역량에서는 무언가 잘못되었거나 잘못될 가능성을 예측하는 창의적 문제인식능력과 빅데이터를 활용한 논리적이고 수학적인 추론 역량, 또한 정보통신기술에 대한 디지털 문해력을 4차산업혁명시대에 필수적인 역량으로 평가하고 있다.

ICT 활용 능력

2020년도는 코로나19 팬데믹으로 인하여 비대면으로 소통하는 일이 일상이 되면서 디지털 수단에 많은 것을 의존해야 했다. 이 과정에서 디지털 기기에 익숙한 사람들조차도 삶 전체가 디지털 환경 속에 놓이게 되면서 혼란을 겪지 않을 수 없었다. 디지털 시대에 나고 자란 세대인 학생들도 인터넷 접속, 디지털 기기 사용, 플랫폼 활용, 학습 공간 및 환경 등의 격차로 혼란을 겪었다. 매일 디지털 기기와 디지털 플랫폼에 둘러싸여 살고 있는데, 보조적 도구였던 디지털이 코로나19 팬데믹 상황을 전환기로 삼아 생활의 중심이 되어버리자 각자의 디지털리터러시 수준에 따라 문제의 형태와 결과가 각기 다르게 나타난 것이다.

ICT란 'Information and Communication Technology'의 약자로서 '정보통신기술'을 의미하며 각각의 의미를 살펴보면 다음과 같다. 정보는 '주관적 유의미 객체'라고 할 수 있으며, '정보'라는 독립적인 의미로 해석될 수 없다. 즉, 인간의 의지와 무관한 '객관적인 실체'인 사실과 '유의미한 객관적 객체'인 자료, 그리고 '유의미한 주관적 객체'인 정보, '정보에 자신의 새로운 아이디어를 추가'한 지식의 유기적인 관계에서 상대적으로 파악해야 한다. 이와 같은 관계 속에서 '정보'라는 개념은 결국 '필요한 자료를 잘 정리해둔 것'으로 볼 수 있다. 통신은 자료나 정보를 서로 주고받기도 하고, 특정한 곳에 저장하기도 하는 등의 모든 활동을 지원하는 기술로 송신자, 수신자가 있으며,

이를 지원하는 다양한 환경을 포괄하는 개념이다. '교수-학습에 필요한 자료나 정보를 주고받을 수 있는 기술이나 하드웨어'를 의미한다. 기술은 Techno와 Logics가 결합된 말로서 '과학적 지식을 적용한 학문'을 의미한다고 볼 수 있다. 위의 세 가지 분석적 의미를 하나로 통합하면 ICT는 필요한 자료를 수집하고, 가공하고, 재창출하기 위해서 필요한 과학적 지식과 관련된 학문이다(박선주 외, 2006).

따라서, ICT 활용 능력이란 지식정보화사회에서 갖춰야 할 능력으로 컴퓨터, 네트워크 등의 정보통신 수단을 폭넓게 활용하는 능력, 세계 각국의 문화가 교류되는 네트워크 중심의 사회에서 다양한 문화와 그 속에 내재하는 정보의 가치를 분별하고 이해하는 능력, 정보사회에서 더불어 살 수 있는 공동체 의식을 기르는 동시에 정보사회의 역기능을 극복할 수 있는 능력이라고 할 수 있다(박선주 외, 2006). 또한 영국의 QCA(Qualifications and Curriculum Authority)에서는 ICT를 컴퓨터기반의 하드웨어, 소프트웨어와 관련된 도구의 범위와 기법이라고 정의하며 이는 협의와 광의의 통신, 인터넷 같은 정보자원, 로봇과 화상회의, 디지털TV와 같은 통합된 공학과 관련을 맺고 있다고 하였다(박선주 외, 2006, 재인용).

ICT 활용능력 세부 영역을 살펴보면 다음과 같다. PC 기본 지식, 운영체제, 프로그램을 사용하여 문서를 편집, 저장, 작성하는 능력, 엑셀 프로그램을 사용하여 데이터를 정렬, 계산, 필터 등을 할 수 있는 능력, 파워포인트를 사용하여 슬라이드를 작성할 수 있는 능력, 인터넷 정보를 검색하거나 파일을 송·수신할 수 있는 능력, 텍스트, 그림, 소리, 동영상 및 애니메이션 자료를 조건에 맞게 편집하여 웹 페이지를 제작할 수 있는 능력, 제어판을 이용하여 H/W, S/W를 관리하고 윈도우의 바탕화면, 프린터 등을 설정할 수 있는 'S/W 관리 프로그램' 영역과 비쥬얼 베이직 언어를 이용하여 프로그래밍을 할 수 있는 능력, 수업에 사용되는 데이터베이스, 스프레드시트, 그래픽, 멀티미디어, 인터넷 등으로 자료 분석 및 추론, 조사·연구로부터 결론을 도출하고 정보를 공유하는 능력, 다양한 소프트웨어와 하드웨어 문제를 발견하고 해결할 수 있으며, 나아가서 소프트웨어 사용과 인터넷, 주변장치 사용법을 다른 사람들에게 가르칠 수 있는 능력까지도 요구된다.

과학기술 문해력

문해력은 기술적으로 읽고 쓸 수 있음을 의미하지만, 또한 사람이 개념을 이해하는 능력을 나타내는 데 사용된다. 과학적 문해력이라는 용어는 누군가가 과학에 대해 읽고 쓸 수 있는 것이 아니라 일반적으로 과학적 개념에 대해 이해하고 과학적 문제에 대한 정보에 근거한 결정을 내릴 수 있는 소양 수준에서 과학 개념을 이해하고 발전할 수 있음을 의미하는 것이다(Netinbag.com, 2021). 과학적 소양에 대한 정의는 1847년 윌킬슨이 '모든 이를 위한 과학(science for all)'에서 처음 언급한 것으로 과학 문해력은 '과학의 내용을 읽고 사용할 줄 아는 정도'의 의미였으나 충분한 공감대가 형성되지 않은 측면이 있었다. 펠라 등은 과학의 기초 개념, 과학의 본성, 과학자의 연구 윤리, 과학과 사회의 연관성, 과학과 인간의 상호 연관성, 과학과 기술에 대한 이해를 전제로 개념을 설명하였으며, 스미스는 주변 사건에 대한 이해, 대중 매체에 나타난 과학 관련 내용의 진실성을 확인할 수 있는 능력, 사회에서 과학 활동의 연관성과 중요성을 평가할 수 있는 능력을 과학적 소양으로 정의한 바 있다. 과학적 소양에는 과학적 지식에 대한 이해가 필요하다. 과학에서 글을 쓸 수 있는 과학적 문제에 대한 많은 정보를 배울 필요는 없지만 상황에 따라 필요한 경우 이 정보를 배우는 방법을 알아야 한다(Netinbag.com, 2021).

그동안 과학기술을 대하는 일반 대중은 아무런 기반도 없는 무지 상태에서 과학지식이 공급되면 수동적으로 수용할 뿐이었다. 이런 상황이 발생하면 과학과 대중 사이에 깊은 간격이 생기게 된 책임은 오로지 대중에게 돌아가며 대중들은 인지적 결핍 상태에 놓이게 되는 것이다. 그러나 환경오염과 핵 발전으로 대표되는 과학기술의 사회적 문제들이 점차 대중적 관심영역으로 자리잡게 되면서, 미국을 비롯한 서구 사회에서는 다양한 과학기술적 쟁점들을 둘러싸고 숱한 논쟁들이 벌어졌다. 핵폐기물 처리장의 안전성 논쟁, 지구 오존층 파괴 여부 논쟁, 유전자 조작 농산물의 잠재적인 환경적 위험 논쟁, 수돗물 불소화의 안전성 여부를 놓고 벌어진 논쟁 등은 그 대표적인 예이다(Nelkin, 1979; 1984; 1992, 재인용). 이러한 논쟁 중 많은 경우에는 이해당사자인 일반인들이 직접 참여하는 대중적 차원의 논쟁으로 확산되었다. 대중과 과학을 둘러싼 상황을 설명하는 방법 중의 하나로서 사회구성주의(Social Constructivism)는 과학기술이 사회와 무관하게 발전하는 것이 아니라 다양한 사회적 요소와 끊임없이 상호작용하는 가운데 변화하는 것임을 보여주고 있다. 즉, 과학기술의 변화의 방향과 내용은 미리 정해진 것이 아니라 과학기술의 변화에는 관련된 사회집단들의 갈등과 협상이 수반되는 복잡한 과정이 매개된다는 것이다.

영국 왕립학회 보고서인 「대중의 과학 이해」(Public Understanding of Science, Royal Society, 1986)보고서는 대중의 과학이해가 필요한 이유로서, 대중적 이슈에 대한 의사결정, 일상생활 속에서의 과학적 이해의 중요성, 현대 사회의 위험과 불확실성에 대한 이해, 당대의 사상과 문화로서의 과학의 성격 등도 중요한 근거로 제시하고 있는 것이다. 따라서 왕립학회 보고서는 생활과 문화로서의 과학, 그리고 그 속에서 이루어지는 의사결정이 대중들에게 중요하다는 사실을 포괄하려는 모습을 보여준 것으로 평가하고 있다. 대표적인 사례연구로는 1986년의 체르노빌 핵 발전소 사고 이후에 영국 컴브리아 지역의 목양농들에게 일어난 일련의 사건들을 분석한 목양농(牧羊農)의 과학 이해, 동물 성장 호르몬에 대한 안전성 평가, 새로운 의료기술에 대한 환자 집단의 태도 등을 들 수 있다(송성수 외, 2000. 재인용).

학생들은 학교에서 과학을 배우고 일반대중은 미디어로부터 과학 정보를 받는다. 박물관과 공개 강의 형태의 정보 전달은 과학적 문해력을 높이기 위해 사용된다. 이러한 방식으로 과학적 정보가 보급되기는 하지만 많은 국가의 많은 사람들이 여전히 과학적으로 문맹인 상태이다. 일반적으로 과학적 문해력은 광범위한 과학 개념을 이해하는 데 필요한 도구를 갖추는 것을 의미한다. 과학이 평범한 삶과 분리되어 있지 않다는 것을 이해하는 것은 과학 문해력의 또 다른 측면으로, 과학적 사고를 자신의 삶의 모든 영역에 적용할 수 있기 때문이다. 세계가 기술적으로 발전함에 따라 과학적 문해력은 유전자 공학, 인공지능, 드론 산업과 같은 분야의 발전은 국민의 의지에 따라 정부의 정책방향설정과 속도에 영향을 줄 수 있으며, 만약 사람들이 과학적으로 글을 읽고 쓸 수 없다면 진보가 방해될 수 있다. 반대로 과학적 문맹 상태에서는 초기에 의심스러운 과학적 문제를 발견하지 못할 수 있다. 위험과 같은 과학적 개념을 이해하면 최근의 코로나19 예방 접종과 같은 문제로 인한 위험에 대한 미디어 정보를 대중이 정확하게 해석하는 데 도움이 될 수 있다. 과학기술을 매개로 전개되고 있는 사회적 문제에 대한 정치적 감각이나 윤리적 안목에 있어서 일반인들의 관심이 자신의 삶의 조건을 개선할 수 있는 계기가 될 수 있다(송성수 외, 2000. 재인용).

글로벌 역량

한국청소년들의 해외취업의사는 75%에 달할 정도로 높다. 그러나 해외취업 희망기관, 희망연봉, 희망사유 등을 볼 때 이러한 의사가 현실적인 구체성을 갖지 못한 채 단순한 기대와 동경 수준에 머무르고 있다. 청소년들은 자신들의 글로벌 역량수준에 대해 '그저 그런 수준' 으로 낮게 평가하고 있으며, 특히 노동시장 진출을 앞둔 대학생들의 평가가 더 낮다. 글로벌 역량 함양에 있어 학교수업보다는 학교교육 외 취업교육(자격증취득, 컴퓨터, 외국어 교육 등)이 더 도움이 된다는 평가이며 해외활동경험 청소년이 그렇지 않은 청소년보다 자신의 글로벌 역량을 더 높이 평가하고 있다(윤철경 외, 2008).

글로벌 역량은 세계화 시대에 적합한 국제적 감각과 자세 및 이에 필요한 능력을 의미하며, '다문화 이해 및 수용능력'은 유연성 및 적극성, 타문화에 대한 지식 및 이해, 글로벌화 및 글로벌 경제에 대한 이해를 포함한다.

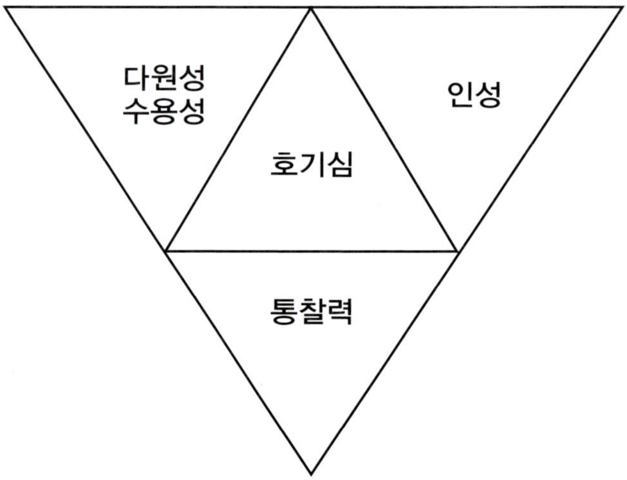

글로벌 경영자의 특성 모델
출처: J. Stewart Black et. 'Global Explores', 1999, 재인용.

핵심역량으로서의 글로벌 역량은 먼저 세계시민으로서의 자질을 말한다. 좁은 의미에서 국제적으로 통용되는 예의와 예절을 갖추는 것으로 이해되었지만, 넓게는 외국에 대한 이해능력까지도 포함하고 있다. 글로벌 역량의 또 다른 논의의 축은 글로벌 리더십, 또는 글로벌 리더이다. 글로벌 리더십은 세계라는 무대를 대상으로 개인적, 집단적 목적을 설정하고 세계 지구촌 사회를 대상으로 그 목적을 달성해 나아가는 능력으로 정의하고 있다(윤철경 외, 2008). 경영학에서는 글로벌 기업들의 인적자원 개발차원에서 글로벌리더의 조건과 능력이 무엇인 지에 대해 관심을 기울여 왔는데, Black, Morrison Gregersen(1999)은 유럽, 북미, 아시아의 50여개 기업을 대상으로 조사한 결과 글로버 리더의 능력을 결정하는 주요 특성으로 호기심, 인성, 다양성 수용, 통찰력이라는 네 가지의 자질을 제시하였고, 그 중에서도 호기심을 핵심특성으로 파악하였다. 그림은 글로벌 리더의 특성모델을 나타낸 것이다. 호기심은 새로운 것을 알고자 하는 욕망이다. 호기심을 확장시키는 일은 자신의 활동영역을 증폭시키며 더 많은 기회를 잡을 수 있도록 자신을 준비시키는 것과 밀접한 관련이 있다. 호기심 영역의 삼각형 모양이 클수록 전체 삼각형 모양이 커져 글로벌 리더로서의 역량이 더 강화된다는 것이다. 다원성수용은 어떤 상황 속에서도 이전의 경험이나 신념들을 일단 보류하고 직면한 문제에 대해 새로운 시각을 취하면서도 그들의 통찰력에 근거한 행동을 함으로써 문제를 적절하게 통합하는 능력을 말한다. 이러한 능력은 불확실한 상황에 직면했을 때 서로 상충되는 긴장감에 끊임없이 시달리면서도 그것을 헤쳐 나갈 수 있도록 해준다. 인성(Character)은 각각 다른 가치와 기대를 가진 사람들에게서 호의와 신뢰를 얻는 데 필수적인 요소이다. 글로벌 리더의 인성으로 고려해야 할 것은 정서적 유대감과 성실성이다. 정서적 유대감이란 다양한 배경을 가진 사람들과 정서적 유대를 맺는 능력, 성실성은 자신 스스로 높은 윤리적 기준을 고수하면서 지속적으로 일의 효율을 지원하는 것을 의미한다.

빅데이터 활용능력은 필수

우리 사회는 정보통신기술이 점점 모든 것의 매개체가 되기도 하고 때로는 중심이 되기도 하는 사회가 되었다. 새로운 데이터들이 넘치는 동시에 새로운 지식들이 빛의 속도로 증가하는 환경 속에서 나에게 유용한 새로운 콘텐츠들을 효율적으로 재빨리 받아들여야하는 정보의 홍수, 정보의 폭발시대, 한 마디로 빅데이터 시대를 살고 있다. 구글의 에릭 슈미트(Eric Schmit)는 21세기 현대인들은 이틀마다 문명의 발달초기부터 2003년까지 인류가 생산한 양 만큼의 정보를 만들어내고 있다고 말한다. 또 비즈니스 리더들은 매 2년마다 지식의 양이 2배씩 늘어난다고 말한다. 폭발적인 지식의 생산에 관한 의견들을 종합하면 우리가 지금 기억하고 있는 지식들은 2년 반 정도이면 그 지식은 50퍼센트로 줄어들고 5년이면 25퍼센트로 줄어든다는 말이다.

줄어들기도 하거니와 그 지식은 과거의 지식이 되어 더 이상 유용한 지식이라고 할 수 없게 되는 것이다. 이러한 환경에서는 새로운 정보를 누구보다도 빠르게 받아들이고, 그 내용을 숙달하고 전략적으로 통합하는 능력이 요구된다.

2010년 5월에 발표한 IBM연구조사에서 조사한 글로벌 CEO 1,500명에게서 볼 수 있는 가장 중요한 2가지 핵심적 특성은 바로 '창의성'과 '복잡성 관리 능력'이었다. 다른 리더들과 마찬가지로 비즈니스 분야의 리더들도 정보만 파고드는 사람들이 아니라 사고력과 문제해결 능력을 갖춘 사람들이 미래의 리더들이 될 것이며, 모든 직업분야에서 일을 수행하기 위해서는 사실과 가짜 정보를 구분하여 해석하고 그로부터 새로운 조합을 만들어내야 한다. 앞으로 많은 젊은이들이 가고자 하는 꿈의 기업들이 제공하는 멋진 일자리들은 결국 암기만으로는 절대 채울 수 없는 '깊이 사고하는 힘'을 가진 사람들의 몫이 될 것이다. 그렇다면 새롭게 요구되는 능력들을 과연 어떻게 키울 수 있을까? 하는 것이 우리가 던지는 핵심적인 질문이다.

빅데이터를 다룰 수 있는 정보통신기술을 자기의 전공으로 삼는 그런 학생이 있는가 하면, 전혀 다른 분야이거나 인문학 또는 디자인, 예술과 같은 분야인데도 불구하고 정보통신기술을 최대한 잘 활용함으로 학습을 하고 자신의 역량을 쌓는 인재가 있기도 한다. 다시 말하면 4차산업혁명시대에서는 어느 분야에 있든지 정보통신기술과 우리 삶이 분리되어서는 살 수가 없다. 그렇다고 정보통신의 기술만 가지고 되는 것이 아니다. 정보통신기술이 무엇인가를 끌어가고 연결하는 매개체 역할을 한다면, 획득된 지식과 정보를 구성하여 새로운 가치가 생성될 수 있도록 정보통신기술을 활용하는 역량을 갖춰야 하는 것이다.

디지털 리터러시

진화하는 리터러시 개념

리터러시(Literacy, 문해력)란 문자화된 기록물을 통해 지식과 정보를 획득하고 이해할 수 있는 능력을 말한다. 리터러시는 단지 언어를 읽고 쓰는 능력이 아니라 변화하는 사회에서 적응하고 대처하는 능력으로서, 그 개념이 시대에 따라 다양한 영역으로 확장되는 현상을 보인다. 2500년 전 고대 이집트에서는 필경사들이 왕보다 더 많은 권력을 행사했다는 기록이 있는데, 그 이유는 그들이 읽고 쓸수 있다는 능력으로 많은 정보를 가졌기 때문이다. 인류 최초의 학교는 읽고 쓰는 능력을 기르기 위한 것이었다(KBS, 2020). 산업화 시대에 책과 신문, 잡지 등의 매체가 보편화되고 문서로 업무를 처리하기 시작하면서 읽고, 쓰는 문해력은 현대인들에게 대단히 중요한 능력이 되었다. 즉, 말하고 듣는 능력 뿐만 아니라 읽기, 쓰기, 연산(3RS, Readings, Writing and Arithmetic)역량이 사회생활을 영위함에 있어 필수 요소로 자리매김했다. 이런 이유로 국어와 영어는 필수 과목이 되었고, 공장이나 사무실에서는 계산하는 능력 또한 필요하기에 국어, 영어, 수학은 필수과목으로 중요하게 인식되면서 오랫동안 리터러시의 개념처럼 사용되어 왔다. 이후 TV가 발명되면서 비판적인 사고의 필요에 따라 텔레비전 리터러시, 시각 리터러시의 개념이 요구되었고, 1990년대에 들어서 컴퓨터에 대한 이해와 지식, 컴퓨터를 활용하는 능력 등 이용자의 측면에서 디지털 격차를 줄이는 접근성 개념을 도입한 컴퓨터 리터러시, 1990년대 후반 이후 정보 탐색 및 선택, 정보 평가, 종합 및 문제 해결 등 정보에 대한 비판적 사고와 문제 해결력을 강조하는 정보통신 리터러시 역량이 요구되었다. 2000년대 이후부터는 컴퓨터 리터러시, 네크워크 리터러시, 정보 리터러시가 모두 범주에 포함되어 기술 습득을 넘어 활용 능력이 요구되듯이 각 시대마다 요구되는 역량이 달라지고 있다(노은희 외, 2018). 4차산업혁명 시대에는 이런 역량에 더해 새로운 역량이 요구되고 있다. 바로 디지털 리터러시(Digital literacy, 디지털 문해력)라는 역량이다

디지털 리터러시라는 용어와 개념은 1997년 Paul Gilster가 처음 소개하였다. Gilster는 디지털 리터러시를 자신의 책 'Digital Literacy'에서 "컴퓨터를 통해 다양한 출처로부터 찾아낸 여러 가지 형태의 정보를 이해하고 자신의 목적에 맞는 새로운 정보로 조합해 냄으로써 올바로 사용하는 능력(Ability to understand and use information multiple formats from a wide range of sources when it is presented via computers)"이라고 정의했다(위키백과). 한편, 한국의 디지털리터러시교육협회는 "디지털 기술, 데이터, 정보, 콘텐츠, 미디어에 접근하고 이를 통해

관리, 통합, 분석, 평가, 해결, 소통하며 지혜롭게 문제를 해결하는 능력과 소양"이라고 정의하고 있다. 디지털 활용능력과 함께 디지털 사용이 지나쳐 중독에 빠지거나 남에게 해를 입히는 데 이용이 되지 않도록 스스로 절제하고, 공동체 정신을 갖고 자신의 디지털 활용능력을 나와 타인에게 이롭게 사용할 줄 아는 소양까지도 디지털 리터러시에 포함하고 있다(디지털리터러시교육협회홈페이지, 2020).

종합하면 디지털리터러시는 협의의 의미로 디지털 미디어의 정보 및 메시지를 이해하는 능력으로 정의되지만, 4차산업혁명 시대에서는 정보를 수집·평가·판단하는 비판적사고와 선택한 정보를 이용해 새로운 지식을 창출하는 문제해결 능력까지 포함하며, 개인의 기능적인 능력 범주를 넘어 사회적 관계 속에서 디지털 시민의식과 소통, 협업 등 의 능력으로 확대 정의하고 있다.

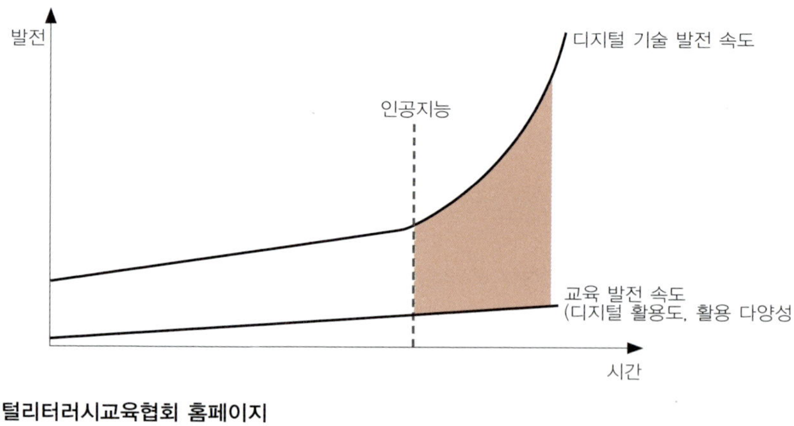

출처: 디지털리터러시교육협회 홈페이지

코로나19 팬데믹이 깨우쳐 준 우리의 디지털 역량

2020년도는 코로나19 팬데믹으로 인하여 전 세계인이 일상생활에서 완전히 새로운 경험을 강제로 해야만 했던 고난의 시기로 기억될 것이 분명하다. 사람들은 전염병 확산 때문에 비대면으로 소통하는 일이 일상이 되면서 디지털 수단에 많은 것을 의존해야 했다. 이 과정에서 디지털 기기에 익숙한 사람들조차도 삶 전체가 디지털 환경 속에 놓이게 되면서 혼란을 겪지 않을 수 없었다. 특히 교육 현장에서는 수업이 온라인으로 전환되면서 가르치는 교육자나 수업에 참여해야 하는 학생의 입장에서 모두가 여러 번의 시행착오를 통해 낯선 디지털 교육환경에 적응해야 했다. 영상을 촬영하고 디지털 공간에서 소통하는 것도 보편적인 삶의 모습이 되었다. 다행히도 IT 선진국답게 우리의 디지털 기술과 인프라는 시공간의 제약 없이 접속이 가능할 만큼 준비돼 있었다. 과학기술정보통신부의 인터넷이용실태조사(2020.11)에 따르면, 2019년 7월 기준 우리나라 전체 가구 99.7%가 인터넷 접속이 가능하며, 인터넷 접속가구 중 '무선랜'이용이 가능한 가구의 비율은 100.0%, '모바일 인터넷' 99.9%로 나타났다. 개인 인터넷 이용률에 있어서도 만 3세 이상 인구 오천만 명의 91.8%가 인터넷 이용자이고, 모바일 인터넷 이용자(스마트폰, 태블릿PC, 웨어러블 기기 등 무선인터넷을 이용한 사람)의 비율은 91.4%이었고, 10대~50대의 대부분이 모바일 인터넷을 이용하고 있다.

그렇다면 한국인들은 모바일 인터넷을 어떻게 이용하고 있을까. 인터넷

이용목적은 '커뮤니케이션'(95.4%), '여가활동'(94.0%), '자료 및 정보획득'(94.0%)이었다. 한국인이 가장 많이 사용하는 앱인 카카오톡과 같은 메신저를 주로 사용하면서 채팅기능 외에 사진, 동영상, 일정, 업무용 파일 등의 공유(81.5%)가 가장 많았고, 음성 및 영상통화(55.8%), 택배 배송정보 확인(36.5%), 지도 및 위치 공유(36.2%) 등의 기능도 자주 이용하는 것으로 나타난다.

하지만 '디지털 소통'이 잘 되는 것이 온라인 수업의 전체적인 성공을 담보하기 어렵다는 것이 밝혀졌다. 통계자료에서 보듯이 이제까지 우리의 인터넷 사용은 '소통'과 '정보 공유'를 하는 수준에서 생활에 편리성을 더하는 보조적 도구에 지나지 않았던 것이다. 학교 현장에서는 디지털 학습 자료와 장비의 미비로 교육 내용을 구성하는 데 어려움이 있었고, 동시에 많은 학생들이 접속하면서 정보처리 용량 부족으로 수업 때마다 극심한 혼란을 겪어야 했다. 그리고 디지털 시대에 나고 자란 세대인 이른바 '디지털 네이티브(Digital Native)' 학생들도 인터넷 접속, 디지털 기기 사용, 플랫폼 활용, 학습 공간 및 환경 등의 격차로 혼란을 겪었다. 이 같은 현상은 학교현장에서 뿐만이 아니라 사회전반에 걸쳐 발생하였다는 것이 공통된 의견이다. 우리는 매일 다양한 미디어와 디지털 기기와 디지털 플랫폼에 둘러싸여 살고 있는데, 보조적 도구였던 디지털이 코로나19 팬데믹 상황을 전환기로 삼아 생활의 중심이 되어버리자 개인 또는 우리 사회의 디지털 리터러시 수준에 따라 문제의 형태와 결과가 각기 다르게 나타난 것이다(사이언스타임즈, 2020.11.27).

역량 개념에서의 디지털 리터러시

세계경제포럼은 2016년에 이미 제4차산업혁명 시대의 핵심 역량 중에 '디지털 리터러시'를 포함해 발표한 바 있다. 핀란드, 영국, 프랑스, 캐나다 등 선진국들은 디지털 리터러시를 국가적 차원에서 교육하고 장려하고 있다. 그러나 이들 국가들에 비해 국내에서는 일부 직무에 한정된 역량으로 다뤄지며, 그 중요성을 크게 인식하지 못했다. 그렇다 보니 일반인들은 디지털 기술에 의존도가 높은 반면, 복합적 능력에 무지한 채 개인적 격차가 벌어졌고, 그 격차는 사회의 현상으로 표출됐다(디지털타임즈, 2020).

코로나19 펜더믹으로 오프라인 관련 산업들의 위기와 급속한 디지털 전환의 소용돌이에 놓이게 되면서 개인의 차원의 문제를 넘어 국가 경쟁력을 제고하기 위한 해법으로 '디지털 리터러시(digital literacy)'가 부상하고 있다(사이언스타임즈, 2020.11.27.). 카렌 춥카(Karen Chupka) CES 부사장이 2020 코리아 마이스 엑스포의 기조 연설을 통해 "2년 치의 디지털 기술 전환이 팬데믹 이후 2개월 만에 성취됐다."고 한 말은 디지털 사회로의 전환 속도를 적절히 표현하고 있는 것이다. 이것은 디지털 사회로의 속도전쟁을 선포한 것이나 다름없다. 그렇다면 디지털 사회화가 빠르게 진행되고 있는데 디지털 환경에서 생존을 위해 필요한 개인의 디지털 리터러시 수준은 어느 정도여야 하는가? 인터넷이나 모바일기기를 통해 자신의 관심사를 검색하고, 학습자료 등의 정보를 공유하며, 동영상과 게임을 즐기면서 심심할 틈 없이 시간을 대부분

소비할 수 있다면, 좀 더 나아가서 인터넷 뱅킹과 핀테크를 하는 수준과 같이 생활 속에서 얼마든지 디지털 기기를 능숙하게 다루는 능력이라면 만족할 수 있는 수준이 되는 것일까?

디지털 리터러시 역량 개념은 초기는 소프트웨어 운용, 디지털 디바이스를 활용할 수 있는 능력에 초점을 두다가, '디지털 기기에 둘러싸인 디지털 환경에서 살아가는 인간'을 중심으로, 기기와 인터랙션하는 과정에서 발생하는 인간의 복잡한 인지, 운동성, 사회성, 감정 기능을 포괄하는 개념으로 확장되었다(Bawden, 2001).

디지털을 지칭하는 영역은 광범위하고 이질적이고 다양한 형태를 융합하는 단어로서 도구이면서 기술과 서비스이고, 콘텐츠이기도 한 다양한 속성을 지니고 있다. 디지털 리터러시 역량은 디지털 기술, 데이터, 정보, 콘텐츠, 미디어에 접근하고 이를 통해 비판적으로 분석·평가하며, 생산적으로 소통하며 문제를 해결하는 복합적 역량이다. 노은희 외(2018)는 디지털 리터러시는 디지털 기술에 대한 올바른 이해와 사용을 공통 기반으로 하여, 다음의 세 가지 영역-디지털 환경의 접근(탐색·활용), 비판(분석·평가), 생산(소통·창조)-이 상호 연계되어 있다고 본다. 미국의 리터러시 센터에서는 '모든 형식의 미디어에 접근하고, 분석, 평가하며 제작할 수 있는 능력'에 '참여'라는 개념을 덧붙임으로써 공론의 장으로서의 디지털 공간의 특성을 강조한 바 있다(옥현진 외, 2018).

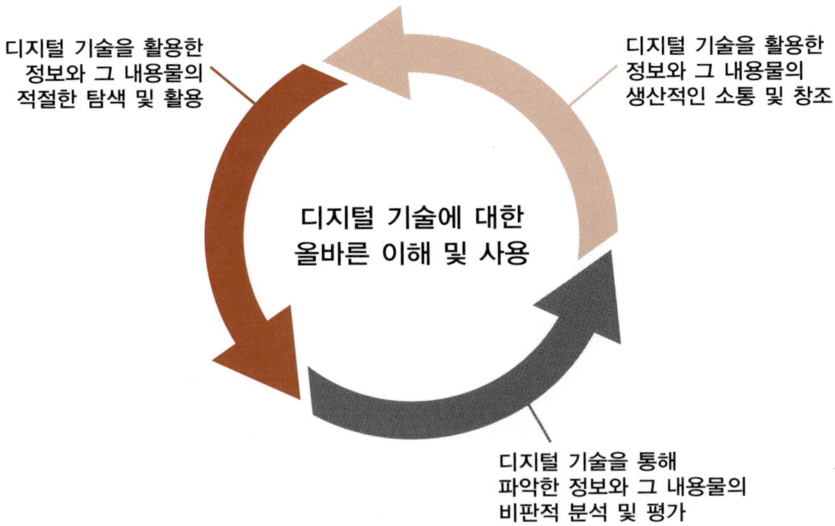

디지털 리터러시 개념도
출처: 노은희 외, 2018

역량으로서의 디지털 리터러시를 알아보기 위해서는 역량의 하위 범주를 디지털 환경 접근과 탐색 역량, 비판적 분석 및 평가 역량, 그리고 디지털 정보의 생산과 소통 역량으로 구분하여 살펴 볼 필요가 있다. 세종시 교육정책연구소의 '디지털 리터러시 교육실태 분석과 교육과정 연계 방안 연구'를 참조하여 다음과 같이 정리하였다.

▪ 디지털 환경의 접근과 탐색 역량

디지털 도구와 기술을 활용하여 정보와 그 내용물에 대한 적절한 탐색 능력이다. 우선적으로 디지털 기기와 서비스에 친숙해지는 것이 필요하다. 스마트폰, 노트북, 태블릿 등 디지털 기기와 각종 어플리케이션 서비스나 웹사이트에 익숙해지고 활용하는 것이 매우 중요하다.

인터넷과 디지털 기술을 기반으로 누구나 엄청난 정보를 접할 수 있는 시대가 되었다. 디지털 콘텐츠 소비의 경우 대부분 검색을 통해 이루어지며, 검색은 질문을 통해 시작이 된다. 따라서 좋은 질문을 하는 것이 대단히 중요하다. 어느 분야에 호기심을 가지고 질문을 하는 것이 습관이 될 때 디지털 리터러시 능력은 향상된다.

자료에 의하면 우리나라 대학생들이 검색 키워드로 습득하는 정보의 내용은 주로 영화, 주말의 날씨, 음악제목, 이슈기사, 과제 참고자료, 학생식당 메뉴 등이다. 직장인들은 여행, 뷰티, 헬스, 음식 레시피, 위치정보(맛집, 학원), 제품, 가격정보', 뉴스기사, 머니 정보(주식, 부동산)' 등으로 나타난다. 한국인들의 정보 속성은 지극히 실용적, 개인적, 단편적인 내용들인 것을 엿볼 수 있는 대목이다. 2019년 세대별 급상승 검색어 집계에서도 10대는 대학교, 20대는 채용, 3~40대는 아파트, 50대는 나이로 뚜렷하게 자신의 주된 관심사 정보를 검색했다는 것을 알 수 있다. 또한 IT정책전략연구소가 분석한 급상승 '코로나' 관련 키워드는 2020년 2월 16일부터 확진자 수가 늘어나며 확진자가 발생한 지역별 현황에 대한 검색량이 상승하고, 2020년 3월 1일 이후, 개인 위생과 예방책에 대한 준비 시작이 관심사였고, 2020년 3월 20일 이후 생활과 경제에 대한 관심으로 번지고 있는 것을 그래프로 나타내었다. 이처럼 사적 관심사에서 경제적인 이슈가 터지면서 관심사가 바뀐 것을 눈으로 볼 수 있다.

디지털 리터러시 교육이 우리나라보다 앞선 선진국의 디지털 리터러시 역량이 발휘된 두 가지 사례를 소개해 본다.

캐나다 퀘백에 사는 15살의 윌리엄 가두리(William Gadoury)는 별자리와 구글 지도로만 고대 마야 도시를 찾아낸 소년이다. 그는 2012년 마야 문명에 빠져들어 이에 대해 꾸준히 공부해 왔다. 윌리엄은 "왜 마야 도시는 강이 아닌 산 속 깊은 곳에 건설되었을까?"라는 의문을 갖게 되었다. 그리고는 마야 문명의 도시와 별자리가 깊은 상관관계가 있음을 발견하게 된다. 그는 발견된 내용을 전문기관에 알리고 이를 통해 그가 지목한 정글 숲에서 86미터 높이의 피라미드를 비롯, 30개의 건축물 흔적을 발견하는 성과를 거두었다.

또 다른 사례로는 미국 소년 잭 안드라카(Jack Andraka)가 있다. 그가 13세 때 가족처럼 지내던 아저씨가 췌장암으로 세상을 떠나게 되자, 췌장암에 대해 관심을 갖게 되었다. 그 결과, 인터넷을 통해 췌장암 85% 이상이 말기에 발견되며, 비싼 췌장암 진단키트는 14시간이 걸리는데 비해 성공 확률이 30%라는 사실을 알게 되었고, 이를 개선할 진단키트를 만들기로 결심한 잭 안드라카는 인터넷을 통해 꾸준히 질문을 던지며 마침내 혁신적인 췌장암 진단 키트를 발명하게 된다. 그의 나이 불과 16세 때의 일이다. 안드라카는 인터넷에서 논문을 찾고, 이메일로 전문가에 도움을 요청하며, 온라인 커뮤니티에 들어가 새로운 정보를 찾아내는 등 대부분 인터넷으로 연구를 하였다. 잭 안드라카의 사례는 그의 연구 결과가 비록 여러 가지 비판에 휩싸이기는 하지만 정보기술과 인터넷을 활용해 콘텐츠를 검색 · 평가 · 공유하고,

창조하는 "디지털 리터러시" 역량을 바탕으로 성과를 이루어낸 대표적인 사례이다.

이렇게 두 소년과 같이 현상에 대해 항상 호기심을 유지하고, '왜 그럴까?'하는 합리적 의심과 문제해결을 위해 질문하는 습관은 디지털 리터러시 역량으로서 4차산업혁명 시대에 반드시 필요한 능력이다.

디지털 리터러시 하위역량

범주	하위범주	내용
정보탐색	접근	정보를 찾기 위해 다양한 사이버 공간 활용
	검색	과제와 관련된 키워드를 다양하게 생성
	훑기	정보를 유형별, 장르별로 다양하게 확인
	선택	과제를 해결하기 위해 관련되는 정보를 다양하게 선택
비판적 분석 및 평가	내용 확인	텍스트/이미지/동영상 등 다양한 양식의 내용을 파악
	추론	다양한 양식의 텍스트에서 제공하지 않는 내용을 추론
	텍스트 연결	과제와 관련된 다양한 정보 간의 관련성을 파악하여 비교, 분석, 종합
	출처 신뢰성	정보의 출처(저자, 일시, 유형, 매체)를 바탕으로 신뢰성 평가
	내용 타당성	정보가 합리적이고 공정하고 정확한지 평가
	정보 유용성	정보가 유용한지를 자신의 목적에 맞추어 평가

생산 및 소통	내용 구성	인터넷에서 검색한 정보나 데이터를 활용하여 텍스트의 내용을 구성
	복합양식 텍스트구성	인터넷에서 글, 이미지, 동영상 등을 조합하여 원하는 텍스트를 제작하거나 데이터 처리와 시각화
	플랫폼 선택 · 활용	인터넷 플랫폼(블로그, 트위터, 페이스북 등)에 내가 제작한 텍스트에 관하여 다른 사람과 의견을 나눌 수 있다.

출처: 세종시 교육정책연구소의 '디지털 리터러시 교육실태 분석과 교육과정 연계 방안 연구' [표 2-5]를 재구성

인터넷과 구글맵으로 고대 마야문명을 발견한 캐나다의 윌리엄 가두리

인터넷을 통한 연구로 16세에 췌장암 진단키트를 발명한 미국의 잭 안드라카

▪ 비판적 분석 및 평가 역량

수집된 정보의 비판적 읽기를 통해 정보나 문화 콘텐츠의 내용과 표현 그리고 사회 문화 현상을 비판적으로 이해하는 능력이다.

정보 통신 기술이 발전하기 이전에는 대중에게 일방적으로 정보를 전달하는 TV, 신문, 책, 영화, 라디오 등의 매체로만 지식이 전달되어서 정보를 만들어 내는 생산자와 정보소비자의 경계가 뚜렷하고 소비자들인 일반 대중은 수동적이고 무비판적일 수밖에 없었다. 21세기 지식정보화 시대에 접어들면서 수많은 데이터의 지식들이 쏟아져 나왔고, 가짜정보도 많이 포함되어 있었다. 가짜정보로 인한 큰 사건을 한 가지 뽑자면, 2008년 한국에서 발생한

'미국 쇠고기 광우병 파동'이다. 이때 엉터리 정보와 의도적으로 왜곡된 한 언론사의 프로그램으로 인해 전 국민이 불안감과 공포를 가지게 되었고, 시민들의 불안감으로 많은 괴담 속도가 포털 게시판에서 생성되고 빠르게 확산되면서 정권이 흔들릴 정도로 패닉 상태가 되었던 사건이었다. 이 사건으로 인해, 집단적 무지가 초래하는 영향이 어떤 결과를 나타내는지 보여주었고 정보를 어떻게 받아들여야 하는지 고민하게 만들어주었다. 상향식(bottom up)인 지식 사회이기 때문만이 아니라 우리는 생활 속에서 정보 vs 가짜정보를 구별해야 하는 필요성을 깨닫게 해준다. 미디어에 접속하고 분석하여, 평가하고 더 나아가서 새로운 창작을 할 수 있는 역량이 이 단계에서 갖추어져야 할 것이다.

비판적 분석과 평가를 위해서는 주요 디지털 기술의 소프트웨어와 알고리즘에 기반을 두고 경제와 사회 현상을 이해할 수 있게 해주는 기능적 역량을 갖춰야 한다. 기능적 영역에서 4차산업혁명 시대에서 사용되며 주목을 받는 기술은 사물인터넷, 빅데이터, 인공지능 등이 기반기술로 분류되고 있다. 기능적 역량은 디지털기술이나 기기의 사용법을 알고 적용하는 수준을 넘어서, 디지털 기술의 영향력에 대한 이해까지를 포함한다. 영향력이 막대한 기술의 명암을 함께 보아야 할 필요성 때문이다. 인터넷과 디지털 미디어는 쌍방향성으로 인해 과거의 대중 미디어 매체와 달리 이용자에게 많은 선택과 통제권, 기회를 제공한다. 이용자가 기술을 이해하고 활용능력을 갖춘 경우에는 주도적 이용자가 될 수 있지만, 그렇지 못한 경우에는 의존성은 높으나 주도성이 떨어지는 결과로 이어진다. 디지털 기기의 사용법은 마치 아이가 모국어를 배우듯 환경 속에서 자연스럽게 익힐 수 있지만, 기술의 구조와 그로 인한 개인적, 사회적 영향에 대한 비판적 분석 역량은 저절로 습득되는 영역이 아니다. 디지털 환경에서 이용자에게 이전보다 강력하고 다양한 권한과 선택이 제공된다는 것은 양날의 칼이다. 이용자 권한 강화는 기술의 속성과 구조에 대한 이해를 기반으로 의도에 맞게 활용하려는 적극적 이용자에게는 많은 것을 가능하게 해주지만, 기술의 속성에 대해 무지한 수동적 이용자에게는 과중한 선택의 부담이다. 디지털 문해력 능력을 갖추지 못하면 미디어 이용자는 디지털 환경에서 기존보다 많은 시간을 미디어 이용에 할당하지만, 수동적 이용에 머물 수 있다. 이 점이 바로 디지털 기술에 대해 깊이 의존하고 있는 디지털 사용자에게 디지털 리터러시가 요구되는 이유이다.

▪ 디지털 정보의 유통과 참여역량

디지털 공간에서 유통되는 정보의 성격에 대한 메타적 인식이 필요한 영역이다. 디지털 도구와 기술을 활용하여 새로운 텍스트를 창조하는 능력으로서, 수집된 정보와 문화 콘텐츠의 내용과 표현 및 사회 문화 현상을 분석하여 창의적 활용을 위해 디지털 정보를 생산한다. 정보를 생산한 이후, 사회적 구성원들과의 원활한 소통을 위해 다양한 채널과 구성 집단에 대한 분석 능력, 그리고 미디어를 이용하여 소통함에 있어 윤리적이고 책임 있는 태도가 요구된다.

1990년대부터 인터넷이 널리 보급되고, 2000년대 이후 스마트폰, SNS와 같은 뉴미디어 기술들이 등장과 함께 대중은 정보를 선별적으로 수용할 수 있고, 쌍방향으로 의사소통이 가능해지면서 정보생산자의 역할 또한 하게 되었다. 많은 사람이 관심을 두고 인정해주는 내용에서 지식의 가치가 부여되고 재생산되어 확산하는 방식으로 여론 형성이나 정책 제안, 사회 활동에 적극적으로 참여함으로 대중의 역할이 중대되었다. 하지만 정보소비자가 좋아하는 개인적인 기호와 지향성에 따라 단편적이고, 즉흥적이며 자극적 오류가 있을 수 있는 정보들이 인터넷 공간에서 너무도 많이 생산되고 있다.

인터넷은 인간이 사회적 존재로서 유지해온 전통적 인간관계와 사회관계를 변화시키는 거대한 동력이자 플랫폼이다. 휴대전화와 같은 개인소통수단과 소셜미디어가 등장할 때만 해도 오늘날과 같은 보편적 도구가 되리라는 기대를 받지 못했다. 소셜미디어 환경에서 소통 행위와 정보 생산 행위가 갖는 의미와 영향을 파악하는 소셜미디어 리터러시 또한 디지털 리터러시의 영역이다. 세대별로 디지털 소통수단에 대해 다른 인식과 사용행태를 보이는 만큼, 이는 기성세대가 디지털 네이티브 세대를 이해하고 교육하는 데 필수적 역량이기도 하다. 또한 미디어 리터러시 능력이 세분화되어 지금까지 간과되었던 사회적인 문제인 사이버폭력, 사이버 명예훼손, 불법 포르노, 가짜 뉴스와 같은 사회 안전과 온라인상에서의 언어사용, 상호작용, 유통방법의 윤리교육 등과 같은 인터넷 예절교육에 관한 태도가 포함된다.

Chapter 13
기술적 역량

수직적인 의사결정 구조는 4차산업혁명 시대에 맞지 않는다. 개별 분야에서의 발전이 아니라 광범위한 협업이 성공의 필수 요소가 되었다. 향후에는 수평적인 시각에서 시스템 전체를 볼 수 있는 '시스템 리더십'이 핵심어가 될 것이다.

– 클라우스 슈밥(2016) –

기술적 역량의 개념

각 기관이나 연구자마다 역량을 표현하는 용어가 'core competency', 'ability', 'skill' 등으로 직종이나 분야마다 모두 다르다. 세계경제포럼이 4차산업혁명에 필요한 역량을 크게 3가지 영역으로 구분하고 16가지 핵심기술을 제안하였다. 여기에서 사용된 기술Skill의 개념은 국제적 차원에서 합의된 정의 또는 분류가 존재하지 않아 때로는 모호한 방식으로 사용된다. 일반적으로 기술이라는 용어는 사람들이 업무를 성공적으로 수행할 수 있는 업무 관련 기능을 나타내는 데 사용된다. 장기간에 걸쳐 형성되는 신체적 또는 인지 능력과 같은 근본적이고 지속적인 속성을 나타내는 능력Ability의 개념과 구별되어야 한다. 교육 부문에서는 기술skill이 주로 공식적인 자격을 의미하는 반면, 고용주 측은 인재가 사용할 수 있는 실제적인 실무 능력 또는 역량을 말하고 있어 인식차이가 존재한다.

여기에서 3가지 미래 핵심역량의 하나로서 분류된 기술적 역량은 의사소통 능력과 종합적 사고력에 해당되는 것이다. 국제조직인 '교육과정 재설계 센터CCR: Center for Curriculum Redesign에서 구분한 3가지 역량–Knowledge, Character, Skills–중에서 "How we use what we know"역량으로서 우리가 아는 것을 사용하는 방법과 관련된 것들이다. 세계경제포럼 보고서에서 언급한 역량 중에서는 교차기능기술CROSS-FUNCTIONAL SKILLS로서 복잡한 문제해결 능력, 의사결정 능력 등 시스템적 사고를 하는 능력, 고장탐구 하는 능력 등이 기술적 역량에 포함된다. 의사소통능력은 전통적인 듣기, 읽기, 쓰기, 말하기 능력과 최근 강조되고 있는 갈등해결을 위한 조정능력 등의 하위요소를 포함한다. 종합적 사고력은 고차원적인 사고 능력으로 문제 상황을 명료화하여 인식하고 과제 해결을 위해 추론하며, 준거에 비추어 아이디어를 판단하고 가장 타당한 해결책을 제시하는 능력으로서 하위요소는 비판적 사고, 시스템적 사고, 창의적으로 문제를 해결하는 고차원적 인지기술이 있으며, 리더십이 포함된다. 대학생 핵심역량 진단결과(2018)에서 기술적 역량에 해당되는 종합적 사고력과 의사소통역량은 전체 6개의 항목 중에서 가장 미흡한 것으로 나타나고 있어 학생과 교육을 담당하는 교육자 모두 보완대책이 요구되는 핵심역량이기도 하다.

의사소통과 협업능력

의사소통이란 다른 사람과 정보를 서로 나누는 것이다. 의사소통은 인간 상호간의 정보의 교환으로서, 언어로 전달되는 내용뿐 아니라 몸짓, 신체언어, 음색, 자세 심지어 침묵까지도 포함한다. 이와 관련하여 의사소통 능력은 다양한 의사소통 상황과 목적을 인식하고 이에 효율적으로 대처할 수 있는 능력을 말한다. 의사소통 능력이 중요한 이유는 대화 상황 속에서 의사소통은 상호작용을 통하여 일어나는데, 언어 형태가 가지는 의미가 일정하지 않으며, 그 언어 형태는 끊임없이 변할 수 있기 때문에 이러한 것을 통제하는 능력이 필요하기 때문이다. 이러한 의사소통 능력을 향상시키면 의사소통에 대한 두려움이나 불안을 긍정적으로 극복할 수 있고, 효과적으로 들으며, 상황에 맞게 의사소통 유형을 결정하고, 효율적인 의사소통 전략을 수립할 수 있다(교육부, 2014. 행복한 교육 2014년 8월호).

의사소통 능력은 두 가지 하위능력으로 구성된다. 하나는 시각적으로 관찰할 수 있는 수준의 성과수행 능력이며, 다른 하나는 성과에 필요한 지식과 인지적 활동으로 구성된 처리능력이다. 이 처리능력은 해석능력, 목표설정능력, 역할수행능력, 자기제시능력, 메시지전환능력으로 구성된다. 해석능력은 의사소통 관련자를 둘러싸고 있는 환경에 의미를 부여하는 능력이며, 목표설정능력은 의사소통 목표를 전략적으로 수립하는 능력이다. 역할수행능력은 사회적 역할을 적절히 수행하는 능력이고, 자기제시능력은 자신의 가치 있는 이미지를 드러내 보이는 능력이다. 마지막으로 메시지전환능력은 언어적, 비언어적 의사소통과 바람직한 관계성을 담은 지적인 메시지를 창출할 수 있는 능력이다(이석재 외, 2003). 그러나 우리나라 대학교 현장에서 측정된 우리나라 대학생들의 의사소통 능력은 다소 실망스러운 상태이다. 대학생의 6대 핵심역량을 측정하는 대학생 핵심역량 진단은 학생 개인의 핵심역량별 수준을 나타내며, 국내 4년제 대학생 전체에 대한 상대적 위치를 나타내어 준다. 한국직업능력개발원에서 매년 대학생 핵심역량 수준과 그 변화를 측정하고 있는데, 2018년 핵심역량 진단결과, 6개 핵심역량의 점수는 대인관계 역량(60.00점), 자기관리역량(50.86점), 글로벌역량(48.46점), 자원정보기술 활용 역량(44.36점), 종합적 사고력(34.55점), 마지막으로 의사소통역량(28.47점)의 순으로 나타났다. 이 순서는 해마다 동일한 경향을 보이고 있는데, 특징적인 사항은 비인지적 요소 역량인 대인관계 역량, 자기관리역량이 6개 역량 중 1, 2위로 나타난 점이다. 반면 대학교 교육과정을 통해 집중 교육을 받은 의사소통역량이 가장 낮게 나타난 결과를 심각한 시선으로 바라볼 필요가 있다고 본다.

산업사회에서의 핵심역량은 3R, 즉 Reading, wRiting, aRisthmetic(읽기, 쓰기, 계산하기)였다. 그래서 이 세 가지 기본 역량을 배양시키기 위한 교육으로 모든 시스템이 작동하고 있었다. 21세기를 살아가기 위해 새롭게 요구되는 핵심역량은 기존의 3R과는 다른 3R; Relationship, Relevance, Real life Applications에 4C; Communication, Collaboration, Creativity & Innovation, Critical Thinking & Problem Solving 을 더하여 3R4C라고 주장하고 있다.

비즈니스 베스트셀러 작가인 다니엘 핑크Daniel Pink는『새로운 미래가 온다-A Whole New world』에서 미래 인재상을 다음과 같이 설명한다. "지난 몇 십 년은 특정한 생각을 갖는 부류의 사람들의 것이었다. 코드를 짜는 컴퓨터 프로그래머, 계약서를 만들어 낼 수 있는 변호사, 숫자들을 다룰 줄 아는 MBA 졸업생처럼 말이다. 하지만 이제는 그 주인공들이 교체되고 있다. 미래는 매우 다른 생각들을 가진 다른 종류의 사람들의 것이 될 것이다. 창조하고 공감할 수 있는 사람, 패턴을 인식하고 의미를 만들어내는 사람들, 예술가, 발명가, 디지이너, 스토리텔러와 같은 사람들, 남을 돌보는 사람, 통합하는 사람, 큰 그림을 생각하는 사람들이 사회에서 최고의 부를 보상받을 것이고 가장 큰 기쁨을 누릴 것이다." 핑크가 전하고자 하는 가장 중점적인 메시지 중의 하나는 우리는 어떤 일을 하든지 창의적인 생각을 하고, 혁신가가 되어야 한다는 것이다.

4차산업혁명시대에 성공하기 위해 필요한 역량에 대해서 재정의하는 것은 다니엘 핑크 뿐은 아니다. 2006년 『그들은 진정 일할 준비가 되었나?-Are They Really Ready to Work?』라는 제목으로 미국에서 발간된 보고서에서 9,400명 이상의 기업가들에게 그들이 가장 중요하게 생각하는 기술이 뭔지 그리고 대학의 졸업생들이 기업가가 원하는 이런 기술들을 가지고 있는가의 질문에서 최상위 5개 기술은 다음과 같았다. '의사소통능력', '팀워크', '전문성', '문서 커뮤니케이션 능력', '비판적 사고 또는 문제해결 능력'이었다.

비판적 사고critical thinking

비판적 사고가 중요한 이유

비판적 사고(critical thinking)가 중요하고 필요하다는 인식은 4차산업혁명시대에 갑자기 나타난 것은 아니다. 그것은 오랜 기간 중요하게 다뤄져 왔다. 작업현장은 계속 변화를 요구하고 비판적 사고에는 프리미엄이 높게 매겨져 있다. 비판적 사고가 많이 요구되지 않는 생산직은 사람이 운영하는 고속도로 요금소가 점차 사라지고 있는 전철을 밟고 있다고 보면 된다. 미국의 경우 2009년 당시 모든 직업의 5분의 1이 생산직이었다. 이제 10년이 지난 2019년에는 문서 정리원이나 비서와 같은 중간층 직업이 문서 캐비닛이 운반되듯 사라지고 있다. 미국의 한 대학에서는 4명의 인력당 1명의 보조 인력이 있었으나 지금은 24명당 1명으로 비율이 대폭 떨어졌다. 의료서비스 지원이나 경비원과 같은 전산화되지 않은 사회적 지위가 낮은 서비스직이 지속적으로 증가하고 있지만, 전문가 사고에 대한 요구도 증가하고 있다. 미래에는 비판적 사고가 필수적인 상위 직업군과 상대적으로 특별한 기술이 필요 없는 하위 직업군이 커져가는 양상을 보일 것이다.

비판적 사고의 중요성은 21세기 사회가 정보의 바다에서 정보를 창출하고 교환하는 지식정보화 사회라는 점에서 더욱 부각된다. 심리학자 다이앤 할펀(Diane Halpern, 2013)은 그녀의 저서 『Thought and Knowledge: An Introduction to Critical Thingking』을 통해 지식정보화 사회에서 비판적 사고가 반드시 필요한 이유를 다음과 같이 강조하고 있다. "이제 사람들은 컴퓨터에서 잠시 검색을 하면 그들의 손끝에서 마음대로 다룰 수 있는 무지막지한 양의 정보들을 얻게 된다. 문제는 이 엄청난 양의 데이터를 가지고 무엇을 할지 아는 것이다. 그 정보들이 필요에 따라 선택되고, 해석되고, 요약되고, 평가되고, 이해되고, 적용되지 않는다면 도서관 책장의 무수히 꽂혀 있는 책들보다 더 쓸모없는 것일 뿐이다."

우리가 현재 직면하고 있는 빅데이터의 세계에서는 정보가 폭발적으로 증가하고 있기 때문에 비판적으로 사고하는 것은 매우 필수적이다. 우리는 미래에 맞닥뜨릴 수많은 선택의 기로에서 빅데이터를 어떻게 선택하고 조직화할 것인지를 배워야 한다(로베르타 골린코프 외, 2019). 선택은 단순하다. 우리에게 다가오는 콘텐츠와 정보의 바다에서 생존의 원천적 힘을 발굴하는 법을 알아가든지 아니면 정보의 홍수에서 익사하든지 두 가지 길 중 하나를 선택하여 나아가야 한다. 그러한 이유 때문에 비판적 사고는 우리를 둘러싼 4차 산업혁명시대의 빅데이터 속에서 길을 찾아갈 수 있는 해답이다. 그렇다면 어떻게 비판적으로 사고하는 법을 배울 수 있으며, 그것은 우리에게 무엇을 의미하는 것인가?

비판적 사고 개념

'비판적 사고(critical thinking)'는 '일련의 정보나 주장을 아무 생각 없이 받아들이는 게 아니라 포괄적 맥락에서 그것이 합당한 근거에 기반하고 있는지 검토하고, 필요할 경우 더 나은 견해나 대안을 창조적으로 탐색하고자 하는 통합적인 사고'라고 할 수 있다. 하비 시걸(Harvey Siegel, 1988)의 비판적 사고 개념에 의하면 비판적 사고는 이유를 적절하게 평가하는 능력인 '이유 평가(reason assessment)' 요소와 이를 추구하려는 '태도(attitudes)나 성향(dispositions)' 요소(비판적 정신)로 구성된다. 이와 같이 기능적인 측면(이유 평가)뿐만 아니라 태도나 성향적인 측면이 반드시 포함되어야 한다고 주장한다.

비판적 사고의 본고장은 미국이다. 2008년에 출간된 『강력한 학습(Powerful Learning)』에서 해먼드는 「뉴욕타임스」에 나란히 실린 두 편지를 인용해서 미국식 교육의 근본적 문제점을 지적했다. 하나는 유럽의 한 학생으로부터, 다른 하나는 미국 학생으로부터 온 편지다. 유럽 학생은 유럽에서 고등학교를 졸업한 뒤 미국의 한 대학 의학부에서 공부하고 있었다. 그는 이렇게 말했다. "미국의 학생들은 암기해야 할 사실들과 계산(figures)에 온갖 시간과 에너지를 다 쏟아붇고 있는 반면 유럽의 학생들은 같은 주제를 배우더라도 암기보다는 그것을 이해하도록 요구받는다." 그는 또한 이렇게 주장했다. "비판적인 사고, 분석, 조사하는 기술은 유럽의 고등학교에서 배웠고, 미국 대학에서는 그렇지 않다." 흥미롭게도 미국 학생들은 이를 인정했다. "미국이 교육에 있어 하위에 머무르는 이유는 10학년, 11학년까지도 기본적으로 교과서를 암기하도록 배우기 때문이다." 그 학생이 하소연하듯 이렇게 질문했다. "우리가 문제를 어떻게 분석해야 하는지를 모른다면 현실에서 어떻게 경쟁할 수 있을까? 우리가 직면할 모든 문제들이 교과서 뒷부분에 수록된 해답과 함께 기록돼 있지는 않다." 1983년 '위기에 처한 국가: 국가 교육 개혁의 특명'이라는 연구보고서가 사고력 함양 교육의 중요성을 지적한 이후 미 교육계에서는 '비판적 사고의 폭발'이라는 말이 나올 정도로 다양한 교육방법과 프로그램이 개발됐다(로베르타 골린코프 외, 2019). 또 우리의 대학수능시험과 유사한 SAT, 대학원 진학에 필요한 GRE · GMAT, 법학대학원 적성시험인 LSAT 그리고 대학생 학업 성취도 평가인 CLA 등 다양한 시험제도에서 '비판적 사고 영역'을 주요 항목으로 채택하고 있다.

한국에서도 1990년대 초반 처음 '비판적 사고' 개념이 도입된 이후 각 대학에서 사고력 함양을 위한 교양 교과목으로 정착됐다. 1997년 교육부는 세계화·정보화시대에 적합한 자율적이고 창의적인 한국인의 필수 소양임을 공식화하면서 '비판적 사고력의 배양'을 중등 교육과정의 교육목표 중 하나로 제시했다. 실제로 수능과 대입 논술고사, 공직 임용을 위한 국가고시 PSAT, 법학교육적성 검사 LEET 등 이미 시행 중이거나 새로 도입된 시험들이 부분적이든 전면적이든 비판적 사고력에 대한 평가를 지향하고 있다. 문제는 비판적 사고력 평가는 지식의 측정이 아니라 추론 및 문제해결 능력, 의사결정 능력, 협력적 소통 능력, 통찰력 등을 종합 지표로 만드는 측정 방식이 필요함에도 불구하고 비판적 사고가 갖는 특성들을 체계적으로 포괄하지 못하는 평가제도라고 전문가들은 비판하고 있다.

한 언론사에서 한국의 초·중·고에서 원어민 영어 교사 15명을 상대로 한국교육에 대한 심층 인터뷰를 했는데 이들은 한국교육의 약점으로 한결같이 "자기 스스로 삶을 관리할 능력을 기를 수 없다"는 점을 꼽았다. 캐나다 출신의 교사는 "비판적으로 사고하거나 토론할 수 있는 능력을 배우지 않기 때문에 학생들은 심지어 자기들의 강점과 약점을 파악하지도 못하는 것 같다"고 했다(한겨레. 2009.11.29). 한 논문에서도 우리 청소년들의 여러 가지 능력 중에서 논리적 비판력, 즉 비판적 사고 능력을 가장 적용하기 힘든 능력이라고 답하였다. 하지만 비판적 사고력은 우리의 삶과 항상 밀접한 관계에 있다. 비판적 사고는 우리가 사는 세상에서 매일 벌어지는 일에 대해 그것이 사실인지, 앞뒤가 맞는지를 판단하는 능력이다. 우리가 사는 사회는 허구, 엉터리, 의도적 왜곡 등과 같이 비논리적이고 사실과 다른 뉴스나 정보가 넘쳐

나고 있으므로 이를 구별해낼 수 있는 능력이 반드시 요구된다. 인생을 살면서 지식과 경험이 분명히 더 많았을 기성세대의 수준도 별반 다르지 않다.

비판적 사고 없이 거짓정보에 국민 모두가 휘둘렸던 불행했던 사례가 바로 우리 주변에 있었다. 2008년 한국에서 발생한 '미국 쇠고기 광우병 파동'은 엉터리 정보와 의도적으로 왜곡된 한 언론사의 프로그램으로 인하여 전 국민의 불안감과 공포를 유발하였던 사건이다. 포털 게시판 등을 통해 '광우병 괴담'은 빠른 속도로 확산됐으며, 시민들의 불안감으로 촉발된 광우병 시위는 전국 곳곳을 '무법천지'로 몰아넣었다. 말도 안 되는 거짓과 왜곡에 휘둘려 국민의 직접 선거를 통해 합법적으로 막 출범한 정권이 휘청거리고, 나라 곳곳이 패닉에 빠진 모습으로 인하여 국제사회에서 한국에 대한 이미지는 추락하였다. 그러나 광풍이 지나간 이후는 언제 그런 일이 있었느냐는 듯이 한국의 미국산 쇠고기 수입 물량은 외국산 수입 쇠고기 가운데 압도적 1위를 차지하고 있어 한국인을 부끄럽게 만드는 한 단면을 보여준다. 정확한 정보를 제공하지 못한 언론의 책임이 작지 않지만, 진실을 배우려고 노력하기보다는 거짓선동에 쉽게 휘둘리는 이런 집단적 무지(無知)와 '가벼운 귀'에서 벗어나려는 의지가 무엇보다 필요하다.

비판적 사고의 출발

인터넷은 쓰레기 정보로 가득하다. 인터넷의 바다에서 수집된 가공되지 않은 정보는 진실은 고사하고 확인되거나 평가되지 않은 '완전한 날 것'이라는 사실을 우선 인지하고, 의문을 품기 시작하면서부터 비판적 사고는 출발한다. 무조건 수용하는 것이 아니라 의심해보고, 어떻게 하는 것이 좋은 결과에 이르게 되는지를 캐묻게 될 때 반쪽짜리 진실과 터무니없는 왜곡으로부터 탈출할 가능성이 커진다. 아리스토텔레스는 니코마코스 윤리학(Nicomachean Ethics)에서 어떤 생각에 동의하지 않더라도 이리저리 생각해볼 수 있는 것이 바로 교육받은 정신의 특징이라고 강조하였다. 비판적 사고를 가르치기 위해서는 아이들이 "관찰, 경험, 숙고, 추론 및 의사소통, 등의 다양한 출처로부터 정보를 분석하고 종합하고 평가하는 법을 배우는 것이 필요하다(로베르타 골린코프 외, 2019).

1단계: 정보를 보이는 대로 믿는 단계

우리는 처음부터 비판적 사고를 가진 사람으로 태어나지 않았다. 그래서 어릴 때는 자기가 옳다고 생각하는 것은 다른 사람들도 모두 그렇게 생각할 것이라고 판단한다. 자기가 옳다고 믿는 것은 다른 사람도 좋아할 것이라는 생각은 어린 아이라면 당연하지만 성인에게는 '독단'과 다를 바 없다. 하버드

대학 셀먼(Robert L. Selman, 1980) 교수에 의하면 '보는 대로 믿기만 하는 수준'은 자아중심적 혹은 미분화된 단계로서 대략 3세에서 6세 아이 수준의 단계라고 말할 수 있다.

2단계: 사실을 비교하는 단계

사람들은 때로 자기가 가진 것의 소중함은 잊은 채 남의 것을 한없이 부러워한다. SNS로 세계 모든 사람들을 만날 수 있는 현대에서는 어떤 소식을 접하든 우리는 항상 다른 사람과 자신을 비교하게 된다. 그런데 비교하는 습관은 정신건강뿐만 아니라 신체건강에도 모두 해롭다는 것이 일반적인 상식이다. 그러나 꼭 물질적인 대상이 아니어도 자신이 갖고 있는 것 또는 소유하고 있지 못한 것, 즉 소유의 유무, 소유 대상의 크기를 비교하는 것과 비판적 시각을 견지하는 것은 다르다.

2단계의 시기에는 사람들이 다양한 관점이 있다는 것을 인식하게 된다. 아이들은 자신이 알고 있는 사실이 어떤 사람들에게는 다를 수 있다는 것을 이제 알게 된다. 아이들은 이제 들은 것과 세상에서 본 것을 비교할 수 있게 되면서 어느 정도의 비판적 사고에 관여할 수 있게 된다. 어린이들은 특히 어른들로부터 얻은 정보는 진실이라고 믿어버리는 편견을 가진다. 그러나 4세쯤만 되어도 무엇이 진실인지를 판단하려는 개인적인 지식 습득의 단계에 다다르기 시작한다(로베르타 골린코프 외, 2019).

3단계: 자신만의 견해를 갖는 단계

비판적 사고는 의문을 제기하는 것에서 출발한다. 대부분의 아이들 그리고 위대한 과학자들은 자신들이 보는 흥미로운 것들에 대해 주저하지 않고 질문한다. 이들이 질문을 던지는 것과 마찬가지로 비판적 사고는 자신의 생각과 감정에 의문을 제기하는 것과 관련된다. 하지만 많은 사람들이 자신만의 견해를 갖기에는 많은 어려움을 겪는다. 그러한 이유에서인지 다른 사람들의 의견이나 주장을 그대로 받아들이는 것으로 스스로 만족하는 경향이 있다. 얄팍한 정치인들은 일부의 동조 세력을 일반화시켜 대다수 국민들의 의견인 것처럼 과대포장하기 일쑤인데도 불구하고 자신만의 견해가 없는 사람(어떤 공무원은 이러한 부류의 사람들을 개, 돼지에 비유하여 국민적 공분을 불러일으키기도 하였지만)은 여기에 동조함으로써 슬그머니 다수에 포함된 것에 안도감으로 위안을 삼는다. 여론의 3단계에서는 다양한 사람들의 서로 다른 관점들이 있다는 것을 알지만 여전히 자신의 개인적인 현실에 전적으로 의지하는 것을 보게 된다. 심지어 그들이 의지하는 현실이 그리 명료하지 않고 다른 사람들은 다른 현실을 경험한다는 것을 알 수도 있는데 말이다.

YTN 사이언스 프로그램 「말에 휘둘리는 '팔랑귀'의 심리」에서 연세대학교 심리학과 이동귀 교수는 남의 말에 솔깃해 쉽게 휘둘리는 사람을 보고 '팔랑귀'라고 정의하였다. 유독 쉽게 설득 당하는 사람 또는 쉽게 동조하는 사람들이다. 이들은 구매할 계획이 없었던 제품의 광고를 보고 불현듯 구매하거나, 인터넷에서 본 것을 온전히 믿고 주변에 퍼트리기도 한다. 상대의 말을 믿는 것 자체가 나쁜 것은 아닐 것이다. 누구나 어릴 때 남의 말에 속아 어리석은 행동을 해본 경험은 있는데 그 이유는 삶의 경험과 지식이 적기 때문이다. 그러나 보통 사람들은 그 경험을 바탕으로 타인의 말을 비판적으로 듣는 능력이 길러지는데 반해, 팔랑귀는 경험에서 배우지 못하고 똑같은 실수를 반복한다.

어느 날 갑자기 필자가 한 시간 거리에 살고 있는 손자를 만나러 갔다. 주중에 손자를 방문하지 않는다는 것 말고는 특이한 건 전혀 없었다. 손자는 할아버지에게 묻는다.

"할아버지, 왜 왔어요?"

"우리 손자 보러 왔지."

"아니, 정말 왜 여기에 있어요?"

손자는 할아버지의 대답을 믿지 않았다. 할아버지가 손자를 보러 가는 때는 항상 유치원을 가지 않는 때였기 때문이다. 여기에는 틀림없이 다른 이유가 있을 것이라고 손자는 생각한다. 이 역시 비판적 사고다.

나는 팔랑귀인가?

'착한 아이 콤플렉스'가 있는 사람이 '팔랑귀'가 될 가능성이 높다.

예를 들어, 보험을 살 때도 '당신이 이 보험을 안 샀는데 사고가 나면 남은 가족들은 어떡합니까?' 이런 이야기를 들으면 본인이 안 하면 다른 사람이 피해를 입을 수 있다는 생각에 팔랑귀가 되는 것이다. 남들과 다른 결정을 내리는 것을 두려워하는 사람들도 팔랑귀가 되기 쉽다. 혼자 튀는 결정을 내리면 남들이 나를 싫어할 것이라는 생각에 부담을 가지는 사람들이 있는데, 이들은 남들과 비슷한 결정을 하게 되면 남들이 나를 좋아할 것이라고 생각한다. 일종의 '유사성의 원리'에 묶여서 다수가 이야기하는 소문을 믿고 다수의 판단을 그대로 받아들이는 경향이 강하다.

팔랑귀에는 두 가지 유형이 있다.

첫째, 친한 사람의 말일수록 "아 그래?"라며 신뢰하는 경우이다. 공신력 있는 매체보다 바로 옆에서 친한 누군가가 이야기하면 솔깃해지는 것으로 '친구 따라 강남 간다'는 말이 여기에 해당한다. 나랑 일상생활에서 가장 비슷한 유형일 것 같은 사람이 선택했다면 그 선택이 안전할 거라고 생각하는 것이다. 게다가 스스로 복잡하게 생각해야 하는 고민거리를 나랑 비슷한 입장에 있는 친구가 대신 해결해주니까 더 좋은 것이다. 하지만 여기에는 부작용이 있는데 사실은 옳지 않은 일인데도 친구가 '이걸 하는 게 좋아'라고 이야기하면 자신도 모르게 동조하게 되는 것이다.

둘째, 모두가 'YES'라고 외칠 때 나 또한 'YES'라고 외치는 경우이다. 주변에 같은 결정을 하는 사람들이 많을수록 이 결정에 따라가게 된다는 것으로써, 심리학에서 동조 실험을 해보면 주변에 같은 결정을 하는 사람이 많으면 많을수록 따라갈 확률이 높게 나타난다. 그런데 무조건 숫자가 많을수록 동조하는 정도가 따라서 높아지는 것은 아니다. 3명 정도가 동조하면 그 다음부터는 인원이 많아져도 거의 비슷한 정도의 동조 가능성을 보이는데, 흥미로운 점은 한 사람이라도 반대하게 되면 이 동조가 깨질 확률이 급상승한다는 것이다. 따라서 동조 효과에는 두 가지 요인이 필요한데, 세 명 이상의 사람이 동조해야 하며 반대 의견이 없어야 한다.

비판적 사고에 관여하는 핵심은 인지된 정보를 습관적 또는 무의식적으로 수용하지 않으면서 그것에 의문을 제기해보는 것이다. 사물이 존재하는 방식이나 이치가 어떠한 타당한 방식으로 이루어지는지 질문해 봄으로써 우리의 이해는 더 완벽해질 수 있다. 우리는 어떤 현상, 예를 들면 "멀리 떨어져 있는 사람과 대화를 나눌 수는 없을까", "우리는 새처럼 날 수는 없을까"에 대해 순진한 의문을 가져보는 사람들을 지식 수준이 낮다고 우습게 보는 것을 경계해야 할 것이다. 다른 현실이 존재하는 것을 상상할 수 있는 사춘기 자녀들이 비판적으로 따지기 시작하면 어떤 것도 쉽게 넘어갈 수 없다. 때로는 그들의 성가신 자질을 활용해 대안이 될 것들을 찾을 수 있도록 유도할 수도 있다. 이 시기의 학생들에게는 서로의 의견을 교환하고 토론하도록 격려함으로써 논쟁하는 법을 알도록 도울 수 있다. 예를 들어, "4차산업혁명시대에는 왜 비판적 사고가 중요한가" 등의 질문을 던지고, 브레인스토밍을 하게 한다. 그리고 학생들에게 양측의 의견을 지지할 증거를 책이나 인터넷에서 찾도록 하고, 도발적인 질문을 제공해 비판적 사고를 훈련시킬 수 있다. 비판적 사고는 사람들이 대안적인 관점을 인식하고 모든 측면을 바라볼 수 있는 것을 의미하지만, 그들이 비판적으로 사고하는 것만으로 성공하는 것은 여전히 아니다. 증거를 찾다보면 문제에 대한 결론에 도달할 수도 있지만, 어떤 답변들은 단순한 견해를 넘어서 다른 것보다 좋다는 것을 알게 되는 다음 단계인 종합하기가 있다.

4. 종합하기

미국의 생물학자로서 논픽션 부분 퓰리처상을 수상하기도 했던 윌슨(E.O. Wi1son, 1999)은 그의 저서 『통섭: 지식의 통합(Consilience; The Unite of Knowledge)』에서 "우리는 정보의 바다 속에 빠져 허우적대면서 지혜에 더욱 굶주려 갈 뿐이다. 세상은 이제부터 적당한 시기에 올바른 정보를 조합하고 그것을 비판적으로 받아들이며 지혜롭게 중요한 정보를 잘 선택해가는 정보종합처리기술(synthesizers)을 가진 사람들에 의해 움직일 것"이라고 말했다. 또한 하워드 가드너(Howard Gardner, 2009)는 저서 『미래를 위한 5가지의 사고방식(Five minds for the Future)』에서 미래에는 5가지의 사고방식이 필요하다고 하였다. 그 중 하나는 '종합하기(synthesizing)'로서, 오늘날에는 이질적인 자료로부터 얻어낸 정보를 논리 정연한 전체로 밀접하게 결합시키는 능력이 필수적이라고 주장한 바 있다. 우리는 문제해결을 위해 최선을 다해 온갖 정보의 출처를 통하여 정보의 단편들을 모은다. 그러나 수집된 많은 정보는 그 자체로 완벽하지 않다는 것을 곧 깨닫게 된다. 이처럼 '종합하는 능력'은 엄청난 양의 정보의 호수에서 중요한 정보를 선택하고 정제하여 문제해결을 위한 작업에 사용하는 능력과 연관된다.

이제 단편적 지식으로 무장된 콘텐츠 또는 스펙 위주의 경력이 최고라는 환상에서 벗어나 광활한 콘텐츠의 바다에서 정보종합처리기술(synthesizer)을 가지고 내비게이터 역할을 하는 사람이 성공할 것이라는 점을 인식해야 한다. 아무도 이전에 접해보지 못한 문제해결에 있어 정보를 새롭게 다루는 법을 모른다면 비판적 사고에도 한계가 있을 것이다. 따라서 비판적 사고를 뛰어 넘어 창의적 혁신에 도달해야 한다.

코넬대학 로버트 스턴버그(Robert Sternberg, 2000) 교수가 주장한 것처럼 비판적 사고 기술을 가르치는 방법이 있다.

학생들은 그들이 들은 것(예를 들면, 과대광고와 같은 것)에 대해 비판적 입장을 가지도록 돕는 것이다. 실제로 주변에서 보고 듣게 되는 많은 광고를 접하면서 내용의 신뢰도에 의심을 품지 않을 수가 없다. 예를 들면, 합격률 전국 1위 또는 취업률 1위라는 식으로 광고 제목을 버젓이 달고 있음에도 소비자들은 별반 의심없이 받아들이는 경향이다. 그런데 무엇과 비교해서 1위일까? 비교 그룹이 전혀 제공되지 않았다. 1위라고 인증을 준 곳은 과연 어느 기관일까? 비판적 사고를 고무시키는 다른 방법은 문서로든 직접 소통을 통해서든 주장들을 찾아내고 평가하며, 그 전제를 바탕으로 가설을 만들도록 돕는 것이다. 위의 어떤 대학이 취업률이나 합격률이 1위라면 다른 업체들은 상대적으로 그 업체보단 낮다는 것을 전제로 해야 한다는 것을 학생들이 제시하도록 도와주는 것이다.

위 광고사례를 통해서 간단한 연습을 통해 비판적 사고를 시작해보자.

누군가 최근에 말한 내용이나 광고, 기사, 사건 등을 구체적으로 떠올려본다. 그런 다음 자신에게 다음과 같이 질문을 한다.

누가 말했습니까? Who said it?

아는 사람입니까?

권위나 권력을 가진 사람입니까?

누가 이 말을 했는지 중요합니까?

그들은 무엇을 말했습니까? What did they say?

그들은 사실이나 의견을 제시했습니까?

그들은 모든 사실을 제공했습니까?

그들은 무엇인가를 남겼습니까?

그들은 어디에서 말했습니까? Where did they say it?

공개 또는 비공개입니까?

다른 사람들이 다른 의견을 제공할 수 있는 기회가 있었습니까?

그들은 언제 그것을 말했습니까? When did they say it?

중요한 행사 전, 도중 또는 후에 있었습니까?

타이밍이 중요합니까?

그들은 왜 그렇게 말했습니까? Why did they say it?

그들은 자신들의 의견에 대한 배경을 설명했습니까?

그들은 누군가를 좋게 또는 나쁘게 만들려고 했습니까?

그들은 어떻게 말했습니까? How did they say it?

그들은 행복하거나 슬프거나 화를 내거나 무관심했습니까?

그들은 그것을 글로 표현했습니까, 아니면 구두로 말했습니까?

당신은 그들이 말한 내용을 이해할 수 있습니까?

시스템 리더십

넬슨 만델라의 진실과 화해위원회

클라우스 슈밥은 『4차산업혁명, 더 넥스트』에서 4차산업혁명기의 두 가지 키워드는 '시스템 리더십'과 '플랫폼의 발전'이라고 언급하면서 복잡성과 변혁성을 가진 4차산업혁명시대에는 새로운 형태의 리더십을 필요로 하는데, 이것이 바로 시스템 리더십이라고 주장하였다.

시스템 리더십이란 더 나은 미래를 만들려는 의지가 있는 집단들끼리의 협치 시스템으로 변화를 위한 공동의 비전을 만들고, 모든 이해관계자와 협력하여 변화를 이끌어내는 원동력이다. 시스템 리더십은 권력을 가진 소수의 일방적인 조정을 지양하며, 상호 신뢰와 협력의 맥락에서 모든 시민들의 권리를 강화한다. 즉, 일방적인 톱다운(top-down) 형식의 리더십이 아니라 다양한 당사자들이 주도하는 소통과 협력의 거버넌스 형태라 할 수 있다. 빠른 사회 변화가 필요한 영역에 관하여 이해관계자들이 모여 상호 이해와 신뢰를 쌓는 집중 토론을 하고, 사회적 합의를 이뤄가는 과정인 것이다. 이를 위해서 리더는 복종을 강요하기보다 맥락적 지성(contextual intelligence)을 개발(develop)하고, 수평적인 시각에서 시스템 전체를 볼 수 있는 시스템적 사고가 필요하다.

시스템 리더십이 발휘된 가장 훌륭한 사례로서 남아프리카공화국 만델라의 진실과 화해위원회를 들 수 있다. 만델라는 남아공 최초의 흑인 대통령으로 취임하였고, 진실과 화해위원회(True and Reconciliation Commission; TRC)를 결성하여 용서와 화해를 강조하는 과거사 청산을 실시했다. 인종차별 시절 흑인들의 인종차별 반대투쟁을 화형, 총살 등의 잔악한 방법으로 탄압한 국가폭력 가해자가 진심으로 죄를 고백하고 뉘우친다면 사면하였으며, 나중에는 경제적인 보상이 이루어지기도 했다. 또한 피해자 가족들의 요청에 따라 피해자 무덤에 비석을 세워줌으로써 아파르트헤이트 시절의 국가폭력 피해자들이 잊히는 일이 없도록 하였다. 그것은 흑인과 백인 남아프리카공화국 국민들이 함께 과거를 대면하고 미래를 형성하는 데 기여한 정서적 치유의 근본적인 혁신이었다.

심각한 피해를 겪은 사람들과 그 피해를 초래한 사람들이 서로 대면하고, 진실을 말하고, 용서하고, 전진하는 사람들과 함께 할 수 있다는 단순한 생각은 새로운 미래 창조를 위한 용광로였다. 남아공의 새로운 미래를 창조하는데 만델라 대통령과 데스몬드 투투(Desmond Tutu) 주교와 같은 사람들의 시스템 리더십이 없었으면 불가능했을 것이다.

시스템 리더십

세계경제포럼은 리더십이라는 화두를 내세운 핵심 이유로 4차산업혁명의 가속화 현상을 꼽았다. 경제·사회적 발전을 이루지 못한 사회에서 좌절과 불만이 증가하고, 이들의 상황은 4차산업혁명이 진행됨에 따라 더 불확실해질 것이기 때문에 이에 대응하는 리더십이 필요하다는 것이다. 이러한 배경에는 4차산업혁명이 기술 간 융합을 가속화할 것이고, 각종 시스템 간의 경계를 붕괴시킬 것이라는 전망에 기초하고 있다. 이런 시대가 다가오고 있지만 개별 경제주체 간, 국가 간 상호 의존성을 깨트리지 않고 4차산업혁명의 복잡성과 불확실성에 대응하기 위해서는 보다 더 기민하게 포용적이고 협력적인 대응이 절실해졌다는 것이다. 리더십 논의는 경제 분야에만 국한된 것이 아니다. 혁신적인 대안이 없는 상태에서 전 세계적으로 보호주의, 포퓰리즘, 민족주의가 기승을 부리고 있으며, 이에 따라 기존 사회를 지탱했던 시스템이 약화되고, 국가 간 글로벌 차원의 신뢰가 깨지고 있다는 점을 꼬집었다. 이러한 이유에서 충격이 오면 과거보다 더 큰 파장이 미칠 수도 있다는 점에 경고를 보낸 셈이다.

시스템 리더십은 부서, 조직 또는 부문의 경계를 넘어서 어떻게 이끌어 가는지에 관한 것이다. 크고 복잡하고 어려우며 다루기 어려운 문제에 직면했을 때, 여러 불확실성을 저글링해야 하는 곳, 즉 어느 개인이나 조직도 스스로 솔루션을 찾거나 구성할 수 없는 경우, 모든 사람들이 자원을 능가하는 수요를 충족시키는 방법에 대해 고민하고 있는 곳, 그리고 많은 사람들의 열정, 아이디어, 재능 및 전문 지식들이 뭉쳐있는 곳에서 일해야 하는 방법이 필요할 때 시스템 리더십이 적용된다.

역사상 우리는 그러한 시스템 리더를 더 필요로 하지 않았다. 그러나 현재

지구촌의 사람들은 지리적 범위와 계층 구조를 넘어서 수많은 시스템적 문제에 직면해 있다. 기후 변화, 생태계 파괴, 물 부족, 청년 실업, 빈곤 및 불평등과 같은 문제에 대응하기 위해서는 여러 조직, 산업 부문 및 국가 간의 전례 없는 협력이 필요하다. 이러한 요구에 부응하여 국가별, 지역별, 심지어 전 세계적으로 수많은 협력 이니셔티브가 이루어졌지만 성공 사례보다는 실패 사례가 압도적이다.

2016년 하버드 케네디 학교 기업의 사회적 책임 이니셔티브(Corporate Social Responsibility Initiative)에서 발표한 보고서에 따르면, 안보, 기후 변화 및 남녀평등과 관련된 다양한 이해당사자들이 얽혀있는 복잡한 문제를 해결하기 위해서는 시스템 리더십이 필요하다고 언급하였다. 이러한 문제들의 해결을 위해서는 여러 부문의 다양한 이해 관계자의 직접적인 참여를 요구하고 있다. 시스템 리더십은 다양한 이해 당사자들에게 먼저 공유 비전을 육성함으로써 활력을 불어넣고 그들의 노력이 일치하도록 보장할 수 있다.

슈밥 회장은 한국도 시스템 리더십을 확립해야 할 시점에 왔다고 강조한 바 있다. 그는 폐쇄적인 칸막이 문화로는 4차산업혁명에 제대로 대응할 수 없다며 더 이상 우물 안 개구리 식으로 생각해서는 안 된다고 지적하였다. 그는 한국의 대기업에 대해 거대한 물고기가 아닌 작은 물고기 조합으로 네트워크화하여 빠르고 기민하게 대응하는 것이 필요하다고 강조하면서 "4차 산업혁명시대에 살아남기 위해서는 시스템적으로 생각하고 플랫폼 차원에서 접근해 나가야 한다"고 말했다.

시스템 리더십으로 남아공 국민을 하나로 만든 넬슨 만델라

1995년에 설립된 남아공의 진실과 화해위원회(TRC)는 근대 역사의 어두운 과거와의 화해를 모색하고자 하는 여러 국가들의 모범 사례로 손꼽힌다. 인종분리 정책시대에 저질러진 반인권적 행위에 대한 7년간의 청문회를 통해 진실 규명을 위해 노력해왔다. 남아공의 첫 민주 선거로 대통령직에 오른 넬슨 만델라는 노벨평화상 수상자인 데스몬드 투투 대주교를 위원장에 임명하였다.

진실과 화해위원회는 1990년부터 1994년 사이 4년 동안 남아공 인종분리정권과 민주화 운동 단체들 간의 협상을 통해 창설되었으며, 진실을 밝히는 조건으로 그동안 양측에 의해 저질러진 인권침해 행위에 대한 사면을 받도록 합의했다. 이로 인해 정치적 교착상태에 빠졌던 회담이 급진전을 보이며, 1994년 첫 민주 총선에서 ANC가 집권하게 되고 비로서 진실과 화해위원회가 설립되었다.

진실과 화해위원회의 임무는 과거의 인권침해 사례를 조사하여 사건을 마무리하고 희생자들의 보상 및 명예회복과 관련된 지침을 마련하여 그들이 사회에 대한 신뢰를 회복하도록 돕는 것이다. 1996년 이 지침에 따라 남아공 전역에서 진상규명 및 용서를 통한 치유의 과정이 진행되었다. 청문회 내용은 인터넷 및 TV를 통해 중계되었고, 이로써 34년간 나라 전역을 감싸온 침묵을 깨게 되었다. 가해자는 자신의 잘못을 고백하고 피해자들은 그들이 당한 학대를 회고했다. 7년 간 22,000명이 진술을 했고, 그중 6,000여명이 사면을 청구하였다. 실종자 수는 약 1,000여명으로 밝혀졌다.

진실과 화해위원회는 최종 보고서를 2003년 3월 21일 음베키 대통령에게 제출함으로써 그 임무를 마치게 되었다.

사회적 차원에서의 시스템 리더십

로카(Roca, Inc.)는 1988년 보스턴 지역에 설립된 지역사회 청소년 개발 조직이다. 로카는 지역사회의 가장 큰 위험인 갱단, 마약 등에 관련된 17세에서 24세에 해당하는 젊은이들이 폭력과 가난에서 벗어날 수 있게 도와주고, 궁극적으로 재수감을 줄이도록 하여 그 성과를 정부로부터 보상받는 민간조직이다.

로카의 재활활동 결과 2015년에 위험도가 높은 659명의 청년을 성공적으로 사회에 배출시켰는데, 청년의 84%가 6개월 이상 그리고 21개월 이상 취업 상태를 유지하였고, 2년 동안 청년의 93%가 새로운 체포를 당하지 않았으며, 98%는 새로운 사건에 연루되는 경우가 발생하지 않았다. 설립자이자 CEO인 몰리 볼드윈(Molly Baldwin)은 "개인에게 영향을 미치는 것이 지역사회에 영향을 미치며, 개인과 사회가 다함께 치유되어야 한다. 문제는 한 사람의 문제가 아니라 우리 모두의 문제"라는 철학을 가지고 있다. 하지만 볼드윈 자신을 포함하여 불량청년들과 평화적 관계를 만드는 것은 결코 쉽지 않았다. '우리'와 '그들'이라는 사고, '내가 옳고, 당신은 틀렸다', '문제는 당신이지 우리가 아니야. 왜냐하면 우리가 도덕적으로 우위에 있기 때문이다'라는 분별적 생각은 사람들과 상황을 진정으로 도울 수 있는 기회와 능력을 제한하는 가장 중요한 원인이었던 것이다. 볼드윈은 젊은이들은 관계의 맥락에서 변화한다는 신념을 갖고 거리로 나가서 위험도가 높은 젊은이들을 찾아

함께 일하는 젊은이들과 혁신적인 관계를 구축하였다. 그 다음 단계로 전통적인 학습 환경에서 실패했던 불량 청소년들이 생활규범과 직업기술을 배우고 전직 및 고용 프로그래밍을 운영하여 성공적으로 사회에 정착할 수 있는 기반을 제공하였다.

젊은이들이 과정을 수행하는 도중 재활 프로그램에서 벗어나거나 파괴적인 행동을 재발했을 때와 같이 아무리 어려운 고비에서도 그들을 포기하지 않는 열정을 보였다. 마지막 단계로 고위험 청소년들의 삶에 영향을 미치는 것과 연관되어 있는 다양한 기관, 즉 형사, 사법 분야, 정부, 비즈니스 및 사회복지 분야의 중요한 지도자 및 기관과의 연대를 구축하였다. 이들이 로카의 재활 프로그램에 직접 참여하거나 협력을 이끌어내는 시스템을 통해 젊은이들의 빈곤, 과잉 투옥과 범죄의 위기 가능성에 대응하는 방식으로 체계적인 개선을 이루어낸 결과이다.

시스템 리더로서의 볼드윈은 불량 청년들에 대한 자신의 편견과 결점을 직면하려는 의지와 사회 조직 전체에 점차적으로 분위기를 확산시키려는 개방적 목적을 갖고 시작하였다. 오늘날 청년재활조직이 갱단, 경찰, 법원, 가석방위원회, 학교 및 사회복지 기관 사이의 상호작용으로 발전함에 따라 이해관계자들의 마음과 한계라는 장벽을 넘어 확장되었다. 실제로 로카의 중요한 협조자는 지역사회의 경찰서였고, 경찰을 적으로 간주했던 이전 사회운동가와는 전혀 다른 맥락으로 접근하였던 것이다. 이것이 바로 시스템 리더십이다.

https://rocainc.org/about/our-story/

시스템리더십은 어떻게 개발되는가

넬슨 만델라 그리고 볼드윈 같은 시스템 리더가 등장함에 따라 이전에는 분리와 대립으로 고통받고 있는 상황이 더욱 개방적이 되었고, 이전에는 다루기 힘든 문제로 보였던 것이 혁신의 기회로 인식되었다. 또한 각 조직과 사회의 서로 다른 이해관계자들이 자신과 조직의 성공이 자신이 속한 더 큰 시스템 내에서 위대한 결과를 만들어 낼 수 있다는 사실을 알게 되면서 조직 이기주의는 맥락이 바뀌게 되었다. 이러한 변화는 진정으로 감동적이다.

영국 스쿨리더십 국립대학 학장인 매기 파랄(Maggie Farrar)은 미래에는 시스템이 발전함에 따라 모든 것이 클러스터 기반이 되며, 고립된 자율성이 아니라 연결된 자율성이 중요하기 때문에 공동으로 그리고 집단적으로 협력하는 것, 다시 말해 "우리는 함께 일을 잘한다", "우리는 훌륭한 클러스터를 가지고 있다", "우리는 훌륭한 네트워크를 가지고 있다"라고 말할 수 있는 것이 중요하다고 강조하였다.

오토 샤머와 캐트린 카우퍼(Otto Scharmer & Katrin Kaufer)의 저서 『신흥 미래를 선도』에서 시스템을 변화시키는 데 필요한 세 가지 '개방'에 대해 설명하고 있다. 마음을 여는 것(우리의 가정을 도전하기 위해), 가슴을 열어라(다른 사람들의 말에 진정으로 경청하기 위해) 그리고 의지를 열어라(사전에 설정된 목표와 안건을 포기하고 실제로 무엇이 필요하고 가능한지 살펴보기 위해). 이 세 가지 개방은 대부분 변화하고자 노력하지만 잘 실행되지 못하는 사각지대와 일치한다. 이는 매우 엄격한 가정과 의제에 기반을 두고 있으며, 변환 시스템이 궁극적으로는 해당 시스템을 형성하고 있는 사람들 사이의 관계를 변화시킨다는 것을 알지 못한다. 만약 변화의 노력 속에 정치적 의도나 개인적 목적 달성 같은 의도를 내포하고 있다면 지도자들이 이 단순한 세 가지의 진리를 받아들일 수 없거나 꺼려하기 때문에 실패하기 쉽다.

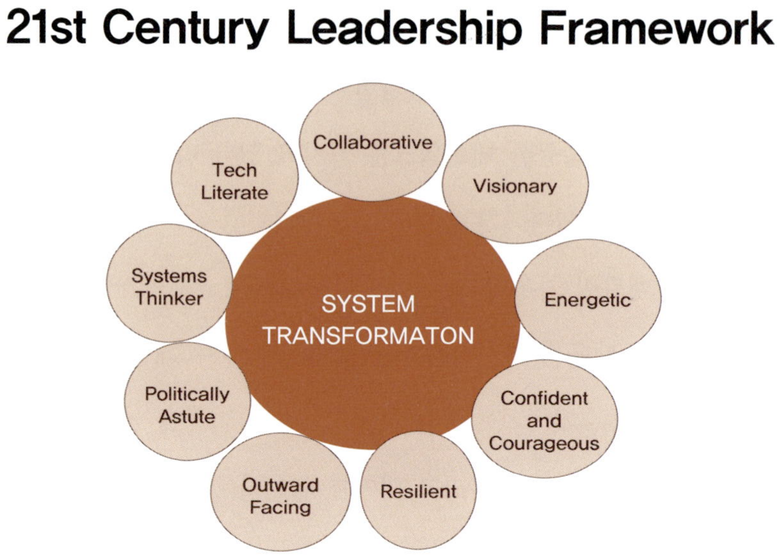

Global Education Leaders Program; Selection Process Competencies; The Hay Group; 2003

시스템 리더에게 요구되는 세 가지 기본 능력

사례로 들었던 시스템 리더의 핵심 기능과 스타일이 크게 다르지만, 시간이 지남에 따라 시스템 리더의 심오한 헌신은 다른 사람들의 비슷한 헌신을 유도하고 육성한다는 점에서 놀라울 정도로 유사하다.

시스템 리더는 자신과는 다른 사람들의 눈을 통해 현실을 볼 수 있는 능력과 개방성을 지니고 있으며, 사려 깊은 경청을 바탕으로 관계를 구축하고 신뢰와 협업 네트워크를 넓혀 나가기 시작한다. 그들은 완전히 발전된 계획을 기다리지 않고 다른 사람들이 앞서 나아갈 수 있도록 해줄 수 있는 일들이 있을 것이라는 확신을 가지고 무엇인가를 시작한다. 실제로 시스템 리더의 가장 큰 공헌 중 하나는 문제에 대하여 전혀 백지 상태인 무지식 상태, 즉 무지의 힘에서 비롯될 수 있다.

시스템 리더는 이해관계자들에게 던지는 아주 간단하고 명백한 질문으로부터 시작함으로써 모든 참석자의 자기 보호를 해제시킬 수 있다. 이후 계속되는 토론과 지속적인 학습, 함께 성장하는 것에 대한 개방성과 헌신을 구현하여 궁극적으로 더 큰 변화를 이루어낼 수 있도록 노력하는 단계를 수행해야 한다. 이러한 시스템 리더들에게는 세 가지의 핵심적인 역량이 있다.

첫 번째, 더 큰 시스템을 볼 수 있는 능력이다.

복잡한 환경에서 사람들은 일반적으로 자신이 소속되어 있거나 유리한 지점에서 가장 잘 보이는 시스템 부분에 집중한다. 이것은 필연적으로 누가 또는 어느 집단이 문제에 대한 올바른 관점을 가지고 있는지에 대한 논쟁을 야기하게 마련이다. 복잡한 문제에 대한 공동의 이해를 구축하려면 우선적으로 사람들이 더 큰 시스템을 볼 수 있도록 돕는 것이다. 이러한 상호 입장에 대한 이해과정을 통해 개별적으로 명백하지 않은 솔루션을 공동으로 개발하고, 개별 조각에 대한 증상 수정을 추구하기보다는 전체 시스템의 목표를 위해 협력할 수 있도록 만든다.

두 번째, 능력은 성찰과 경청이다.

성찰은 대화를 할 때 내포된 의미를 잘 볼 수 있도록 하기 위하여 거울을 들고 우리의 정신 모델이 우리를 어떻게 제한할 수 있는지를 생각하고, 이해하는 것을 의미한다. 깊고 공유된 성찰은 조직과 개인 그리고 그룹이 실제로 자신의 관점과 다른 관점을 "듣고", 감정적으로 느낄 뿐만 아니라 서로의 현실을 인지할 수 있도록 하는 중요한 단계이다. 불신이 우세한 곳에 신뢰를 쌓고 집단적 창의성을 키우기 위한 필수 단계이다.

세 번째, 집단적 초점을 사후 대처 문제해결보다는 미래를 공동 창조하는 능력이다.

변화는 종종 바람직하지 않은 조건에서 시작하지만 능력 있는 시스템 리더는 사람들이 이러한 문제에 대한 반응을 넘어 미래에 대한 긍정적인 비전을 세우는 데 도움을 준다. 이것은 사람들이 더 깊은 열망을 표현하고 함께 달성한 실질적인 성과를 기반으로 자신감을 쌓을 수 있도록 리더가 도와주면서 점차적으로 발생한다. 이러한 변화에는 영감을 주는 비전을 구축하는 것뿐만 아니라 현실과 어려운 진실에 직면하는 방법 그리고 비전과 현실 사이에서 발생되는 긴장감을 사용하여 새로운 접근 방식에 영감을 주는 능력이 포함되어 있다.

시스템 리더가 되기 위한 관문

주의집중을 재정립하라. "외부"문제가 "이곳"에 있는지 확인하고 이 두 가지가 어떻게 연결되어 있는지를 보라.

우리가 현재 하고 있는 일을 계속하지만 더 열심히 또는 더 똑똑하게 한다고 해서 다른 결과를 낳지 않을 것이다. 실제 변화는 우리가 변화하고자 하는 시스템의 일부라는 것을 인식하면서 시작된다. 우리가 구제하고자 하는 두려움과 불신은 분노, 슬픔, 의심 및 좌절과 마찬가지로 우리 안에도 존재한다. 인식과 사고의 본질을 행동의 배후로 바꿀 때까지 우리의 행동은 더 효과적으로 작동하지 않는다.

방향 재지향 전략

변화를 위한 공간을 조성하여 집단 지성과 지혜가 표현되도록 한다. 비효율적인 지도자는 변화를 일으키려고 노력하지만, 시스템 리더는 변화를 일으킬 수 있고 궁극적으로 변화를 지속할 수 있는 조건을 만드는 데 중점을 둔다. 시스템 리더십을 처음 접하는 사람들에게는 공간을 만드는 것이 수동적이거나 약한 것처럼 보일 수 있으며, 강력한 리더십이야말로 계획을 잘 실행할 수 있을 것으로 보인다. 물론 계획은 항상 필요하지만 개방성이 부족한 사람들은 변화된 상황에 적응하지 못하고 초기 코스에 전념하는 선원처럼 떠오르는 것을 놓칠 수 있다. 예를 들어, 공간을 만들고 의식적인 질문에 사람들을 참여시킨다. 숨겨진 의제 없이 의견들을 자유롭게 수렴시키는 과정은 계획을 수립하고 이에 헌신하도록 유도하는 것과는 매우 다른 유형의 에너지를 만들게 된다.

실습, 실습, 실습

협업의 역사가 짧고, 서로 다른 정신 모델(mental model)을 가지고 있으며, 심지어 경쟁 목표가 다양한 이해관계자를 함께 모으는 것은 위험을 감수해야 하는 일이다. 좋은 의도만으로는 충분하지 않으며, 여기에는 기술이 필요하다. 그러나 기술은 오로지 연습에서 비롯될 수 있는 것이다. 우리는 체계적인 변화를 위한 가시적이고 유기적인 도구를 원한다. 그러나 준비가 된 사람은 거의 없는 상태이다. 이것이 볼드윈 같은 시스템 리더가 개개인의 정신 모델에 의해 가려져 보이지 않는 더 큰 시스템을 보도록 돕는 방법, 진정한 참여와 신뢰를 구축하는 다양한 대화를 촉진하는 방법에 대한 연습을 중단하지 않는 이유이다. 새로운 가능성을 제시하고, 문제에 대응하며, 집단 창의력을 방출하는 것에 이르기까지 집단의 초점을 이동시키는 데 도움이 된다. 다행히도 시스템 리더십 핵심 기능을 개발하기 위해 다양한 분야에서 다양한 도구가 등장했다. 발명가 풀러(Buckminster Fuller)가 말했듯이 사람의 생각을 바꾸려고 시도하지 말고, 시간이 지남에 따라 점차 다르게 생각하게 하는 도구를 쥐어주는 것이 현명한 방법이다.

다음은 이러한 도구 중 일부의 예와 시스템 리더십역량을 개발하는 데 적용할 수 있는 방법들이다.

더 큰 시스템을 보기 위한 도구

사람들이 더 큰 시스템을 볼 수 있도록 도와주는 도구는 여러 이해관계자의 포괄적인 이해를 구축하는 것이다. 이것은 매우 단순하고 순수한 질문으로 시작한다. 단순한 질문은 이해관계자들이 단단하게 담을 쌓아놓았던 경계를 넘어서, 관계와 상호 의존성을 시각적으로 파악할 수 있도록 도와주도록 문을 열도록 만든다.

예를 들어, 미국 달라스에서 어린이 천식 개선에 중점을 둔 목표를 가지고 의사, 병원 관리자, 지역사회기관, 보험 공급자, 정부 건강 부서, 종교단체, 환경 관리자, 박애주의자 및 공립학교로 구성된 운영위원회가 아이들의 건강체계에 대한 설명을 하기 위해 함께 모였다. 리더들은 모든 이해관계자들이 공감이 가능한 공통된 관점을 개발하기 위해서는 각 분야에서 바라보는 아동 천식에 대한 서로 다른 관점이 필요하다는 것에 의견을 모았다. 초기 대화가 시작되면서 천식의 원인과 더 나은 해결책에 대한 각 개인의 관점이 다르다는 것도 분명했다. 문제해결을 위해 그룹이 개발한 시스템 맵은 모든 관련 이해관계자들의 입장을 보는 데 도움이 되었고, 각 전문가는 자신의 작업에서 어린이 건강에 영향을 미치는 측면을 살펴볼 수 있었다. 결국 이 그룹은 "천식 건강 방정식"을 만들었다. 특히 임상 전문가가 가족과 지역사회가 천식에 미치는 간과의 영향을 전망하는 데 천식 지도는 도움이 되었다.

임상 개입뿐만 아니라 학교 및 공공주택 관리자와 같은 비임상 행위자가 자신의 행동이 의료계의 활동과 어떻게 연계되어 있는지 보다 명확하게 볼 수 있도록 도움이 된 것이다.

생산적 대화를 촉진하기 위한 도구

성찰과 함께 생산적 대화를 장려하는 또 하나의 도구는 일의 성과를 내기 위해 서두르지 않는다는 원칙을 지키는 것이다. 복잡한 문제에 대한 다른 사람들의 견해를 모두 청취할 수 있을 정도로 느리게 하는 것을 목표로 하고 있다. 이러한 도구를 사용하면 조직과 개인이 질문을 하고 수정하며, 내재되어 있는 숨겨진 의도를 마음 속 깊은 곳에서 밖으로 꺼내어 공유가 가능하다.

4차산업혁명의 방향은 인간 중심의 인본주의를 강조하고 있다. 시스템 리더십을 발휘하려면 창의성과 대인관계가 가장 중요하다. 런던대학 데이비드 홉킨스 교수는 미래교육의 방향은 문제해결 능력과 감성지능이 융합된 교육이라고 주장하였다. 훌륭한 리더가 없는 명문 학교를 세계 어디서도 본적이 없다고 말하면서 청소년들을 미래 글로벌 리더로 키우려면 첫째, 교수에 초점을 맞춰야 하는데, 교수는 높은 수준의 지식을 가르치는 데 그치지 말고 문제해결 능력을 키워주는 데 심혈을 기울이는 끝없는 탐구와 탐험을 통한 창의력 개발이 중요하다고 하였다. 또한 문제를 만났을 때 지식을 어떻게 적용하는지 방법을 가르쳐야 한다. 즉, 효과적인 교수와 학습의 핵심은 지식을 문제해결에 적용시키는 데 있다. 둘째, 학생들에게 감성지능을 키워주어야 한다. 다른 사람들과 커뮤니케이션을 잘하도록 가르쳐야 한다는 것이다. 결과적으로 문제해결 능력과 감성지능이 융합되어 21세기에 성공적인 리더가 될 수 있을 것이다.

Chapter 14
인성적 역량

우리 사회에서는 '사람'을 '인간'이라는 의미, 즉 사람과 사람이 어울려 살아가는 관계로서 혼자가 아닌 사회적 관계에서 바라보고 있다.

역량으로서의 인성

인성적 역량은 대인관계능력, 자기관리 역량이 인성적 역량에 포함된다. 대인관계능력은 다양한 인간관계와 사회적 상황 속에서 공동의 목표를 달성하기 위해 필요한 역량으로서 하부 요소에는 다른 사람과의 정서적 유대를 갖도록 하는 공감과 배려, 협력하고 설득 및 중재하는 인간관계기술을 포함한다. 자기관리 역량은 문제 상황을 진단하고 이를 해결하기 위해 자신을 관리하는 능력으로 자기주도적 학습능력과, 지속적으로 자기 자신의 가치를 유지하거나 향상시키는 지속적인 자기성찰 능력, 회복탄력성을 들 수 있다.

스펙보다는 인성이 진짜 실력

동국대 조벽 교수는 40년간의 외국생활을 마치고 한국에서 활동하려 귀국한 초반에 "실력이 없으면 인성이라도 좋아야지"라는 말을 주변에서 듣고 대단히 충격을 받았다고 한다. 한국사회에서는 대학생들이 취업을 하려면 스펙이나 학점 그리고 인맥이 무엇보다 먼저라는 인식이 만연하고 있는 상황이었다. 하지만 요즈음은 스펙 이상으로 강조되는 것이 '인성'이다. 직업인의 조건 중 능력도 중요하지만 인성이 뒷받침되지 않은 능력은 의미가 없다는 말이 나올 정도이다.

조벽 교수는 인성의 필요성을 시대 흐름의 변화 가운데에서 분석했다. "예전에는 혼자서 열심히 공부만 잘하면 취업도, 직장 내에서 잘 되었던 시대였지만, 이제는 다양한 능력과 재능이 있는 사람들이 어울려야만 문제를 해결할 수 있는 집단지성의 세상이 됐다. 빌게이츠, 스티브잡스, 마크 저커버그 등 세계적 창업자들 모두 처음부터 혼자 일하지 않았다. 팀워크를 통해 집단지성을 발휘해 일해 왔고, 그만큼 관계 조율 능력이 중요하다는 뜻이다."

또 다른 분석으로는 4차산업혁명시대에 들어서면서 인공지능과 로봇, 자동화기기 등의 출현으로 기능적인 스펙의 중요성이 감소되었고, 대신 기업에서는 인간관계의 중요성과 소통의 문제가 장기적 관점에서 기업 경쟁력을 좌우한다고 보고, 개인의 스펙보다는 인성을 우선하겠다는 추세로 변하고 있기 때문이다. 한때는 기업이 신입사원을 채용할 때 스펙을 중요하게 여겼지만, "스펙 좋은 사람 뽑았더니 1년도 안 돼 떠나버린다", "인성이 나쁜 사람이 능력있는 경우가 오히려 더 나쁘다"는 인식이 사회 전체로 퍼지고 있는 영향이기도 할 것이다.

분명한 사실은 이미 한국사회에서도 인성이 부수적 변수가 아니라 주도적 변수로 변하였다는 것이다. 기업 인사담당자에게 직무 능력과 인성(태도와 품성) 중에서 어떤 것이 더 중요하냐고 질문하면 "인성이 더 중요하다"고 간단히 대답한다. 그 이유는 직무 능력은 변화와 성장이 가능한 영역이어서 해당 직무와 관련된 지식이나 기술이 부족하면 교육이나 훈련을 통해 향상시키면 문제가 해결되지만, 인성의 영역들, 즉 한 사람의 태도, 품성, 성격, 가치관, 신념, 자기이미지 등은 쉽게 변화시킬 수 있는 영역이 아니어서 인사적으로는 변하지 않는 영역으로 보고 있다.

인성은 비교적 단기간 내에 획득 가능한 스펙과는 달리 변하기 어려운 항구적 특성이 있다. 장기간 노력으로 갖추는 것을 '실력'이라 하는 것과 마찬가지로, 인성도 실력이 되려면 단순히 그 덕목을 안다고 되는 게 아니라 오랫동안 갈고닦아야 빛을 발하기 때문에 높게 평가받는 것은 당연한 일이다.

인성은 인간관계의 필수 덕목

인성을 한 마디로 정의하기는 쉽지 않지만, 대체로 인간이 지향하고 성취해야 하는 인간다운 면모, 성질, 자질, 품성을 말한다. 우리 사회에서는 '사람'을 '인간'이라는 의미, 즉 사람과 사람이 어울려 살아가는 관계로서 혼자가 아닌 사회적 관계에서 바라보고 있다. 인성교육진흥법(2015.1.20)에서도 인성이란 타인·공동체·자연과 더불어 살아가는 데 필요한 인간다운 성품과 역량이라고 정의하고 있다. 그러므로 인성은 인간관계의 필수 덕목인 것이다. 인간관계란 사람들 간에 상호작용을 하며 영향을 주고받게 되므로 대인관계 기술은 다양한 사람과 어울려 일하는 능력이며, 이는 개인의 내면과 품성에 기초한다.

인성교육은 인간다운 성품과 역량을 기르는 것을 목적으로 하는 교육(인성교육진흥법, 2015)으로, 자기 자신을 존중하고 긍정적으로 바라보는 자아실현을 위한 가치교육과 더불어 살기 위한 대인관계 능력을 함양시키기 위한 도덕교육이라고 할 수 있다. 현재 우리 사회가 겪고 있는 심각한 사회병리학적 문제들—약화된 정서조절 능력, 스트레스 대처 능력, 낮은 자존감 등—을 예방하기 위해서 인성교육이 요구되지만, 4차산업혁명시대라는 미래사회가 요구하는 인재상, 즉 타인에 대한 이해와 배려, 협력, 공감, 사회성, 의사소통 능력 등을 구현할 수 있는 역량을 갖추기 위한 인성교육이 필요하다. 4차산업혁명시대에서 급격하게 변화하는 기술 때문에 오늘날 요구되는 역량들은 부모들 세대에서의 성공역량들과는 다소 차이가 난다.

많은 인성의 덕목 중에서 우리나라 기업에서 실제로 신입사원을 채용할 때 중요하게 평가하는 항목은 무엇일까? 2019년 우리나라 기업 390개사 설문조사에서는 태도가 좋고 예의가 바른 유형(50.3%), 직무경험이 많은 유형(15.9%), 문제해결력이 뛰어난 유형(11.8%) 등의 순서였다(동아일보, 2019.9.11). 반대로 최악의 신입사원 유형으로는 대체로 인성적인 측면에서 나타난 것으로, 불성실한 사람, 의욕이 없는 사람, 불평불만이 많은 사람, 인사성이 없는 사람, 실수가 잦은 사람 순으로 나타났다. 또 다른 자료에 의하면 우리나라 기업에서 신입사원을 뽑을 때 최고의 덕목은 밝은 인상과 긍정적인 태도 또는 사고방식인 것으로 보고되었다. 그 외에도 예절과 에티켓, 친화력과 협력성 그리고 자제력과 통제력, 즉 멘탈이 강한 사람을 중요한 인성 덕목에 포함하였다(하정연 외, 2015). 종합해보면 긍정적인 태도, 대인관계력, 자기통제력, 문제해결력 등이 중요 덕목으로 나타나는데, 이 덕목들은 개인의 회복탄력성을 측정하는 세 가지 덕목인 자기조절력(감정조절력, 충동억제력, 원인분석력), 대인관계력(소통 능력, 공감 능력, 자아확장력), 긍정성(자아낙관성, 생활만족도, 감사)과 매우 일치된다는 것을 알게 된다.

역량으로서의 인성

특정 분야에서 뛰어난 업적을 남긴 사람은 해당 분야의 지능과 함께 반드시 자기성찰 능력을 동시에 갖추었다고 볼 수 있다. 즉, 자신의 감정 상태를 정확히 인지하고 자신의 감정 상태를 원하는 방향으로 조절할 수 있는 자기성찰 능력이 성공의 기본적인 요소임을 말해주는 것이다. 자기성찰의 중요성은 2008년 EBS에서 방영된 프로그램 '아이의 사생활'에서 사례로 소개되었는데, 국내 최초로 심장이식 수술에 성공한 한 외과의사는 논리수학지능, 자연지능, 자기성찰지능이 높았고, 2007년 로잔국제발레 1위에 오른 발레리나는 신체운동지능, 대인관계지능, 자기성찰지능이 높게 나타났으며, 세계 유명 패션디자이너인 이상봉씨는 시각공간지각 능력, 언어지능과 자기성찰지능이 높았다. 또한 2007년 신인골든디스크 수상 가수인 윤하는 음악지능, 언어지능 그리고 자기성찰지능이 높은 것으로 측정되었다.

인간의 다양한 능력을 제대로 평가하고 계발시키고자 하는 노력은 1970년대 말부터 학문적으로 체계화되기 시작했다. IQ 및 EQ의 개념을 아우르고 단점을 극복하는 지능 이론이 성립되었는데, 그것이 바로 하버드대학 하워드 가드너(Howard Gardner) 교수의 다중지능 이론(multiple intelligence theory)이다. 가드너는 전통적인 지능검사가 논리수학지능, 언어지능, 공간지능만 측정하고 다른 지능은 측정하지 않는다는 점도 비판하였다. 가드너는 다중지능 이론을 제안하면서 지능을 '한 문화권 혹은 여러 문화권에서 가치 있게 인정되는 문제를 해결하고 사물을 창조하는 능력'이라 정의하면서 인간은 8개의 다양한 지능으로 구성된다고 밝혔다. 언어지능, 논리수학지능, 시각공간지능, 음악지능, 신체지능, 자연지능, 대인관계지능, 자기성찰지능이다. 원칙적으로 이들 8개의 지능이 상호 독립적이라고 가정하면서도 특정 영역에서 여러 개

하워드 가드너의 8가지 지능

지능 Intelligence	능력	적합한 직업
언어지능 Linguistic	언어와 관련된 활동에 민감하고 언어를 효과적으로 구사하는 능력. 글쓰기, 말하기, 암기하는 것을 잘함	작가, 법률가, 정치가, 교사
논리수학지능 Logical-Mathematical	논리적 기호나 추리력, 숫자 이해와 관련된 능력, 즉 계산능력, 논리적 추론능력, 문제해결 능력, 새로운 문제 인식 능력	과학자, 엔지니어, 수학자, 의사, 컴퓨터 프로그래머
공간지능 Spatial	시각 및 입체적 공간 판단 능력으로 공간적인 세계를 정확하게 지각하며 그런 지각을 통해 형태를 바꾸는 능력. 예술적인 성향을 보임	예술가, 디자이너, 엔지니어, 건축설계사
음악지능 Mudical	음악으로 생각하고 이해하고 조정하는 능력으로 리듬, 멜로디, 화음, 음감, 관련 지능	음악가, 작곡자, 지휘자
신체기능 Body-Kinetic	신체를 이용해서 생각이나 감정을 표현하는 능력과 근육운동을 함으로써 보다 잘 학습하는 능력으로 신체활동을 좋아함	운동선수, 댄서, 군인, 경찰
자연지능 Natural	자연 사물이나 현상을 분간하고 분류해내는 능력으로 환경의 특징을 사용하는 능력이다. 자신의 환경으로부터 최상의 것을 얻어내는 능력, 생존하고 적응할 수 있는 능력	과학자, 동식물학자, 농부
대인관계지능 Interpersonal	타인의 기분, 의도, 동기, 감정을 지각하고 구분할 수 있는 능력, 다른 사람들을 이해하고 그 사람들과 일할 수 있는 능력, 타인의 태도에 영향을 미치는 능력으로서 리더십과 설득력으로 나타남	정치가, 교사, 관리자, 영업직
자기성찰지능 Intrapersonal	자기 자신에 대한 객관적 이해 및 그 지식을 기초로 적응하는 능력, 그에 따른 자아훈련, 자아이해, 자존감을 위한 능력	특정 직업과 관련되지 않으나 나머지 7가지 지능을 효율적으로 발휘되도록 돕는 정서지능, EQ의 핵심요소

의 지능들이 상호작용할 수 있음을 인정하였다. 이 중에서도 특히 대인지능과 자기성찰지능은 하나의 인성지능으로 통합될 수 있다. 즉, 타인의 입장을 이해하는 것과 나의 입장을 이해하는 것이 동시에 획득되어, 나의 마음도 알고 상대방 마음도 헤아릴 줄 아는 지능으로, 타인의 시선에 대한 느낌이나 타인의 관점으로 나를 바라봄으로써 자기이해도를 높이는 역할을 한다. 가드너의 자기성찰지능은 회복탄력성에서 이야기하는 자기조절 능력과 밀접한 연관성을 갖는다.

소프트 스킬

소프트 스킬은 소프트하지 않다.

2015년 6월 『워크포스 커넥션(Workforce Connections)』에 실린 서문에는 유형적인 역량, 즉 하드 스킬이라 불리는 역량을 넘어서서 무형적인 역량, 즉 소프트 스킬의 중요성에 대해 언급하고 있다. 하드 스킬은 시험을 보고 시간의 흐름에 따른 변화를 추적할 수 있는 역량으로, 쉽게 판별되고 측정 가능한 역량을 말한다. 학교에서 수학, 과학, 읽기, 문법 등 성적표에 정렬된 과목들은 하드 스킬에 포함된다. 직장에서는 컴퓨터 프로그래밍, 기계조종 또는 특정한 과학적 기술에 대한 지식 같은 역량이다.

한편 소프트 스킬은 하드 스킬을 제외한 모든 역량이 여기에 포함될 수 있다. 소프트 스킬 영역에 속하는 역량들은 언급하기에는 과할 정도로 많다. 자율성, 의사소통능력, 창의력, 공감능력, 감수성, 고차원적 사고 능력, 계획성, 긍정적인 태도, 회복탄력성, 자기 통제, 자기 동기부여, 사회성, 팀워크 능력, 책임감, 리더십, 학습 능력, 설득력, 조직력, 독창성, 성격, 목표지향성, 기타 등이 해당된다. 소프트 스킬 역량에는 미팅이 자기 맘대로 되지 않는다고 벌컥 화를 내지 않는 감정 조절 능력 그리고 협력, 실행기능 등도 포함되어 있다. 실행역량은 유연한 사고방식 또는 인내심을 갖고 해결방법을 찾는 능력을 좀 더 세련되게 표현한 것이다. 방문 앞에서 아이들이 시끄러운 음악을 틀어대도 아랑곳하지 않고 공부에 집중할 수 있는 능력도 여기에 포함된다. 이런 용어들은 당신이 관리자이든, 변호사든 또는 의사든 간에 직업을 불문하고 적용된다. 이런 역량들이 중요하다는 것은 아무도 부정하지 않을 것이다. 그리고 어떤 사람이 이런 역량을 보일 때마다 우리는 그것을 쉽게 알 수 있다. 이런 소프트 스킬들은 결국 하드 스킬을 구축하는 기반이 되기 때문이다. 하지만 이런 역량들이 직장과 학교 그리고 더 큰 사회환경 속에서 성공의 핵심 요소로 여겨짐에도 불구하고 우리는 여전히 스펙쌓기 또는 고학점을 획득하고자 하는 하드 스킬에 집착하고 있다.

소프트 스킬의 강자 마크 와트니

비록 가상의 스토리이긴 해도 영화 '마션(Martian)'의 주인공 마크 와트니는 소프트 스킬이 고도로 발현된 사례라고 할 수 있다. NASA 아레스3 탐사대는 화성을 탐사하던 중 모래폭풍을 만나고 팀원인 마크 와트니가 사망했다고 판단하여 그를 남기고 떠난다. 극적으로 생존한 마크 와트니는 남은 31일치의 식량과 과학기술에 대한 전문 지식(하드 스킬)을 기반으로 화성에서 살아남을 방법을 찾고 자신이 죽지 않고 살아있음을 알리려 노력한다. 주인공 와트니는 자신의 생존 의지와 지구로의 귀환 과정을 측은하거나 절망스럽고 처절한 모습이 아니라 오히려 즐거움을 선사하듯 유머스럽게 보여 준다. 희망이 쉽사리 보이지 않음에도 포기하지 않고, 하루하루를 버티면서 살아내는 것의 위대함 그리고 그 결과로서 찾아오는 지구로의 귀환이 그 결말이어서 그런지 흥행에도 성공한 영화이다.

우리가 깨달아야 할 것은 우주라는 공간이 영화의 배경이지만, 사막 한 가운데 서 있는 우리 자신일 수도 있으며, 복잡한 도시에 살면서도 희망이라고는 찾을 수 없는 상황에 처해 있는 자신의 모습이라 하여도 그 느낌은 똑같을 수 있다는 것이다. 하지만 고립된 상황 속에서 와트니처럼 행동할 인간은 많지 않을 것이다. 스테이플러로 찢어진 상처를 봉합하고, 수소를 태워서 물을 만들고, 자신의 배설물을 이용해 감자를 재배하고, 하루하루를 기록하면서 희망을 연장해 나가는 것. 이러한 모든 과정이 처음부터 성공을 확신한 것은 절대 아니었다. 창의적인 생각과 실행력 그리고 그 과정에서 예상치 않게 발생되는 문제들을 향해서도 "문제는 항상 생기게 마련이지"라고 독백하면서 초월적인 태도를 유지한다. 기적적으로 재배에 성공했던 감자마저 사고로 모두 날아가 버린 절망적인 상황에서도 남겨진 시간을 체념으로 채우는 대신, 생존을 위해 시간을 확장할 방법을 찾는 긍정적인 태도를 유지한다. 누가 봐도 비관적인 상황임에도 마지막까지 유머를 잃지 않고 있었다. 눈앞의 현실은 비관적이긴 해도 적어도 어떤 태도가 더 긍정적인 결과를 끌어낼 수 있는지를 영화가 잘 보여 주고 있다. 영화가 전해주는 메시지는 간단하다. 일단 직면한 여러 가지 문제 중 먼저 하나의 문제를 해결하고, 또 다음 문제를 순차적으로 해결하다 보면 살아 나가게 될 거라는 것이다.

화성에 혼자 남겨져 실의에 찬 주인공 와트니

화성에서 감자 재배에 성공한 주인공

회복탄력성

회복탄력성(resilience)이란 심리학, 정신의학, 간호학, 교육학, 유아교육, 사회학, 커뮤니케이션학, 경제학 등 다양한 분야에서 연구되는 개념이며, 극복력, 탄성, 탄력성, 회복력 등으로 번역되기도 한다. 회복탄력성은 크고 작은 다양한 역경과 시련, 실패에 대한 인식을 도약의 발판으로 삼아 더 높이 뛰어오르는 마음의 근력을 의미한다고 할 수 있다. 육체적 근육이 무게를 견디어 내는 것처럼 마음 역시 고난과 시련의 무게를 견딜 수 있는 마음의 근육이 반드시 필요하다.

물체마다 탄성이 다르듯이 사람에 따라 탄성이 다르다. 역경으로 인해 밑바닥까지 떨어졌다가도 강한 회복탄력성으로 다시 튀어오르는 사람들은 대부분 원래 있었던 위치보다 더 높은 곳까지 올라갈 수 있다. 지속적인 발전을 이루거나 커다란 성취를 이뤄낸 개인이나 조직은 대부분의 경우 실패나 역경을 딛고 일어섰다는 점이 공통된 특징이다. 긍정심리학계에서는 성공을 위해서는 반드시 실패, 그것도 혹독한 실패를 경험하는 자가 더 높은 성취를 이루어낸다고 보고 있다.

한국형 회복탄력성 지수를 개발한 연세대 김주환 교수의 회복탄력성 단련과정은 결코 번거롭지 않다. 그가 말하는 시련과 역경 극복훈련은 아주 평범한 일상 속에서 시작된다. 매일 겪을 수 있는 사소한 갈등들, 예를 들어 버스 정류장에서 버스를 기다리는데 그냥 휵 지나가면 짜증나고 열받을 수 있는데, 이때 긍정적인 스토리텔링을 할 수 있다면, 의식적으로가 아니라 마음의 습관이 되어 있어서 "내가 좀 일찍 나왔네. 곧 또 버스가 오겠지"와 같은 생각을 한다. 회복탄력성은 마음의 근육이라고 할 수 있다. 몸의 근육처럼 훈련하면 늘어난다. 마음의 근육을 많이 지닌 사람은 이런 자잘한 역경을 쉽게 극복하고, 큰 역경이 왔을 때에도 보다 긍정적으로 받아들여 오히려 큰 기회를 만들어내는 일종의 면역력, 잠재력을 지니게 된다.

회복탄력성 구성요소

한국형 회복탄력성 KRQ-53 측정지수는 모두 53개 문항으로 되어 있으며, 스스로의 감정과 충동을 잘 통제할 수 있는 자기조절력, 주변 사람과 건강한 인간관계를 맺을 수 있는 대인관계력, 긍정적 정서를 유발하도록 하는 습관인 긍정성이라는 3가지 요소로 이루어져 있으며, 각각 3가지 하위요소를 지녀 모두 9가지 요소로 구성된다.

자기조절 능력은 감정조절력, 충동통제력, 원인분석력 등 세 가지 하위요소로 구성되어 있다. 자기조절 능력은 자기이해지능으로서 자기 자신의 생각과 느낌, 감정 상태를 스스로 파악하고 통제하는 EQ의 핵심 요소이다. 자기조절 능력의 세부 요소인 감정조절력은 압박과 스트레스 상황에서도 평온함을 유지할 수 있는 능력이며, 스스로의 감정과 주의력, 행동을 통제할 수 있는 능력이다. 부정적인 감정을 통제하는 것이 아니라 필요할 때 긍정적인 감정을 스스로 불러 일으켜 신나고 재미있게 일할 수 있는 능력이다.

충동통제력은 기분에 휩쓸리는 충동적 반응을 억제하는 힘이며, 이때 타율적이기보다는 긍정성과 자율성을 전제로 한다. 자율성에 기반한 충동통제력이야말로 건강하게 평생을 살아갈 수 있는 회복탄력성의 근간이 된다. 같은 일이라도 자기가 선택했다는 느낌이 들어야 인간은 흥미를 느끼며, 강요된 것, 꼭 해야만 하는 압박을 느끼는 순간, 그것에 대한 흥미를 급속히 잃어버린다. 원인분석력은 내게 닥친 문제를 긍정적이면서도 객관적이고 정확한 스토리텔링을 할 수 있는 능력을 말한다. 기분 나쁜 일, 슬픈 일, 화나는 일, 짜증나는 일 등의 부정적인 사건이 자신에게 닥치게 된 경우, 나에게만 일어난 일인가, 누구에게나 일어날 수 있는 일인가(개인성), 항상 그런 것인가? 이번에만 그런 것인가(영속성), 모든 것이 그런가? 그것만 그런 것인가(보편성)를 따져보고 비개인적이고 일시적이며 특수한 것으로 받아들이는 습관을 길러야 회복탄력성을 향상시킬 수 있다.

- 자기조절력 = 감정조절력 + 충동통제력 + 원인분석력
- 대인관계력 = 소통능력 + 공감능력 + 자아확장력
- 긍정성 = 자아낙관성 + 생활만족도 + 감사

대인관계 능력은 자기 자신과 타인을 얼마나 동일시 하는가에 대한 것이며 관계성은 확장된 자아(expanded-self)의 문제이다. 하위 요소로서 소통 능력은 인간관계를 진지하게 맺고 오래도록 유지하는 능력이다. 소통(communication)의 어원은 라틴어 communicare로서 '공유한다, 함께 나눈다, 어떠한 경험을 함께 한다'는 의미를 포함하고 있다는 점에 유의할 필요가 있다.

공감 능력은 다른 사람의 심리나 감정 상태를 잘 읽어낼 수 있는 능력으로 남자와 여자는 공감 능력에서 차이가 있다. 그러나 적극적인 듣기, 표정 따라하기 등의 훈련을 통해 향상이 가능하다. 자아확장력은 자기 자신이 다른 사람과 연결되어 있다고 느끼는 능력이다. 자아 개념 속에 타인과의 관계가 소중하다는 의식이 깊이 내재됨으로써 다른 사람들을 보다 더 긍정적으로 보게 해준다. 그 결과 긍정적 정서가 높아지며, 봉사나 친절, 선행, 좋은 사람과 관계 맺기에 적극적일 가능성이 더 높아진다. 긍정적 정서가 높아지면 타인을 더 긍정적으로 바라보고, 부정적인 편견이나 고정 관념을 약화시키게

되어 새로운 상황, 새로운 사람, 새로운 과학기술에 대한 다양성과 호기심을 추구하는 경향이 강해진다. 반대로 부정적인 정서가 강해지면 심한 편견과 고정관념이 굳어져 스스로 불행한 사람이 다른 사람을 더 평가절하하며, 편견에 사로잡혀서 부정적인 평가를 하게 된다. 그 결과 먹는 음식만 편식하거나, 맨날 똑같은 것만 고집하여 다양성이나 확장성이 제한된다.

긍정성은 자기조절 능력과 대인관계 능력을 향상시켜 주는 촉매제 역할을 한다. 하위 요소인 자아낙관성은 무엇인가를 해낼 수 있다는 스스로에 대한 믿음이 있으며, 자신의 한계 영역을 벗어나 밖으로 뻗어나가려는 적극적인 태도이다. 생활만족도는 자신이 할 수 있는 일을 통해 즐거움, 성취감, 존재감을 느끼는 정도이며, 감사하기는 살아가는 삶을 얼마나 긍정하고 있는지를 측정하는 긍정지수이다. 회복탄력성을 높이기 위해 우선적으로 갖추어야 하는 것은 자신의 삶에서 일어나는 모든 사건들을 보다 더 낙관적으로 받아들이려는 초긍정의 태도가 갖추어져야 한다.

회복 탄력성의 발견

에미 베르너 (Emmy Werner) 는 1970년대에 복원력이라는 용어를 사용했던 초기 과학자 중 하나였다. 1955년 하와이 카우아이 섬에서 태어난 모든 신생아 833명을 대상으로 18세가 될 때까지 종단연구를 한 결과, 고위험군 201명 중 72명이 정상으로 성장하였는데 그들 모두가 역경을 이겨내는 공통적인 속성이 있다는 것을 발견하였다.

카우아이 섬은 아주 가난했고 많은 어린이들은 알코올 중독자나 정신적으로 아픈 부모와 함께 자랐다. 많은 부모님들은 일을 하지도 않았다. 이처럼 열악한 성장환경에서 자란 어린이들 중 3분의 2가 이미 10대 후반에 만성적 실업, 약물 남용, 폭력, 성매매와 같은 파괴적인 행동을 보였으나, 이들 중 3분의 1은 파괴적인 행동을 보이지 않았다. 베르너는 후자 그룹을 '탄력적'이라고 불렀다. 따라서 회복력 있는 어린이와 그 가족은 비탄력적인 어린이와 가족보다 더 성공할 수 있는 특성을 보여준 사람들이었다. 회복탄력성은 역경을 이겨내는 능력이며 자신의 노력과 훈련에 의해 높아질 수 있다는 것을 알게 된 것이다.

출처: Wikipedia(https://en.wikipedia.org/wiki/Psychological_resilience#Background)
https://www.youtube.com/watch?v=lxqll455bO8

회복탄력성 연습

당신은 다음 두 가지 유형 중에서 어디에 해당하는가? 응답이 빠른 반면 정답률은 낮고 실수는 더 많으며, 자신의 실수에 대해 더 민감하게 반응한다. 하지만 자신의 실수를 두려워하지 않고 이를 수정하려는 열린 자세를 갖고 있다면 당신은 회복탄력성이 높은 사람이다. 반대로 응답이 느리고, 정답률은 높고 실수가 적으며, 자신의 실수에 대해 둔감하며 항상 실수할까봐 두려워하고, 자신의 실수를 받아들이기보다는 억누르고 무시하려는 태도를 보인다면 당신은 회복탄력성이 낮은 사람이다.

명상수련가인 사마스 알리디나는 회복탄력성을 매일 단련하기 위해 마음 수련을 권장하고 있다. 신경과학자 리차드 데이비슨(Richard Davidson, 2019)도 마음챙김이 회복탄력성을 증가시킨다는 증거를 발견하고, 마음챙김 명상을 많이 수련할수록, 뇌는 더 회복탄력적이 된다고 주장하였다. 스트레스가 많은 사건들이 생기면 정서적 에너지는 자신이나 타인들에 대한 부정적인 이야기들을 자극할 수 있는데, 이는 계속 이어져서 허용한계를 넘어선다. 예를 들어, 직장에 가기 전 가족들과 언짢은 논쟁을 한다면 하루 종일 그 대화를 머리속에서 생각하면서 보낼 수 있는데, 이는 필요한 것보다 훨씬 더 많은 불안감이나 심리적 활동력이 저하된 상태를 계속 만들어낸다. 명상과 같은 마음챙김은 이러한 상태를 감소시키고, 규칙적으로 수련하면 뇌를 변화시키고, 스트레스가 많은 사건들이 생길 때 더 회복탄력적이게 된다는 것이다.

회복탄력성을 기르기 위한 마음의 준비 다섯 가지

관계를 키워라(Nurture relationships).

긍정적이고 지지적인 관계를 가족의 안과 밖에서 다양하게 갖는 것이 좋다. 만약 그렇지 못하면 그 상황을 개선하기 위해 클럽, 지역집단, 자원봉사집단 또는 저녁모임에 참여하라.

어려움 속에서 의미를 찾아라(Find meaning in difficulties).

역경에 직면할 때 타인이 그 도전을 다뤘던 긍정적인 방식을 발견할 수 있는지를 보아라. 사람들은 종종 어려움에 직면해서야 삶에 대한 감사를 이야기하곤 한다.

낙관적이 되어라(Be optimistic).

당신의 주의를 부정적인 반추로부터 보다 긍정적인 미래에 대한 생각으로 옮기기 위해서 마음챙김을 활용하라. 희망과 낙관주의는 선택이다. 당신은 그 스트레스 사건이 일어난다는 사실을 바꿀 수는 없지만, 그에 대한 당신의 반응은 바꿀 수 있다.

결단력을 가져라(Be decisive).

일들이 더 나아지기를 기대하는 대신 결심하고 행동에 옮겨라. 만약 당신이 이에 익숙하지 않다면 이 기술을 개선하는 법에 대해서 알거나 도와줄 친구에게 물어보라.

변화는 삶의 일부분이라는 것을 받아들여라(Accept that change is part of living).

모든 것들이 항상 잘되고 있는 척하기보다는 일들이 바뀌고 역경이 일어나기를 기대하라. 변화는 삶의 일부분이다. 당신의 목표는 상실이나 고통을 피하는 것이 아니라 효과적으로 대처하는 것이다.

회복탄력성이 높아지는 생활습관

김주환 교수는 회복탄력성을 높이기 위한 생활습관으로 다음과 같은 세 가지 방법을 추천하고 있다. 첫째, 자신의 강점을 발견하고 일상생활 속에서 발휘하는 훈련, 둘째, 감사하기 훈련, 셋째, 규칙적인 운동이다.

첫째는 '자신의 대표적인 강점으로 살아가기'이다. 회복탄력성이 낮은 사람의 특징은 타인의 관점에서 자신의 약점을 바라보면서 무시당하지 않을까, 흉보지 않을까 하는 두려움에 사로잡혀 있다. 핀란드가 자신의 재능과 강점을 발견하여 집중하는 것과 달리, 우리의 교육방식은 어려서부터 자신의 약점을 발견해내고, 그것을 보완하기 위해 노력을 집중하는 방식에 초점을 맞추어 왔다. 튀지 않으면서 획일적이고 틀에 박힌 사고, 열등감에 사로

잡힌 성인들로 키워가며 결과적으로 평범한 사람으로 머물게 하고 있다. 최근 긍정심리학에서는 자신의 약점에 집중하기보다 강점을 발견하여 일상생활에서 꾸준히 수행하려는 노력에 집중하라고 강조한다. 그렇게 되면 자신이 잘할 수 있는 일을 통해 즐거움과 성취, 보람을 느끼고, 이것이 긍정적인 뇌를 만들며, 결과적으로 탁월한 성과와 진정한 행복의 원천으로 연결된다는 것이다. 긍정심리학의 대가인 마틴 셀리그먼 교수는 사람들에게 자신이 잘하는 것을 일상생활 속에서 꾸준히 수행하게 한 뒤 결과를 지켜봤는데, 사람들의 긍정적인 정서는 일주일 후의 변화는 미미했지만, 한 달 뒤에는 유의미하게 커졌으며 그 효과는 6개월이 지나도 유지됐다고 연구결과를 발표하였다.

두 번째는 '감사하기'다. 심리학이 발견한 긍정적 정서함양법으로는 명상하기, 선행 베풀기, 인생에서 좋은 일 추억하기, 잘 되는 일에 집중하기 등이 일정한 효과를 보이는 것으로 입증되었다. 다양한 긍정성 훈련 방법 중에서 최고의 효과를 지닌 것으로 입증된 것은 감사하기 훈련이다. 감사하기 훈련 효과는 신경심장학(neurocardiology)을 통해 입증되었는데, 신경심장학에 따르면 심장과 뇌는 서로 정보를 밀접하게 주고받고, 특히 감정의 변화는 심장박동수의 변화에 민감하게 반응한다. 신경질적이고 짜증을 자주 내는 사람은 심장이 약해 심장박동수가 불규칙한 경우가 많다. 즉, 화가 나서 심장박동수가 불규칙한 게 아니라 불규칙한 심장박동수가 그 사람을 불안하고 짜증나게 만드는 것이다. 이처럼 심장박동과 감정 사이의 밀접한 관련성에 주목한 학자들은 심장박동수의 변동 주기를 가장 이상적으로 유지시켜 주는 긍정적 정서가 무엇인지 찾으려 했고, 피험자들에게 즐거운 일 상상하기, 명상, 편안한 쉼 등 다양한 방법들을 테스트한 결과 가장 이상적으로 심장박동수를 유지시켜 주는 것은 바로 '감사하는 마음'으로 밝혀졌다. 감사하기 훈련 방법은 규칙적이고 자주 습관이 되도록 수행해야 한다. 실험을 통해서 매주 한 번씩 감사일기를 쓰는 팀이 3주에 한 번씩 감사일기를 쓰는 팀보다 긍정적이고 행복감이 증진된 것으로 나타났다. 매일 밤 잠자리에 들기 전 그날 있었던 감사할 만한 것으로 5가지를 구체적으로 기록하면 며칠 후부터는 아침부터 자신도 모르게 감사할 일을 찾기 시작하고, 자신의 삶을 감사하게 바라보는 습관이 자연스럽게 몸에 배게 되며, 3주간 매일 쓰면 스스로 긍정적으로 변화되어 가는 것을 느끼게 되고, 3개월을 쓰면 주변 사람들이 나의 변화를 느끼게 된다는 것이다.

'규칙적인 운동' 역시 뇌의 긍정성을 높이는 좋은 습관이다. 운동은 늙은 신경세포 사이에 새로운 연결망을 만들어 내며 뇌세포에 혈액과 영양을 공급한다. 규칙적인 운동은 몸뿐만 아니라 뇌를 긍정적으로 변화시키는 핵심 키워드이다. 고메즈 피닐라 교수팀은 육체 운동이 취약한 현대인의 생활습관이 뇌와 정신건강에 재앙을 불러온다는 것을 발견하였다. 하버드대학 정신과의사 존 래티는 운동은 집중력과 침착성을 향상시키고 충동성을 약화시키며, 우울증 치료제인 프로작, 리탈린 복용과 비슷한 효과가 있다고 한다. 우울증을 치료할 때 약물치료와 운동치료를 병행하면 운동이 약물보다 더 나은 효과를 나타내었다고 발표하였다. 영국에서는 가벼운 우울증의 경우 항우울제 대신 운동을 처방하는 의사가 점차 증가하고 있다. 이처럼 운동은 뇌 안의 혈액순환을 향상시켜 스트레스를 저하시키고 우리의 뇌를 행복하게 해주며, 늙은 신경세포 간에 연결망을 만들고 뇌세포에 혈액과 영양을 공급하는 역할을 한다. 이 과정에서 뇌에 향신경성 물질을 생성시켜 지적 능력을 향상시키는 역할을 함으로써 몸과 정신 건강 유지에 결정적인 역할을 하는 것이다.

참고문헌

교육부, 2014. 행복한 교육, 2014년 8월호.

강명구, 2018. 아무도 알려주지 않은 4차산업혁명 이야기. 키출판사.

김세움, 2015. 기술진보에 따른 노동시장 변화와 대응. 한국노동연구원

김주환, 2011. 회복탄력성, 위즈덤하우스.

과학기술정보통신부, 2020. 2019년도 인터넷이용실태조사(2020.11)

다니엘 핑크, 2012. 새로운 미래가 온다_A Whole New Mind. 김명철 역, 한국경제신문 한경BP.

대통령직속 4차산업혁명위원회, 2019. 4차산업혁명 대정부권고안.

대한상공회의소 분석(2018)

동아일보(2019.9.11). '예의 바른 신입 뽑고 싶다…채용담당자 절반 '인성' 꼽아'.

디지털리터러시교육협회 홈페이지, https://sites.google.com/view/cdlkr

롤랜드 버거, 2018. 4차산업혁명, 이미 와 있는 미래, 김정희 외 역. 다산북스.

뤄전위, 2018. 4차산업혁명 따라잡기, 김신호 역. 도서출판 한중.

로베르타 골린코프 외, 2019. 4차산업혁명시대 미래형 인재를 만드는 최고의 교육, 김선아 역. 예문아카이브.

류기락, 2017. 사람 중심 4차산업혁명을 위한 몇 가지 제안, The HRD Review. 제20권 4호, 한국직업능력개발원.

류태호, 2018. 4차산업혁명, 교육이 희망이다. 경희대학교 출판문화원.

매일경제(2016.11.8.) '다보스포럼의 선언' 수직적 리더십 시대는 끝났다.

매일경제(2020.10.8.)

문상현, 2019. 사물인터넷과 미디어기업의 혁신, 한국융합학회지, 제10권 제6호.

박가열, 2016, 기술혁신과 직업의 미래, 한국고용정보원.

박선주 외, 2006. 교사의 ICT활용 능력 수준에 관한 조사 및 분석, 광주교육대학교.

박영숙 · 제롬 글렌, 2019. 유엔미래보고서 2045(세계미래보고서2045), 교보문고.
보험연구원, 2016. 자율주행자동차 보험제도 연구.
산은조사월보(2017.5, 제738호)
삼정 KPMG, 2019. TaaS 투자로 본 모빌리티 비즈니스의 미래. ISSUE MONITOR, 제113호.
손유미 외, 2018. 대학생 핵심역량 진단(K-CESA)지원과 활용(2018), 한국직업능력개발원.
송성수 외, 2000. 과학기술 대중화를 보는 새로운 시각. 과학기술정책연구원.
세계경제포럼(2016), 미래고용보고서.
슬로우뉴스, 2016.6.16. '100년 만에 다시 찾아온 교통혁명'.
신경식, 2019. 빅데이터의 세계, 원리와 응용, K-MOOC.
신동엽 외, 2018. 4차산업혁명, 일과 경영을 바꾸다. 삼성경제연구소
아마존 고 홈페이지(https://www.amazon.com)
아시아투데이(2019.1.13.). '한국은행"미 노동시장 양극화 · · · 중간숙련 일자리 창출해야".
안미소, 2020. 진화하는 글로벌 차량공유 산업동향. SPRI.
오마이뉴스, 2016.11.30. '자율주행차연구 본격화, 상용화 시기는?'
유영재, 2015. 사물인터넷을 기반으로 한 예술에 관한 연구. 기초조형학연구, vol.16, no.5, 통권 71호 pp. 363-373.
윤철경 외, 2008. 청소년의 글로벌 역량강화 정책방안 연구. 연구보고 08-R05. 한국청소년정책연구원.
이경호, 2019. '4차산업혁명시대 인재상 분석을 통한 교육과제 탐색', 한국교육학연구 제25권 2호.
이명선외 , 2018. 인성과 자기계발, 동문사.
이상수, 2019. 제4차산업혁명시대의 주요기술. 바른북스.
이석재 외, 2003. 생애능력 측정도구 개발연구, 한국교육개발원.
이자형, 2011. '일반계 고등학생의 비인지적 능력 결정요인에 대한 구조분석', 교육사회학연구 제21권 제4호, 한국교육사회학회.

인성교육진흥법(http://www.law.go.kr)

임일, 2016. 4차산업혁명 인사이트. 더메이커.

장재준 외, 2018. 4차산업혁명, 나는 무엇을 준비할 것인가. 한빛비즈.

정보통신기획평가원(IITP), 2018. 사례로 살펴보는 제조업의 서비스화 현황.

제러미 리프킨, 2005. 노동의 종말, 민음사.

조난심, 2017. 제4차산업혁명과 교육, 교육비평 제39호(특집호).

조선비즈, 2020.1.6, https://biz.chosun.com/site/data/html_dir/

조환철, 2020. 한국융합경영리뷰 No.8. 한국융합경영학회.

지식경제부, 2009. 제조업과 서비스업 융합 확산

최은수, 2018. 4차산업혁명 그 이후, 미래의 지배자들. 비즈니스북스.

최진기, 2018. 한권으로 정리하는 4차산업혁명. 이지퍼블리싱.

퀀TV, '하워드 가드너 교수의 다중지능이론'(youtu.be/Cml484b5Nm8)

클라우스 슈밥, 2016. 제4차산업혁명, 새로운 현재.

____________, 2017. 제4차산업혁명, 더 넥스트, 새로운 현재.

테슬라 홈페이지(https://www.tesla.com/en_GB/model3)

테크월드뉴스(2020.4.13.), http://www.epnc.co.kr,

하정연 외, 2015. 인성과 진로, 동문사.

한국노동사회연구소, 2019. '디지털 플랫폼노동 논의와 쟁점 검토', KLSI Issue Paper 제112호(2019.7.19.).

한석희, 2019. 한국융합경영리뷰 No.5. 한국융합경영학회.

____________, 2019. 한국융합경영리뷰 No.6. 한국융합경영학회.

한겨레(2009.11.29.) '한국 교육과정으론 비판적 사고 힘들어'.

한경 비즈니스, 2017.11.22. https://magazine.hankyung.com/business/article/현대자동차그룹 홈페이지, 2021. https://www.hyundai.co.kr/Index.hub

후쿠하라 마사히로 외, 2016. 4차산업혁명 인공지능 빅데이터, 이현욱 역. 경향BP. Ai 타임즈(2019.4.8.)

EBS 다큐프라임, 아이의 사생활 4부 다중지능.

K-CESA(대학생 핵심역량 진단 시스템) 홈페이지(https://www.kcesa.re.kr/index.

do)
KB금융지주경영연구소(2016. 8. 1), '긱 이코노미의 이해와 향후 전망'.
KOTRA, 2020. 해외시장뉴스.
https://news.kotra.or.kr/user/globalBbs/kotranews/782/globalBbsDataView.do?setIdx=243&dataIdx=181220
GE리포트 코리아(2016.10.19.),
https://www.gereports.kr/when-billions-of-devices-are-connected-to-the-internet/SBA 아카데미 블로그(https://sbasncc.tistory.com/1138)
Autor, David H. 2015. Why Are There Still So many jobs? The History and Future of Workplace Automation.
Bloomberg NEF, 2019. Electric Vehicle Outlook 2019.
Bloomberg NEF Home page, 2020. https://about.bnef.com/electric-vehicle-outlook/ Center for Curriculum Redesign(https://curriculumredesign.org/).
Emmy Werner, 2000. A Story of Children's Resiliency in the Face of Repeated Uprootings and Batterings(youtube.com/watch?v=lxqll455bO8)
Harpern, Diane F., 2013. *Thought and Knowledge; An Introduction to Critical Thinking*, Psychology Press.
Hall & Farkas, 2011. *Cognitive Skills and Noncognitive Traits and Behaviors in Stratification Processes.*
Heckman & Rubinstien, 2001. *Adolescent Cognitive Skills, Attitudinal/Behavioral Traits and Career Wages.*
Howard Gardner, 2009. *Five Minds for the Future*, Harvard Business School Press.
Historic UK, 2019. The Great Horse Manure Crisis of 1894(www.historic-uk.com/HistoryUK/HistoryofBritain).
https://99percentinvisible.org/article/cities-paved-dung-urban-design-great-horse-manure-crisis-1894/
https://www.gettyimages.com/detail/news-photo/traffic-trouble-in-50-19th-century-from-the-connoisseur-news-photo/558916465

https://rocainc.org/about/our-story/

https://www.edaily.co.kr/news/read?newsId=02132006612745680&mediaCodeNo=257

http://www.gninews.co.kr/news/article.html?no=138529(2020.2.28.)

https://internetofbusiness.com/unisys-digistics-pets-cargo

http://www.hani.co.kr/arti/society/schooling/731582.html#csidx85b5e0b0ae21http://binmaum.blogspot.com/2017/02/5-shamash-alidina.html

IFR World Robotics 2019 Presentation(https://ifr.org/downloads/press2018/IFR).

J. Stewart Black, Allen J. Morrison & Hal B. Gregersen, 1999. Global

Explorers-the next generation of Leaders. New York: Great Britain.

Los Angels Times, 2016.4.19. *German automakers who once laughd off Elon Musk are now starting to worry.*

McClelland, 1973. *Testing for Competence Rather Than for "Intelligence. Harvard University.*

Mckinsey, 2018. *How will demand for workforce skills change with automation?.*

Milan Lajciak, 2019. *The 4th Industrial Revolution and challenges of Slovak industry.*

Netinbag.com, 2021.

https://www.netinbag.com/ko/science/what-is-scientific-literacy.html

OECD Brief, 2016. " Automation and Independent Work in a Digital Economy"

OECD, 2003. *Schooling for Tomorrow: Think Scenarios, Rethink Education.*

OECDilibrary, 2019. THE FUTURE OF WORK OECD Employment Outlook 2019.(https://www.oecd-ilibrary.org/employment/oecd-employment-outlook-2019).

Peter Senge et al. 2015. *The Dawn of Systemleadership,* Stanford social Innovation Review Winter 2015.

Richard J. Davison, 2019. *How mindfulness changes the emotional life of our brains,* TED(www.ted.com/talks/).

Robert J. Sternberg, 2000. *Practical Intelligence in Everyday Life*, Cambridge University Press.

Selman, Robert L., 1980. *The Growth of Interpersonal Understanding: Developmental and Clinical Analyses.* Academic Press.

Siegel, Harvey, 1988. *Educating Reason; Rationality, Critical Thinking, and Education,* Routledge.

SKT Insight(www.sktinsight.com/96872)

The Conference Board, 2006. *Are They Really Ready To Work? Employers' Perspectives on the Basic Knowledge and Applied Skills of New Entrants to the 21st Century U.S. Workforce.*

The Science Times(2020.11.27.), https://www.sciencetimes.co.kr/news/

Tom Popomaronis, 2019. *Here's how many Google interviews it takes to hire a Googler*. CNBC(2019.4.17.)

Wilson, E. O.,1999. *Consilience: The Unite of Knowledge,* Knopf Doubleday Publishing Group.

Wise System leaders, 2016. *What is System Leadership?* (youtube.com/watch?v=ExeInSE7bQg)

Wikipedia(Cowboy, 2019)

Wikipedia(Psychological_resilience, 2019)

Wikipedia(The history of AI, 2019)

World Digital Library (https://www.wdl.org/en/search/?q=new+york+city+omnibus+1900&time_periods=1900-1949&qla=en)

World Economy Forum, 2016. *The Future of Jobs-Employment, Skills and Workforce Strategy for the Fourth Industrial Revolution.*

World Economy Forum, 2018. *The Future of Jobs Report 2018.*

www.atlantak.com. '전 세계 자동차업계에 리먼급 쇼크'(2019.11.18.)

www.petpooskiddoo.com/blog/dirt-carters-to-crossing-sweepers-to-white-wings-the-original-pooper-scoopers/

저자소개

박 경 종

경영학 박사/예비역 공군 준장

현재 한국융합경영학회장이며, 한서대학교에서 '4차산업혁명과 역량개발', 'Aviation Human Factors'를 강의하고 있다. 첨단 항공기와 인적 자원을 동시에 운영했던 경험을 바탕으로 과학기술이 아무리 발전하여도 그 중심에는 언제나 사람이 최우선적인 고려 요소가 되어야 한다는 믿음을 갖고 있다. 얼마나 신속하게 그리고 어떻게 새로운 과학기술을 받아들이고 활용하는가에 따라 미래가 달라지기 때문이다.

주요 연구 및 관심 분야는 공공 분야 빅데이터 분석, 시스템 리더십, 융합경영, 6시그마 등의 분야로써 문제를 융합경영학적 관점에서 바라보고자 한다. 공군사관학교를 졸업(1979)하고 한국외국어대학교 불어과 졸업(1985), 청주대학교 행정대학원 행정학 석사(1989) 그리고 미국 공군대학원 전략학 석사(2002)를 취득하였으며, 서울과학종합대학원대학교 경영대학원에서 박사학위를 취득하였다.

저서 '공군에서 6시그마를?'과 논문 '공군조종사 이직동기에 관한 연구' 외 5편이 있다.

강마리아

평생교육학 박사

현재 서정대학교 사회복지행정학과 교수이며, 숭실대학교에서 평생교육 HRD 전공으로 교육학 석사 및 박사학위를 취득하였다. 연구 및 관심 분야는 경력개발과 조직개발, 인성 및 심리상담 분야이다.

저서로 지역사회복지론, 가족복지론이 있으며, 연구 논문 '모바일 기능성 학습에서 칭찬을 활용한 로젠탈 효과가 노인의 집중력 향상에 미치는 영향' 외 4편이 있다.

개정판

4차산업혁명시대
핵심역량

초　판 1쇄 발행 / 2020년 2월 20일
개정판 1쇄 발행 / 2021년 5월 10일

공저자 / 박경종 · 강마리아
발행인 / 이　중　수
발행처 / 동　문　사

서울특별시 서대문구 홍제원 1길 12
(홍제동 137-8)
Tel : 02)736-3718(대), 736-3710, 3720
Fax : 02)736-3719
등록번호 : 1974. 04. 27. 제9-17호
가격 : 20,000원

ISBN : 979-11-6328-297-6 (93370)
E-mail : dong736@naver.com
www.dongmunsa.com